KB061549

우주 사용
설명서

목차

1부   공명의 법칙

2부 사랑은 셀프 서비스입니다.

3부   I am 힐링

저자의 말

　요즘 세상에 똑똑하지 않은 사람이 없는데 이에 손발이라도 맞춘 것인지 불행한 사람들도 덩달아 넘쳐난다. 아는 것은 진정 힘(Power)이다. 그러나 어설픈 앎은 나를 두들겨 패는 무력(Force)이 되기 때문이 아닐까.

　사주나 타로를 보러 갈 수 있는 것은 세상을 움직이는 보이지 않는 강력한 에너지가 존재할 거라는 믿음이 조금이라도 있기 때문이다. 뭔가를 알고 있긴 하지만 깊이 알고 싶지 않은 에고는 상담 받는 내내 이렇게 외친다. '내가 노력해서 운명을 바꾸는 것은 한계가 있다. 언제쯤 좋은 운(에너지)이 들어와 불편한 것만 콕 집어 없애 주는지 그것만 말해 주시오.'

　자신의 모습에 절망하며 '만약 ~가 아니었다면, 지금 이렇지 않을 것이다.' 라고 과거를 회상해 본 적 있는가?

1　이 같은 현실 회피 심리를 'If Only' 신드롬이라고 부른다.

'그 하나만 그렇지 않았더라면...'

달콤한 상상에 허우적대는 나의 불쌍함을 합리화 할 수 있는 인문심리학 서적을 뒤적이며 힐링하는 척만 할 거라면 책 따위와 깨끗이 절교를 선언하고 최선을 다해 괴롭고 지겹다 넋두리를 늘어 놓으며 사는 것이 낫다. 불평불만이라도 열성을 다해 하고 있는 자신을 안다면 최소한 이번생에 제대로 한 일이 하나는 있는 것이니 말이다.

염라대왕이 혹시 존재하여 "넌 살아 생전 무엇을 하였느냐?"고 묻거든 "나는 열심히 나의 능력을 다해 불평불만을 했습니다. 나는 그런 나 자신을 깨어서 알고 있었습니다."라고 당당히 말할 수 있으면 된다. 장담하는데 그렇게 할 수 있다면, 그 누구도 당신 인생이 낭비되었다 욕하지 않을 것이다.

보이지 않는 것을 볼 수 있는 자만이
불가능을 가능하게 할 수 있다.[2]

에크하르트 톨레는 '나는 춤이고 춤을 추는 댄서는 인생이다.' 라고 하였다. 춤을 추는 댄서가 '나'이고 아름다운 춤이 '삶의 표현'이 되어야 맞는 비유 같지 않은가?

그렇지 않다.

댄서라는 인생은 춤을 추지 않고도 존재하겠지만 가만히 있기 보다

---

2 Only those who can see the invisible, can do the impossible. Jeffrey Fry

춤을 추고 싶을 것이다. 춤이 제멋대로 다리를 뻗치고 팔을 둥글리면 댄서는 어쩔 수 없이 그 흐름을 따라가기도 할 것이다. 그래도 이왕이면 아름답고 창의적인 나만의 개성 가득한 춤을 추고 싶을 삶(댄서)일 텐데, 우리는 어쩌면 이를 괴로운 환경이라 거부하면서 댄서에게 남 흉내 표절시비 붙은 망신스러운 춤을 추게 하고 있는 것은 아닌지...

댄서의 입장에서 사는 인생은 자신에게 주어진 일을 매일, 매순간 묵묵히 해나가는 것이다. 짐 캐리가 연기한 〈예스맨〉처럼 이것저것 닥치는 대로 시도하면서 살아가는 것은 춤이 댄서를 움직이는 인생이다.

전자는 고요하지만 싱거운 맛이고, 후자는 와다닥 톡톡이 맛이지만 담백함이 없다.

나는 이 책에서 춤과 댄서의 콜라보를 제안한다.

이 협업은 몸과 마음의 치유에서 시작된다. 힐링은 고시시험만큼 어렵고 외로운 길이며 그 누구도 대신해줄 수 없는 점도 같다. '심심풀이로 고시나 봐야겠다'는 사람은 없지 않은가?

숲 속에 해먹을 달고 그 안에 누워 피톤치드를 들이 마시는 상쾌함을 힐링이라 오해하지 말라. 한 겨울 얼음을 깨고 냉수마찰을 하기 전처럼 숨을 깊이 들이마시고 마음을 굳게 다잡아야 용암처럼 뜨거운 환희의 눈물로 씻김을 얻을 수 있다.

나는 이 시대에 유행하는 힐링 책들처럼 '당신이 힘든 건 세상과 무례한 그들 탓이고, 당신은 잘못이 없다'고 하지 않을 것이다. 그렇다고 당신이 문제의 원인이라는 것도 아니다. 문제가 실재라고 믿는 것이 가장 큰 문제이기는 하지만 벌써부터 이를 들이밀면 감당할 독자들이 과연 몇이나 될까....

네 탓 내 탓 하는 정치판처럼 아무 진전이 없다면 그 힐링 방법은 갈아엎어 개선해야 마땅하지 않은가. 석가모니 부처가 한 비유처럼 가장 빠르게 치유할 수 있으면 그 길을 가야지 독화살이 어디서 날라 왔는지 따지는데 시간을 허비하는 답답한 고구마는 되지 말자.

결국 힐링이란 아픈 마음을 보듬는 일이다. 우리는 이제 수술실에서 의사가 암세포를 찾아내듯 두 눈 똑바로 뜨고 마음, 생각, 감정을 들여다볼 것이다. 특히 감정을 바라보는 관찰자가 될 것이다. 감정을 억눌러 못 본체 하면 지루한 청소 같은 힐링을 하지 않아도 되지만 장기적으로 보면 당연히 감정과 그 감정을 만든 생각(마음)을 치유하는 것이 삶을 평온하게 하고 내생에도 이롭다.

모든 영성, 종교, 철학, 자기계발서의 핵심은 같다.

'진정한 자아'(참 나)를 알라!

필자 또한 에고를 설득하는 방편으로 참 자아(상위자아)에 대한 영성 기초 지식을 소개할 것이다. 그러나 가짜 나의 머리로는 진짜 나를 느낄 수 없으니 지식을 쌓는 일을 깨어남이나 치유라 오해하는 일은 없어야 할 것이다.

모든 독자가 이 책을 통해 내면의 빙하가 와르르 녹아 내리는 'Comeback Home'을 경험하고 궁극엔 진짜 나로서 이미 모든 것을 전부 가지고 있었다는 것도 기억하길 간절히 바란다.

책에 소개되는 에피소드는 호주에서 '최면 힐링'을 배우며 멘토에게서 전해 듣거나 필자가 만난 사람들의 이야기이다.

1부

공명의 법칙

공명의 법칙

론다 번(Rhonda Byrne)의 시크릿을 포함한 '비전(Vision)' 시리즈를 필두로 전세계적으로 많은 이들의 공감을 얻고 있는 자기 계발서들은 양자물리학과 심리학 이론 기반에 인간의 생각과 감정이 우주를 운영하는 어떤 에너지와 상호작용하여 운명을 결정한다는 공통점이 있다. 이를 끌어당김의 법칙(Law of Attraction)이라 하는데 정리하면 다음과 같다.

모든 것은 에너지이다. 나라는 육체도 에너지이고 나의 생각과 감정도 에너지이다. 그러므로 나는 에너지를 담고 있으며 조작도 할 수 있다.

'내가 그의 이름을 불러주었을 때, 그는 나에게로 와서 꽃이'[3] 될 수 있는 이유는 나의 의식[4](관심,주의,생각,감정)이 그것에 의미를 부여함으로써 대상은 마침내 꽃으로 살아 존재하기 때문이다. 나는 내가 존재함을 인지하는 의식의 주체이므로 '좋다,나쁘다'는 판단을 할 수 있고 이렇게 관심을 주면 그에 해당하는 에너지는 점점 더 커지게 된다. 내가 에너지를 주었기 때문에(의식하였기 때문에) 대상의 에너지는 증폭된 것이고 의미를 가지게 된 것이므로 나 또한 그 에너지의 주인으로서 영향을 받는다.

인터넷 검색(생각을 해야 할 수 있다)을 하면 그에 대한 결과물에 연결되

---

3 김춘수 시인의 〈꽃〉 중에서
4 의식, 관심, 주의 집중은 모두 생각의 일종이다.

는 것처럼 생각에 상응하는 경험은 지금 당장 눈앞에 LTE 속도처럼 빠르게 나타나지 않더라도 조금씩 나의 에너지장으로 당겨지게 된다. 끌어당김의 법칙(끌림의 법칙:Law of Attraction)은 한 개인의 의식, 생각, 관심, 주의 집중(포커스)이 우주 에너지와 집결되어 있다는 것이 그 원리의 바탕이다. 그러므로 내가 생각을 열심히 잘 하면 외부환경을 바꿀 수 있고 그렇게 해야지만 행복을 누리게 된다는 오해의 소지가 있다.

에너지는 무언가를 할 수 있는 능력이며 이는 대상의 고유한 진동 주파수로 측정되므로 진동 주파수는 에너지의 특성을 나타낸다. 바이올린 현을 켜서 소리를 내면 그 주변에 있던 현악기는 건들지 않아도 같은 음정을 내며 울리는데 이 같은 현상을 '공명(Resonate)'이라 한다. 비슷한 에너지(주파수)끼리 서로 영향을 주고 받으며 상호작용하기 때문에 일어나는 현상이다. 에너지는 이렇게 주변 상황에 자신을 비슷하게 맞추는 특징이 있고 함께 모여 오케스트라처럼 균형과 조화를 이루며 새로운 것을 창조하고 안정화 되어간다. 영성에서는 나와 비슷한 생각을 하는 마음 맞는 영혼에게서 느껴지는 친밀감, 소속감 그리고 깨달음 주파수 영역을 공유할 때 '공명'이라고 한다.

강한 끌림에 의해서 그냥 아는 것, 보이기 때문에 믿는 것이 아니라 믿기 때문에 보이는 것이 공명이다. 이때 세상이 정지된 듯 말문이 막히고 온 몸의 털들이 쭈뼛 서는 피부 오르가슴을 느끼기도 한다.

생각으로 에너지를 당겨 오는 일보다 나의 주파수(에너지)와 비슷한 주파수 영역대의 경험이 주변에 공명하듯 나타나는 일이 훨씬 더 빈번

하고 자연스러운 현상이므로 공명의 법칙은 끌어당김의 법칙보다 보편적인 우주 에너지 운영원리가 된다. 이 두 법칙은 모두 나의 에너지와 비슷한 것이 주변에 모이고 나와 비슷한 에너지 쪽으로 끌리게 된다는 원리이므로 우리는 유유상종의 세계에 살다 있다고 할 수 있다. 나와 경제력이 비슷한 사람들과 같은 동네에 살고 나와 비슷한 생각을 가진 사람들과 가까이 지내게 되지 않은가. 에너지 영역에서 공유하는 부분이 사라지면 오랜 친구라도 멀어지게 될 수 밖에 없다.

외부환경과 상관없이 행복하기 때문에 이에 상응하는 경험이 음악소리가 퍼져 나가듯 실제 삶에 펼쳐지게 되고 반대로 우울하고 짜증난 상태라면 두려움, 미움, 분노, 공포를 느낄 때 몸이 수축되는 것처럼 에너지는 자유롭게 흐르지 못하고 응축되어 이에 상응하는 부정적 주파수의 사건과 사람들이 주변에 맴돌게 된다.

부정적인 생각이 한 두번 떠올랐다고 그 일을 바로 당하는 것은 아니라 개인의 기본 에너지가 인생 전반에 백 그라운드 뮤직⁵처럼 영향을 주게 된다. 그러므로 공명의 법칙은 평소 생활과 밀접한 관련이 있다.

생각, 감정, 돈, 집, 자동차, 여행, 강아지, 사람, AI, 지구, 달 그리고 태양도 모두 에너지이고 이 모든 것을 담은 우주⁶도 에너지이다. 어떤 장소에 가거나 물건을 살 때 기운(氣運: 에너지의 흐름)이 좋다 또는 나

---

5 백화점, 카페, 나이트 클럽에서 흘러나오는 음악은 그 장소의 목적에 따라 달라지고 분위기를 결정하는 것처럼 개인의 주파수(에너지)는 은근하지만 목적에 벗어나지 않게 한 인생을 좌우한다.

6 우주 에너지를 에테르(Ether)라고 하기도 하며 대우주 차원에서 에테르의 바다에 지구가 떠 있다고 표현할 수 있다. 인간 육체의 외부와 생각, 마음, 의식의 내면도 우주(에너지, 에테르)이다. 공기는 밖에도 있고 내 안의 숨에도 있는 것처럼...

쓰다고 하기도 하는데 우리[7]는 그것이 사람이든 장소이든 물건이든 그 고유 에너지를 느낄 수 있기 때문이다. 따라서 우주와 소통하려면 (다른 말로 우주의 운영원리를 제대로 파악하여 잘 이용하고 싶다면) 에너지를 알아야 한다.

에너지는 그 형태를 전환시킬 수 있지만 새로이 창조되거나 소멸되지 않고 안정화를 원하는 성질이 있어 조화와 밸런스를 지향한다. 에너지의 안정화 추구는 엔트로피를 통해 설명할 수 있는데 얼음은 주변 온도에 맞추어 녹고, 커피에 수북이 쌓인 크림은 커피에 녹아 사라지며, 구멍이 뚫리면 타이어 안 공기는 주변 기압과의 차이를 인지하여 안정화를 위해 타이어 밖으로 나간다.

튀지 않고 주변과 비슷하게 균형을 맞추려는 인간의 심리도 에너지 안정화의 일종이라 볼 수 있다. 그러나 바뀌지 않는 일정한 에너지가 늘 좋은 것만은 아니다. 폭력이 난무하는 미국의 할렘 뒷골목에서 태어난 아이일지라도 평화로운 고급 주택가에 있는 것보다 자기 동네에서 자신과 비슷한 환경의 사람들과 어울릴 때 안정감을 느끼지만 아이에게 이로울 것인가는 의문이다. 익숙한 환경에 안락하지만 벽에 부딪히는 것처럼 답답하고 무료함이 커지고 있다면 친구들, 사는 동네, 직장... 등을 관찰하여 나의 백그라운드 뮤직 에너지가 어떤지 가늠해볼 수 있다.

---

7 인간의 의식도 그 에너지를 어느정도 느낄 수 있지만 영혼은 더 잘 느낄 수 있다. 따라서 상위 차크라가 많이 열려 있을수록 에너지(기운)에 민감하다.

우주는 인간의 말과 생각을 알아듣지 못하고 그 말과 생각에 담긴 감정과 느낌만을 이해하는데 그것에 에너지가 농축되어 있기 때문이다. 나의 주파수와 공명되는 에너지를 가진 사람들과 사건들이 나의 우주에 펼쳐지게 되므로 좀 더 만족스럽고 가치 있는 경험을 원한다면 긍정적이고 밝은 기분을 유지해 주파수(에너지)를 높이도록 노력해야 한다.

마음을 울리는 영성과 마음 치유 인문학 강의를 듣고 희망이 담긴 아름다운 책을 읽고 자연을 가까이 하고 숨을 풍성하게 표현하는 취미생활을 즐기고 코미디 프로를 보고 웃을 때 에너지 주파수는 상승한다.

케이코 하야시(Keiko Hayashi)박사 팀의 연구[8]에 의하면 인슐린 주사를 맞아야 할 만큼 상태가 나쁜 당뇨병 환자들에게 하루 30분 코미디 프로를 보여주었더니 대조군의 당뇨병 환자들보다 인슐린 주사 투입 횟수가 현저히 떨어졌다고 한다. 살인을 무심히 다루는 게임을 오래 하거나 내용 없이 잔인한 영상만 가득한 영화를 보는 일, 말초신경 자극 뉴스를 자주 접하는 것은 주파수 상승에 도움이 되지 않는다. 기분이 좋아지는 일을 느릿느릿 하면서 마음 가는 대로 소담스레 사는 것이 참 자아의 삶이다.

---

8 〈Laughter lowered the increase in postprandial blood glucose〉 By Hayashi K, Hayashi T, Iwanaga S, Kawai K, Ishii H, Shoji S, Murakami K.

나(I am)

미친 집 값과 물가때문에 살기 힘들다. 우린 대체 언제 빛을 보냐?

인류의 과거를 들여다 보자. 한 번이라도 살기 좋았던 시절이 있었는가? 툭하면 터지는 전쟁, 기아, 홍수, 가뭄, 더위와 추위, 양반 지주의 횡포 또는 입장에 따라 소작농의 게으름... 하다 못해 산에서 내려 온 호랑이때문에 살기 어려웠다. 다른 나라도 별 반 다르지 않다.

잘 살아보고 싶은가?

행복하고 싶은가?

한 번쯤 쨍하고 볕 들 날을 보고 싶은가?

행복하고 싶은 이는 누구인가?

'힘들다, 괴롭다...' 하는 이는 누구인가?

나?

나는 누구인가? 걱정에서 자유롭고 싶은 나는 OOO라는 이름의 사람이다. 그 사람의 뇌는 가상현실 시뮬레이션 세계(가짜)와 현실세계(진짜)를 구분하지 못한다.[9] 그래서 죽은 사촌이 안방에 앉아있는 꿈을 꾸고는 무서워서 그 방에 들어갈 수가 없다. 실체가 있든 없든 뇌가 그렇게 믿기로 했다면 우리는 이를 사실로 받아들이고 공포를 느낀다.

---

9 영화〈고스트 오브 워:Ghosts of War〉, 〈소스 코드:Source Code〉, 〈매트릭스:Matrix〉는 이와 관련된 영화이다.

일론 머스크는 이 지구와 인류는 시뮬레이션 속에 있을 확률이 90% 이상이라고 했는데, 이게 사실이라면 지금 이곳에 살면서 괴로워하며 행복을 갈망하는 '나'는 또 다른 진짜 나의 시뮬레이션 캐릭터(가짜 나)라는 말이 된다.

만약 이 지겨운 게임과 아무개라는 따분한 아바타를 바꿀 수 있다면 괴로움이 사라지고 행복할 수 있는 게 아닐까?

'나'라는 인간이 원하는 것은 잘 먹고, 잘 입고, 잘 자는 몸에 관한 일들이다. 내 몸이 남들보다 조금 더 괜찮기를 바라는 일상에서 변화가 있으면 두렵고 변화가 없으면 지겨워 하는 것이 인간(가짜 나의 캐릭터)이다. 이렇게 몸이 '나'라고 믿으며 살면 어차피 죽음을 맞이할 것을 알기 때문에 슬플 수 밖에 없고 내가 아닌 것을 '나'라고 믿고 그 '나'를 만족시키기 위해 애를 쓰니 어찌 행복할 수 있겠는가.

예수가 말하길, "너희는 왜 컵의 바깥을 닦고 있느냐. 컵 안을 만든 자가 바깥도 만들었음을 모르느냐?"[10]

이는 내면을 정화하면 밖은 자동으로 깨끗해지므로 나를 치유하면 되는 것이지 세상을 바꾸려고 안간힘을 쓸 필요 없다는 뜻이다.

병을 고치기 위해 가장 먼저 해야할 일은 그 병을 진단하고 원인을 파악하는 것이다. 그리고 우리는 그 누구도 다른 사람의 문제를 해결해줄

---

10 〈도마복음 89〉 우리는 모두 자신의 안(내면)과 밖(세상)을 만들었고, 그러므로 안과 밖은 우리 자신이다.

수 없고 내 문제를 다른 사람이 해결해 줄 수도 없다. 따라서 그대가 진정 이 지겨운 삶의 고통에서 해방되길 원한다면 '~ 때문에' 라며 문제의 원인을 밖에서 찾는 일을 그만두고 몸에 병이 있으면 몸을 봐야 하는 것처럼 괴로워하는 '나'[11]를 객관적으로 바라보고 분석해 보아야 한다.

신과 인간을 연결시키는 영매 오라클이 머물던 그리스 델포이 신전에 들어가는 입구 현판에는 '너 자신을 알라(know thyself)'고 적혀 있었다.
'Yourself'는 아무개 이름의 인간이 아니라 보이지 않는 참 자아(상위 자아, 진짜 나의 정체성)이다. 그 자신을 안다면 궁금한 것이 있을 수 없기 때문에 신에게 질문할 필요가 없다는 뜻이다.

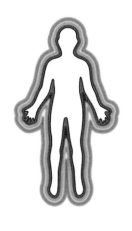

우리의 존재를 단순 정의하면, 한 마디로 '에너지체'라고 할 수 있다.[12] 육체는 우리 눈에 보이고 만져지는 겉 포장이고 이를 감정체, 정신체 그리고 영체가 겹겹의 레이어로 싸고 있는데 이 에너지체가 바로 '나'이다.

이 에너지 덩어리는 셀 수 없이 많은 주파수의 모임이라고 할 수 있다. TV가 망가졌다고 방송이 중단되는 것이 아니듯 에너지체 중 가

---

11 '참 나'와 캐릭터의 '가짜 나' 모두
12 Aura(아우라): 절대 불변의 영(Spirit)이 우리의 본질이다. 그러나 늘 변화하는 물질세계에 맞게 작동되는 두뇌가 이를 정확히 이해하는 것은 불가능하며 현재 의식 수준에서는 상상하기도 어렵다.

장 마지막에 만들어진 육체가 죽는다고 에너지체가 전부 사라져 버리는 것은 아니다.

생각들로 가득 찬 우주는 모든 생명이 자신의 고유 주파수를 발산하는 방송국에 비교할 수 있다. 육체(Physical Body)는 에너지체를 구성하는 한 층이고 다른 사람, 동물, 식물 뿐 아니라 외계 생명체와 감정(느낌)의 주파수를 송수신하는 집합체, 비교하면 라디오, TV또는 휴대폰과 같은 것이다.

몸(육체), 마음(감정체, 정신체), 영혼(영체)은 양파처럼 겹겹이 쌓여 하나로 연결되어 있다.

감정과 생각(마음)은 영체의 하위층인 아스트랄체 (잠재의식,무의식)에 저장된다. 감정체(Emotional Body)는 재밌고 기쁘고 슬픈 등의 감정을 송수신하는 주파수이고 정신체(Mental Body)의 생각은 감정을 일어나게 하는 원인 에너지이다. 감정체와 정신체는 육체와 영체(Spiritual Body) 사이의 층(layer)으로 양쪽을 이어주고 오가며 영향을 주게 되므로 육체를 건강하게 하거나 병을 발현시켜 낼 수도 있다.

내가 원하는 것

'인간은 행복을 추구하므로 인생의 목적은 행복해지는 것이다'는 명제는 누구나 수긍할만한 사실이다. 그 누구도 나를 고통스럽게 하려고 맛집을 찾지 않고, 더 건강해지고 예뻐지면 심히 괴롭기 때문에 운동하는 것이 아니며 방광을 비우면서 떠나간 소변이 그리워 슬퍼지지 않는 것처럼 우리의 삶은 대체로 조금 더 행복하기 위한 방향으로 진행된다. 그 행복의 질은 개인에 따라 천차만별 다를지라도 말이다.

하버드 대학에서는 268명의 졸업생을 대상으로 장장 75년동안 $20 million(260억)의 예산을 쏟아부어 한 사람의 인생에 성격, 인간관계, 자산, 가족, 연애, 직업 같은 인생의 카테고리들이 어떻게 상호 영향을 주고 받는지 추적 조사하였고 케네디 전 미국 대통령도 이 연구에 참가한 학생이었다. 연구(Grant Study)에 의하면 마음이 따뜻하고 인간관계를 소중히 하는 사람이 연간 평균 $141,000(약 1억9천)의 수입을 더 창출했으며 모든 방면에서 만족스러운 삶을 산다고 한다. 하버드에서 그 옛날 260억의 거액을 들여 75년동안 진행된 이 연구를 분석한 연구원은 좋은 인간관계가 우리를 더 행복하고 건강하게 한다면서 보고서 마지막 장에 한 줄 결론을 내렸다.

6 Happiness is love 9

바꿔서 'Love is happiness' 라고 할 수도 있을 것이다. 행복이 사랑이고, 사랑이 곧 행복이다.

상대방을 배려하고 이해하는 사랑의 마음이 참된 인간관계를 만들고, 바꿔 말하면 행복하지 못한 이유는 겉으로는 좋은 척 하지만 진정으로 사랑하지는 않기 때문이다. 자기자신을 사랑하지 못하면 타인을 사랑하지 못하고 그 반대의 경우도 마찬가지이다.[13] 멍청한 말과 행동을 일삼고, 나의 실수로 처한 상황을 '~때문에' 상처받고 피해를 입었다며 남 탓하는 한심한 나, 다른 사람들이 나를 기분 나쁘게 만들 수 있다[14]고 믿고 세상에 당하기만 하는 바보같은 나를, 나는 도저히 사랑할 수 없다. 그러나 이렇게 나를 폄하하고 사랑할 이유가 없다고 주장하는 '나'는 가짜 나(에고)이다. 가짜 나는 언젠가는 사라지고 마는 가짜의 사건들을 영원불변 하는 진짜로 착각하며 엄청난 일이 일어났다고 호들갑을 떤다. 이런 일을 만들고(또는 당하고) 있는 나를, 나는 사랑할 수 없다고 한다.

인간의 마음을 동전이라고 하면, 앞면은 진짜 나 (상위자아)이고 뒷면은 가짜 나(에고:하위자아)이다. 물리세계에 태어나려면 인간이라는 형태가 있어야 하고 거기에 따라 온 것이 가짜 나의 마음이다. 나(마음, 의식, 생각)는 진짜 마음(상위자아, 신, 절대의식, 성령...)과 가짜 마음(에고) 중 한 면에 힘을 실어줄 지를 선택할 수 있다.[15]

돈이 없고, 애인이 없어서, 아이가 공부를 못하고 승진이 안돼서, 부

---

13 나르시시스트들의 자기애는 육체와 머리에 대한 집착이다. 이들은 자기자신의 마음을 사랑하지 못한다. 마음의 상처를 입는 것을 극히 두려워하므로 먼저 공격하고 이용해 상대보다 우위에 있다고 착각하며 안심한다.

14 상대가 아무리 내게 부당한 요구를 해도 내가 기분이 나빠지지 않겠다고 결정하면 그렇게 할 수 있다. 나의 내면은 오직 나만이 만들 수 있기 때문이다.

15 이런 결정권이 자신에게 있음을 아는 자를 깨어나고 있다고 표현한다.

모의 관심을 받지 못했기 때문에 불행한 것이 아니다. 가짜 나의 거짓말에 속아 진짜를 보지 못하고 나를, 세상을, 사람들을 그리고 하나님[16] 마저 사랑하지 못하기 때문이다. 이 '가짜 나'를 벗겨 내는 것이 치유이다.

관찰자

양자[17]역학의 이중슬릿(Double-Slits) 실험은 물질을 이루는 전자 그리고 최근에는 빛 마저도 입자와 파동[18]으로 존재하고 있다가 관찰자에 의해 그 형태를 달리 한다는 것이 요지이다. 세상을 바라보는 관찰자(나)의 생각, 의도, 의지가 물질로 이루어진 세상의 모습을 결정한다는 것이다.

생각은 알아차리지 못하면 금방 감정이 되는데 누군가 나에게 '멋지다'고 할 때 '나는 멋지구나!' 하고 칭찬으로 받아들이면 기분이 좋아지지만, 같은 말에도 '나를 조롱하는 거구나' 하고 판단하면 기분이 상하기도 한다. 상대방의 말이나 행동이 아니라 나의 생각(판단)이 감정을 만드는 것이다. 하지만 관찰자는 상대의 말에 무조건 반사하듯 반응하지 않는다. 나에게 '멋지다' 라고 칭찬해주었으니 고마움을 표시하겠다는 자신의 생각과 행동을 알아차리는 것이 관찰자이다. 상대의 부정

---

16 기독교에서 신으로 추앙하는 성경의 여호와가 아니다. Oneness, 절대의식, 道, 法, 無, 空... 등 태초의 창조주이며 영혼의 아버지와 어머니이다.

17 Quanta: 파동과 입자 모두를 가짐.

18 물결처럼 어떤 모양으로 나타날지 알 수 없으므로 그 가능성은 무한하다.

적 언행에 반응하려는 자신에 대해 관찰자 입장을 유지하는 것은 더 어려운 일이다. 우리는 매일 다른 사람들의 '가짜 나들(False selves:에고)'과 싸우려는 나의 가짜 나(에고)를 관찰할 수 있다. 나와 다른 의견에 즉각 반응하지 않고 한 템포 쉬면서 자신의 생각과 감정을 지켜보는 관찰자로 살려면 상대의 에너지장으로 다이빙하려는 가짜 나를 가까스로 붙들려 해서는 안 된다. 그 속에 가짜 나를 확 떠밀어 넣고 나와 연결된 줄을 싹둑 잘라낸 후 돌아설 줄 알아야 한다.

생각

생각은 잘 이용하면 최고의 일꾼이 되어 삶을 풍요롭게 하지만 생각에 사로잡히면 그 순간 생각은 흡혈귀로 변해 주인인 나를 공격하는 양면성이 있다. 생각에 빠지면 그 생각은 장변 새끼 치듯 불어나 빛의 속도로 최악의 결론을 들이민다. 자기가 만들어 놓은 생각이지만 없애지는 못하고 그 생각에 쫓겨 다니면 그게 바로 지옥이다. 생각은 떠오르거나 사라지는 것이 아니라 늘 거기 있는 수만가지 생각들 중 하나를 내가 의식했기 때문에 알아차리게 된 것 뿐이다.

나를 안다는 것은 결국 나의 생각(또는 마음)을 안다는 것인데 그 생각이 가짜 나의 것인지 진짜 나의 생각인지를 구분하고 가짜는 버리고 진짜를 받아들이면 힐링이 일어나 고차원의 나로 새로 태어나게 된다.

불교와 동양 철학에서 추구하는 空과 無는 가짜 나의 생각이 없는 상태이고, 서양철학의 본질도 따지고 보면 생각을 가지고 '맞고 틀리고 있고 없고'를 논하는 것이고, 현대 영성의 토대가 되는 초기 크리스천 신비주의와 서양 종교의 영(Spirit), 영혼, 지식, 정신, 마음도 모두 생각의 일종이 아니던가...

깨닫기 전에 나무를 자르고 물을 길렀다.
깨달은 후에도 여전히 나무를 자르고 물을 길어 나른다.[19]

똑같이 나무를 자르고 물을 기르는 생활이다. 그렇다면 무엇이 달라졌나?

세상을 바라보는 지각이 바뀌었다. 내 생각과 마음이 달라진 것이다.

아내가 잔소리를 해서, 남친이 날 떠나서, 주가가 떨어지고, 친구가 없어서, 아이가 말 대꾸를 해서, 부모가 하기 싫은 걸 억지로 시켜서, 명품백이 없어서... 외부환경은 말 그대로 내가 아니라 밖의 것이라 내가 쉽게 바꿀 수 없다. 그러나 생각은 내 것이니 바꿀 수 있지 않을까?

생각의 진화 방향은 이러하다.

> 1. 자신의 생각을 전혀 알지 못하고 생각과 자신을 동일시하며 에고(가짜 나)로 살아간다. 생각은 신속히 감정화 되어 기분이 나빠지면 화가

---

19 수행자를 깨달음으로 이끄는 참 말. 간화선(看話禪)이라 한다.

나고 그 원인은 상대방의 잘못이다. 그래야 내가 어떻게 고칠 수 없
는 일이 되므로 그 여파는 오래 지속될 수 있고 가짜 나는 이렇게 살
아있을 수 있다. 또한, 나의 잘못은 이유가 있는 그럴만한 일이므로
미안하다고 말은 할지라도 마음으로는 외부의 사건이 나의 잘못과
실수의 원인이라고 믿는다. 성추행을 하고도 여자가 미니 스커트를
입었기 때문이라 항변하고 걷다가 상대의 어깨를 툭 치고는 고개 숙
여 사과하지만 '저 남자 덩치가 커서, 길이 좁고 복잡해서...'라는 마
음도 가짜 나이다.

2. 가짜 내(에고)가 쉬지 않고 창조하는 괴로움이 점점 싫어 진다.

이 단계에서도 가짜 나는 어느 정도 주도권을 행사하므로 나에게는
문제가 없는데 가정환경, 사회, 세상 사람들 때문에 잘 살 수 없다고 믿
는다. 문제의 답을 찾는 시도를 하지만 여전히 외부에서 답을 찾으려
하므로 자기 계발서를 탐독하면서 다른 사람들의 성공비법을 따라하고
사주 명리학, MBTI등에 심취하기도 한다.

3. 인간을 포함한 물질세계의 일들은 계속 변화하므로 무언가를 바꾸
고 고치기 위해 작은 디테일에 매달리는 일이 얼마나 허망한 것인지
깨닫게 된다.

우주의 운영원리(자연의 이치와 음양의 법칙)라는 큰 그림을 보려고 한다.

생각이 한사람의 행동과 삶을 지배하고 있음을 알게 되고 내면의 힘(참자아, 상위자아)을 인지한다.

> 4. 생각때문에 괴롭기도 행복하기도 한 것을 깨닫고 에고(가짜 나의 생각)를 미워하고 거부하고 그 힘을 두려워 하기도 한다.

> 5. 에고를 조금씩 구분하기 시작한다.

붙잡고 있는 것이 자신임을 이해하고 모든 것은 결국 흘러가고 말 것임을 알기 때문에 괴로움이 줄어들고 자신과 타인에 대해 너그러워진다.

> 6. '내가 잘해서, 내 말이 맞다, 나는 알고 있었다...' 등 타인으로부터 인정받고 싶은 욕구가 자연스레 사라진다. 떠오르는 생각들 중 에고를 알아보고 잠재울 수 있다. 아는 것을 모두 말하지 않으며 알고 있었다는 마음도 일어나지 않는다.

모든 것이 가하나 모든 것이 유익한 것은 아니요. 모든 것이 가하나 모든 것이 덕을 세우는 것은 아니니 누구든지 자기의 유익을 구하지 말고 남의 유익을 구하라. (고린도전서 10:23~24)

> 7. 생각이 오면 거부하지 않고 '갈 때 되면 가겠지...' 하고 그 생각을 바

라보고 또 놓아 버림으로써 감정화 되지 않는다. 먹고 살 일을 걱정
하지 않으며 돈벌이와 무관하게 자신의 일을 묵묵히 해 나간다.

8. '에고 또한 나' 임을 알고 모든 것을 끌어 안을 수 있다. 상황에 따라
위로의 말을 하는 등 상대의 의식수준에 맞는 행동을 하지만 감정은
차갑다. 목소리를 높여도 화나지 않으며 육신의 죽음을 애도하지 않
는다. 나의 가족, 우리 나라, 우리 동네 등의 선택적 편파성이 없기
때문에, 에고가 강한 이들에게는 상황을 회피하는 것처럼 보이기도
한다.

머리속에서 일어나는 생각작용은 에고에 붙들려 하나인 상태에서 출
발해 에고를 알게 되면서 두려워하고 또 분리하려고 한다. 끝내는 모든
생각을 있는 그대로 수용하는 단계로 진화하게 되는데 생각에 파묻혀 있
는 것이 아니라 울타리 마냥 생각을 끌어 안은 하나라는 차이점이 있다.

생각의 일종인 관념(idea:어떤 일에 대한 견해, 추상적 공상)은 어떠 한가?
거의 모든 종교 지도자들이 그 신도들에게 가르치는 공통된 교리 중
하나는 '주는 것이 받는 것이다, 나눌수록 커진다, 신의 성전(법당)에 바
친 물질은 하늘나라에 그 공덕이 쌓인다...' 등등. 내가 바친 헌금(시주,
보시)이 후에 더 큰 값어치로 불어나게 된다는 것이다. 투자에 민감한
현대인의 귀를 솔깃하게 하지 않을 수 없다. 그러나 그 돈이 언제, 어떤
형태로 돌아오는지는 그 누구도 모른다는 점이 못내 껄끄럽긴 하다.

종교단체에서 섬기는 신이라 불리는 고차원 존재들은 가진 것을 나누고, 자신에게 가장 중요한 것을 내놓음으로써 세상에 대한 집착을 버리라고 하는 것이지 그게 돈이라고 콕 집어 말하는 것이 아니다.[20] 육체의 안위에 치중하는 인간 수준에서 고차원의 메시지를 해석하니 그 핵심이 변질된 것이다.

주는 만큼 커지는 것은 물질이 아니라 관념(아이디어)이고 생각이다. 예를 들어 한 사람이 '노동자의 권익이 더 신장(伸張)되어야 한다'는 관념을 주창했고 많은 사람들이 그 생각에 동조하게 되면 하나의 정당을 만들 수도 있게 된다. 또는 마을 이장이 '다리를 놓아야 한다'는 자신의 생각을 동네 사람들에게 알렸고 들어보니 이치에 맞아 그 의견에 동의하는 사람들이 늘어나게 되면 그 마을에는 실제 다리가 건설될 것이다. 이처럼 생각은 그 생각을 믿는 사람들이 많아질수록 커지고 강해지므로 주는 것은 잃는 것이 아니라 얻어지는 것임이 명백하다. 물질적 재산을 공유하면 소유권은 분할되지만 생각(관념:idea)을 나누면 그 아이디어는 줄지 않고, 그 관념을 수용하는 자들이 많아지면서 더 강력해진다.

모든 것은 생각에서 시작된다. 생각에서 행동이 나오고 그 행동의 결과로 모두가 그토록 염원하는 돈이 내 수중에 들어온다. 그러므로 다시 그 물질을 풀어줄 때, 나의 올바른 생각을 담아 보내야 바른 길을 타고

---

20 신이 '네가 얼마나 나를 사랑하나 보자'며 아브라함에게 아들 이삭을 죽이라고 한 것이 아니다. 이런 질투심에 사로잡힌 신은 평균 인간보다 저급한 의식 수준이므로 신으로 받들어 섬길 이유가 없다. '물리세계에 대한 집착을 내려놓고 에고를 털어내는 방편으로 '너에게 가장 소중한 것을 버려야 한다'는 메시지를 아브라함이 잘못 알아들은 것이다. 인간끼리 전화통화를 해도 오해가 생기는 것을 감안해보면 느낌과 생각, 상징의 형태로 전해지는 신의 메시지를 제대로 해석하는 일이 그리 쉽지 않음을 이해할 수 있을 것이다.

잘 돌아올 수 있다.

헌금(시주)을 할 때, 물건을 살 때, 서비스의 대가를 지불할 때 노조가 한 노동자의 불이익에 분노하며 하나되어 그를 위해 투쟁하듯 내가 하는 일에 힘이 되고 나를 도울 것이라는 이로운 생각을 돈에 담아야 한다. 돈은 생각(관념)의 가치를 담을 수 있는 토큰과 같다. 풍요로움과 자비를 담아 보내면 더 큰 풍요와 자비의 정류장에 닿게 해주고, 분노와 인색함을 담아 보내면 그에 상응하는 것으로 맞바꿈 해준다.

잠재의식[21]

브루스 립톤(Bruce Lipton) 박사는 인간을 유기체 컴퓨터에 비교하며 새 컴퓨터를 사면 용도에 맞는 프로그램을 깔아 사용하듯 태어나서 7년동안 아이는 주변인의 말과 행동을 흡수해 자신의 프로그램으로 만들어 간다고 하였다. 성인은 깊은 명상과 최면 상태, 잠이 들 무렵과 깨어나기 직전 그리고 꿈을 꿀 때 세타 뇌파(Theta Brain Wave)상태인 반면, 7세이하의 아이들은 깨어 있는 일상생활 중에도 세타 뇌파(4~8Hz)가 유지된다. 세타파에서 우리는 긴장이 풀어지고 걱정이 사라진 편안

---

21 정신 분석학자 칼 융(Carl Jung)은 잠재의식(Subconsciousness)을 의식의 하위(Sub) 부분이라는 뉘앙스 때문에 무의식 (Unconsciousness)이라 하였는데 의식하지 못한다는 의미이지 의식 보다 아래 단계 이거나 의식이 없다는 뜻은 아니다. 지금도 많은 정신 분석, 심리학 전문가들이 잠재의식보다는 무의식이라는 용어를 사용한다. 무의식은 Oblivion(망각,인지 못함)이란 단어로 표현될 수 있는데 의식이 잠자고 있는 상태로 현재의 뇌의식(베타 파 상태)에서 인지하는 못하는 의식이다.

함을 느끼며 두뇌는 매우 수용적 상태가 되므로 7세 이하의 아이들은 작은 것에도 행복하고 무엇이든 잘 믿어 어른들의 짓궂은 장난에도 곧 잘 속아 넘어간다.

아이를 관찰해보면 육안으로 볼 수 없는 영혼의 속성을 알 수 있는데 새로 입은 육체는 어색해 움직임이 우스꽝스럽고 처음 방문한 이 세계 는 영혼에게 신기하고 재미난 곳이다. 영혼과 마찬가지로 시간개념이 없는 아이들에게는 지금 현재만이 존재하므로 과거의 일을 후회해야 한다는 것과 미래가 온다는 것을 이해하지 못한다. 아이는 "너 어제도 똑같은 잘못 했잖아" 라던가 "이번 주말에 해줄게." 같은 과거와 미래 를 표현한 말을 가늠하는 것이 어렵다. 꿈과 현실세계를 구분 짓지 못 하기 때문에 눈에 보이지 않는 상상의 친구와 대화를 하고 '엄마, 아빠 놀이'를 실제 부부처럼 재미나게 할 수 있다.

우리는 푸릇푸릇한 영혼이 깨어 있는 7살까지 외부 환경에서 들어오 는 정보를 여과 없이 그대로 받아들여 만들어진 프로그램을 잠재의식 (무의식)에 저장해 한 평생 사용하면서 영혼의 기억을 만들어간다.

사람들이 좋아하고 싫어하는 말과 행동이 어떤 것인지 여러 상황을 통해 익히기도 하고, 부모에게서 부부와 부모의 역할을 무의식(세타 뇌파 상태) 중 배워 그 역할을 하게 되었을 때 잠재의식의 기억을 꺼내 그 저 장내용[22] 대로 행동하게 된다.

---

22 어릴 적 충격적 경험 때문에 그렇게 하지 않겠다는 강한 다짐을 한 경우 부모와 반대되는 행동을 하기도 하는데 이 또한 잠재의식에 저장된 내용이다.

정도의 차이는 있겠지만 지금 이 글을 읽는 당신은 육신의 물리세계 외에 다른 세계가 있다는 것, 눈에 보이지 않는 영적, 정신적 힘이 있다는 것을 믿거나 알고 있다. 그리고 그 힘은 인간의 힘보다 크고 강력하기 때문에 그 힘을 이용하거나 도움을 받으면 지구 땅에서의 일을 더 빨리 잘 할 수 있을 거라는 추론을 한 적이 있을 것이다. 그 영적, 정신적 힘을 상위자아(참 나, 진짜 나), 영혼이라 부를 수 있고 인문심리학을 따른다면 잠재의식이라 해도 무방하다.

잠재의식은 초의식(우주)과 베타 뇌파 인간의식의 중간에서 다리역할을 하는 '영+혼의 마음'이라고 할 수 있는데, 양쪽 의식 모두에 영향을 주고 또 받기도 한다. 인간의 뇌의식은 잠재의식(무의식)을 건너뛰고 초의식에 닿을 수 없으며 초의식의 메시지와 창조의 능력은 잠재의식(영혼)을 통해서만 인간의 뇌의식에 전달될 수 있다. 그러므로 우리는 잠재의식을 우주 에너지의 대변자로 수용해야만 한다.

7세 이하의 어린이와 달리 성인[23]은 완전히 릴렉스 된 세타파 상태에서 의식 깊이 숨어있는 잠재의식에 도달할 수 있다.

---

23 성인은 깨어서 일상생활을 할 때 뇌파는 베타(Beta:14~40Hz)를 유지한다. 분석적이고 논리적이며 기민한 상태이므로 위험을 재빠르게 인지해 대처하고 문제해결에 효과적이지만 스트레스, 긴장, 두려움, 불안한 상태이므로 높은 에너지를 사용하게 되어 쉽게 피로해진다. 베타 뇌파는 포식자의 출현을 감지하기 위해 잔뜩 긴장한 채 풀을 뜯는 초식동물에 비교할 수 있다.

차크라

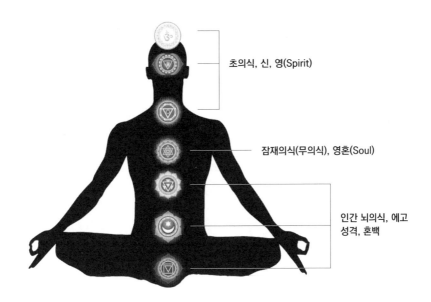

초의식, 신, 영(Spirit)

잠재의식(무의식), 영혼(Soul)

인간 뇌의식, 에고
성격, 혼백

지구의 모든 생명은 크게 7개의 에너지 센터를 가지고 있다. 이는 기
원전 1500년경 쓰여진 인도의 힌두 경전 베다 문서에 처음 언급되었
는데 이를 차크라[24]라고 부른다. 현재의 인류[25]는 공통적으로 하위 3개
의 차크라가 열려 있으며 4번째 심장 차크라를 활성화해서 상위 3개의
차크라까지 활용할 수 있는 능력을 진화하고 있는 이들도 현재는 소수

---

24 바퀴라는 뜻의 산스크리트어이다. 소용돌이처럼 에너지를 흡수하고 방출한다.

25 예를 들어 물,바위, 흙 등의 무생물은 첫번째 뿌리 차크라 만이 열려 있고, 동식물은 두번째 천골
   차크라까지 열려 해당 에너지를 사용할 수 있다.

이지만 점차 늘어가고 있다.

육체에 주요 영향을 미치는 하위 세개의 차크라는 인간의 생각, 의지, 사회적 인정 욕구, 감정, 식욕, 색욕, 소유욕 등과 관련이 있다. 깨어서 생각하고 판단하는 두뇌의 지적능력은 인간자아의 의식이며 그 에너지원은 세번째 태양 총 차크라이다. 덧셈, 나눗셈을 하는 법을 배우는 것, 새로 출시된 라면을 제대로 끓이기 위해 조리법을 읽고 그대로 시행하는 것, 피아노를 처음 배우러 가서 몇 달 동안 음계를 배우는 것은 베타 파 인간자아 뇌의식에 해당한다.

인간으로서 나는 하위 세 개 차크라에서 에너지를 받고 있으며, 참 나(상위자아)로 불리는 영역은 우리가 신이라고 부르는 상위 세 개 차크라 초의식에 해당한다.

심장 차크라의 에너지 센터는 '내가~' 라며 자신을 지칭할 때 손바닥으로 두드리는 가슴 한복판이다. 우리의 신체는 영혼이 자신(참 나)임을 기억할 수 있도록 디자인되었기 때문에 이런 행동이 가능한 것이 아닐까? 심장 차크라에는 잠재의식이 저장되고 영혼이 다른 육체로 갈아타는 환생을 겪을 때도 잠재의식은 사라지지 않는다.

어릴 때부터 주기적으로 반복된 생각과 감정이 저장되고 단 한 번의 경험이라도 엄청난 크기의 감정(에너지)이 집중될 때 잠재의식에 메모리로 남게 된다. 구구단을 몇 십 번 반복해서 외우게 된 것, 오랜 세월 깊이 연구하며 라면을 끓여온 결과 다섯 종류의 라면을 각각 다른 냄비에 탱글탱글한 면발을 유지하며 끓일 수 있게 된 것, 피아노를 10년 동안 매일 4시간씩 쳐서 눈 감고도 칠 수 있는 경지에 이르게 된 것, 과음하고 현관문 비밀번호가 생각나지 않았는데 손을 대자 자동으로 손가락이 움직이며 번호를 누르고 있는 것은 잠재의식의 힘이다. 매일 운전하는 출퇴근길 블루투스로 통화하느라 어떻게 차선을 바꾸고 브레이크를 밟았는지 언제 다리를 건넜는지 기억엔 없는데 어느새 회사에 잘 도착해 주차하고 있는 나를 발견한 것도 잠재의식이 한 일이다. 심장을 뛰게 하고, 음식물을 소화하고, 면역체계를 발동시켜 세균을 죽이고, 체온을 조절하고, 매초 수백만 개의 정보를 처리하고 매일 수백억 씩 죽는 세포를 즉각 복구해주는 것도 잠재의식이다.

뇌의식에서 떠오르는 생각들 예를 들어, '날씨가 춥다, 노란 꽃이 예쁘다, 떡볶이가 맛있다' 등은 한 번 왔다 지나가는 것들이지만 잠재의식에 저장된 정보는 긍정적이든 부정적이든 상관없이 일정량 이상의 에너지를 집중 투자해 메모리로 받아들였다는 의미이다.

사용하지 않는 꼬리뼈가 사라지는 것만이 진화가 아니다. 현대의 우리는 지금까지 막혀 있던 상위 차크라의 힘(에너지)을 사용할 수 있는 의식의 진화과정 중에 있으며 잠재의식을 힐링함으로써 상위 차크라에 접속할 수 있게 된다.

지금 이 글을 읽는 인간의 의식을 운전자라고 한다면 잠재의식은 아우토반 위에서 대기하고 있는 람보르기니와 같다. 운전을 잘 해야 좋은 차가 그 성능을 다할 수 있는 것처럼 잠재의식을 잘 관리하고 다룰 줄 알아야 삶은 진정 내 것이 될 수 있다.

잠재의식의 특성

잠재의식의 특성은 다음과 같다.

1. 잠재의식에게는 거부권이 없다.[26]

잠재의식은 인간의 생각이나 감정을 알아서 골라내거나 선택하지 않는다. '좋고 나쁘고 옳고 그르고'를 판단하지 않고 감정의 강력한 임팩트로 인해 일정수준 이상의 에너지가 밀려 들어가면 저장되고 우주 에너지[27]에 전달된다. 우주는 균형, 평등, 형평, 공평의 에너지이므로 차별 없이 모든 인간의 가능성을 유효하게 본다. 따라서 삶이 변화되길 원한다면 내가 주체가 되어 무엇을 받아들이고 저장할 지를 결정해야 하는데 잠재의식은 오직 나 자신의 시선(지각)에 의지해 세상을 이해하기 때문이다. 그러므로 잠재의식에 저장된 부정적 기억이 있다면 반드시 청소해야 하고 그 후 새로운 정화 메시지를 심는 작업도 뒤따라야 한다.

---

26 신이라고 부르는 우주 에너지도 마찬가지이다. 신께서 인간이 선악과를 먹지 않길 원했다면, 전쟁을 거부할 수 있었다면, 폭력이 없길 원했다면... 그런 일들은 처음부터 일어날 수 없었을 것이다. 신은 그 자녀들이 원하는 것이라면 모두 하게 할 수 밖에 없다. 신은 무한 가능성이기 때문이다. 전쟁, 기아, 강간...등은 모두 인간이 만든 것이지 신의 존재 유무와는 아무 상관이 없다. 문제의 원인을 밖에서 찾아 원망만 늘어 놓으려는 삐뚤어진 생각은 소피아(지혜)를 사랑하는 철학이 아니다.

27 초의식, 신, 상위자아, 성령, 아버지,어머니 등 마음에 드는 대로 부르면 된다.

힐링이 시작되려면 지금까지의 생활방식은 바뀌어야 하는데 청소를 하려면 방 안을 차지하고 있는 사람들은 모두 밖으로 나가야 하는 것처럼 가장 먼저 일어나는 변화가 주변 사람들로 부터 멀어지는 사회적 고립이다. 이는 영혼의 깨어남 과정 중 '에너지장 보호기간'과 일맥상통하는 특징이기도 한데 힐링은 곧 영혼이 깨어나 자신의 참 나를 기억하는 일이기 때문이다. 영혼에 대한 기억이 되살아나면서 환생 전 계획했던 상위목적을 이루는 삶을 준비하기 위해 혼자 있는 시간이 늘어나게 된다. 문제를 자각하고 마음치유를 결정하면 갑자기 사회생활이 정리되는 사건이 하나 둘 생기기 시작한다. 하던 일을 그만두고 쉬게 되기도 하고 시골로 또는 해외로 이사를 가거나 기존의 인간관계가 정리되고 전혀 새로운 사람을 알게 되기도 한다. 이 기간 동안 살을 찌워 월동 준비를 하는 동물처럼 에너지장이 단단해져 다시 세상에 나갔을 때 상처받는 일이 현저히 줄어들게 된다.[28] 처음에는 어색하고 거부감에 멈추고 싶을 테지만 이는 익숙함을 안전이라 믿는 에고 때문이니 변화를 수용하려는 노력이 필요하다.

우주는 당신이 영혼의 목적을 찾을 수 있도록 당신을 고립시킨다. 지금은 친구나 사랑을 잃은 것처럼 느껴져 외롭고 혼란스러울 수 있지만 그곳에서 당신은 영혼의 참 보물을 찾게 될 것이다.

눈에 보이지 않는 형이상학의 세계를 이야기 하다 보면 수도자, 출가자의 깨달음을 언급하게 되고 '그들은 사회생활을 하지 않고 일반인과

---

28 더 정확히 표현하면 상처를 받는 일이 가능하지 않다는 것을 알게 된다.

다른 것을 추구하거나 열망이 없기 때문에 우리와 공통점이 없다'는 반박을 접할 때가 있다. 그러나 없던 것을 있다고 믿으며 괴로워 하고 있음(BEING[29])을 부정하는 가짜 나(에고)를 벗겨내는 것은 힐링이면서 동시에 깨달음(신과 하나됨 또는 無로 돌아 감)이다. 스님과 성직자가 세속을 등지고 하는 그것(염불, 명상, 기도, 묵상, 희생, 경전공부, 가르침 등...)도 치유를 위한 활동이므로 힐링은 결국 깨달음의 한 조각이 된다.

미국의 심리학자 아브라함 매슬로(Abraham H. Maslow)는 인간의 욕구를 5단계로 구분하였다. 가장 높은 단계인 자아 실현을 이룬 사람들(Self-actualizing people[30])의 특징을 15개로 정의했는데 모두 세이지[31]의 특징과 동일하다. 특히 다섯 번째(e) 다른 사람들로부터 분리되어 프라이버시를 지키고 고독한 혼자만의 생활을 즐기는 초월성은 깨어남의 단계 중 에너지장 보호단계 그리고 잠재의식 힐링 초기 과정과 관련이 있다.

외부의 일에 관심을 끊고 많은 시간을 혼자 보내는 것은 냉정해 보일수 있지만 결과적으로 인류 전체 집단의식의 주파수를 높이는 일이기도 하다. 힐링 초기에는 에너지장이 매우 불안정하기 때문에 나와 관련없는 일에 함부로 에너지를 엮어 자신의 에너지장을 오염시키지 않도

---

29 신비주의 사상에 영향을 받은 최근 영성 관련 서적은 being, I am, Isness를 존재(existence)라 번역하고는 한다. 존재는 '~이 존재함' 처럼 물질의 유무가 초점이 되지만 being은 am, are, is등 Be의 동명사인 만큼 '나는 (신,토끼,사랑...)이다, 하늘은 아름답다' 처럼 추상적이고 유동적이며 etheric (에테르틱한,영적이고 정신적인)한 상태를 의미하는 포괄성이 있다.

30 자아실현은 장래희망이나 사회적 성공, 꿈을 이룸이 아니라 상위자아(참 나)의 뜻이 인간자아 육체를 통해 세상에 발현된 것을 의미한다. 따라서 참 나와 인간자아 의식이 하나된 상태이다.

31 Sage: 인간, 의식, 삶(生Life), 우주가 무엇인지 깨달은 자

록 주의해야 한다.

아래는 매슬로가 정리한 최상위 5단계(자아 실현)를 성취한 사람들의 15가지 공통된 특징이다.

a. 위선과 진실을 구분하는 탁월한 판단력이 있다.

b. 자신, 타인, 환경을 있는 그대로 받아들이는 수용적 마인드이다. 꾸밈없는 간소함을 지향하고 자연에 순응적 태도를 보인다.

c. 즉흥적 변화를 즐길 만큼 마음이 유연하다.

d. 다양한 관점에서 문제를 인지하고 큰 그림으로 사태를 이해하는 능력이 있다.

e. 얽매이는 것을 피하고 고독과 프라이버시를 중시한다.

f. 사회의 전통과 문화로부터 독립적이고 자신의 가치관에 따라 자유롭게 행동한다.

g. 루틴을 새롭게, 일상을 즐겁게 대하는 여유로움이 있다. 가까운 사람일수록 감사를 전하고 자주 사랑을 표현한다.

h. 영적이고 초자연적인 경험을 한 적이 있다. 이들은 깊은 명상 상태의 삼매, 음양 에너지의 교합(오르가슴), 장대한 자연과 예술품을 감상할 때의 짜릿함으로 초월적 신비 경험을 묘사하기도 한다.

i. 깨어나지 못한 이들이 답답할 때도 있지만 전반적으로 인류에 대한 안타까움, 연민, 사랑의 마음을 가지고 있다.

j. 깊고 좁은 심층적 대인관계를 유지한다. 두루 알고 지내는 얕은 인간관계를 형성하는 일에 에너지를 소비하지 않는다.

k. 지위, 학력, 외모 등으로 판단하거나 등급을 매기지 않고 인간으

로 모두를 있는 그대로 존중한다.

l. 정의를 추구하고 도덕적이며 윤리적이다.

m. 철학적이고 악의 없는 블랙 유머 감각이 있다. 예를 들어 에크하르트 톨레의 에고 흉내

n. 예술가의 창의성과는 다른 때묻지 않은 아이 같은 자기 표현적 창조성이 있다. 이들은 지루한 단순작업 조차 재미난 놀이로 만들 수 있다.

o. 사회적 통념을 거스르지 않지만 하나의 문화, 조직, 국가에 종속됨을 거부하는 문화적 초월성.[32]

2. 잠재의식은 시간을 모른다.

잠재의식은 시간의 흐름을 이해하지 못한다. 그렇기 때문에 지금 현재 일어나지 않은 사건임에도 과거의 슬픈 기억을 떠올리는 것만으로 눈물이 나거나 미래에 새 집으로 이사 가는 상상을 하면서 기쁨을 느낄 수 있다.

10년을 사귄 남자친구가 5개월 전 23살짜리 모델과 결혼했다. 생각할수록 분노가 치밀고 자존감 떨어지게 하는 기억이다. 오늘 아침에도 일어나자마자 둘의 행복한 모습이 떠올라 속이 뒤집어지는 위

---

32   Maslow A. H, 〈Motivation and Personality〉1954

장장애가 일어났다. 기분이 안 좋으니 만나는 사람들에게도 불친절
하게 된다. 그런데 어느 날부터 직장동료들이 그녀를 퉁명스럽게 대
하고 먼저 인상 쓰는 일이 잦아졌다. 그들은 여러 번의 경험으로 그
녀를 보면 '히스테리가 다가 온다. 또 짜증내겠지.' 라는 정보가 잠
재의식에 저장되었고 이를 바탕으로 자기 방어기제를 만들어 먼저
공격하기 시작했기 때문이다.

과거를 붙들고 있으면 어둡고 날카로운 부정적 에너지는 매일 반복되
고 기분은 점점 더 나빠져 갈 수 밖에 없다. 좋은 일이 생겨도 깊이 다운
된 상태이니 에너지가 점프하는데 한계가 있어 그다지 기쁜 줄 모르겠
고, 불편한 상황에 맞닥뜨리면 자존감은 더 떨어지고 분노 게이지는 더
높이 치솟는다. 시간을 알지 못하는 잠재의식은 과거의 사건이지만 이를
바탕에 깔고 지금 나의 에너지(생각, 감정, 느낌)영역대의 주파수를 계속 더
크게 공명 시키기 때문이다. 6개월, 1년, 10년이 흘러도 적극적으로 자
신의 생각을 알아보고 치유하지 않으면 그 기억과 비슷한 에너지 근처에
만 가도, '옛다 네가 찾는 것 여기 있다.' 하며 이전 기억에 담긴 우울함,
분노, 답답함의 에너지를 고스란히 펼쳐주는 것이 잠재의식이다.

시간이 더 흐르면 왜 기분이 나쁘고 우울한지 그 원인은 기억나지 않
고 부정적인 에너지만 미세먼지 구름처럼 나를 감싸 '더러운 성질, 쌀
쌀맞음, 우울함' 이라는 성격으로 굳어지게 된다. 게다가 몸, 마음(생
각), 영혼은 하나로 연결되어 있기 때문에 이 생각과 감정은 신체에 그

대로 표출되어 가볍게는 소화불량, 알레르기, 가슴 두근거림, 만성피로를 안겨주고 심각하게는 치료가 어려운 질병을 만들어 내기도 한다.

처녀가 낳은 아이의 아버지라는 누명을 쓰고도 "아 그렇습니까?" 하고 대꾸하는 백은 선사만큼의 내공이 아닌 우리의 에고는 공격받았다고 믿는 즉시 분노가 치밀어 오르고 두려워지기 마련이다. 그럼에도 잠재의식에 각인될 정도로 너무 오래 부정적 감정에 빠지지는 말자. 그래야만 왜 성격 더러운 인간이란 꼬리표가 붙었는지 원인파악도 안 되는 사태를 막을 수 있다.

나이 40이 되면 자신의 얼굴에 책임을 져야 한다는 말이 있다. 질서 잡힌 적당한 여백의 美가 아니라 그 나이쯤 되면 스스로 인상에서 풍기는 평안함을 만들어 낼 수 있어야 한다는 뜻이다.

우리는 누구나 충격적 사건을 경험하면서 살아간다. 그 강도는 각 개인의 카르마와 힐링 할당량에 따라 다르더라도 말이다. 그런데 내가 원인을 만든 것이 아니더라도 내게 온 에너지를 정화해서 내보내는 것은 나의 책임이다.

모든 것은 에너지이다. 에너지의 본질은 흐름이므로 원망으로 가슴에 움켜쥐는 순간, 붙들고 있는 자신과 주변의 모든 것은 순환되지 못해 썩기 시작한다.

과거를 바꿀 수는 없지만 과거를 바라보는 내 생각은 바꿀 수 있음을 어렵더라도 시도해 보면 어떨까? 애인과 만나는 동안 즐거웠던 시간은 소중한 추억이 될 수도 있을 것이다. 50년을 희로애락 하며 살다 아내가 먼저 죽어도 남편에게 지난 결혼생활 50년은 낭비가 아닌 것처럼 이별했다고 과거의 행복한 기억이 사라지거나 지난 10년이 무의미해지는 것은 아니다.

3. 잠재의식은 실재와 상상을 구별하지 못한다.

현재 일어나는 사건이 아닌대도 과거의 일을 생각하는 것만으로 감정적, 신체적 특수 효과가 자동으로 일어나는 잠재의식의 특징을 이용하여 원하는 일을 상상해서 그 경험이 현재 자신의 에너지장에 발현되도록 할 수 있다. 론다 번의 〈시크릿〉에서 원하는 것을 상상하고 이미 받은 것처럼 믿으라는 가르침도 이 원리에 기반한 것이다.

인공지능의 시대가 오고 있다. 인간(Organism Intelligence: 유기체 지능)은 AI(Artificial Intelligence:인공 지능)의 시스템에 의해 조종 당하고 있다. 또는 첨단 AI 기술을 잘 이용하고 있다... AI에 대한 정의가 생소하게 들리지 않는 것은 AI가 이미 우리 삶의 일부가 되었음을 방증한다.

동종 업계와 구별되는 흔치 않은 서비스와 특출 난 다름을 제공하는 곳에 끌리는 이유는 자신의 고유한 가치와 특별함을 인정받고 싶은 심리가 투사되었기 때문이다. 그래서 인간은 비싼 가격과 소생산으로 흔할 수 없는 명품을 소장함으로써 자신의 가치를 특별하게 표현하고 싶은지도 모르겠다.

AI와 인간의 다른 점 다시 말해, AI가 대체하지 못하는, 인간을 인간으로서 값지게 하는 그 특출한 고유함은 창의성[33]이다. AI는 책도 쓰고, 그림도 그리고 음악도 잘 만드니 왠만한 사람보다 더 창의적이지 않은 가? 라고 반문할 수 있지만 스스로 하고 싶은 마음이 들어 능동적으로 자신의 상상력을 활용하는 자발성이야 말로 만든 이를 진정 크리에이 터 라고 부를 수 있게 한다.

아무 자극이 없는 방에 AI가 인형과 단 둘이 있으면 AI는 인형이 말을 하거나 표정을 지어 감정을 나타내지 않기 때문에 어떤 행동도 하지 않겠지만 같은 상황에서 아이는 인형에게 먼저 말을 걸고 대꾸하지 않는다 하더라도 혼자 상상의 답변을 만들어내며 친구가 될 수 있다. 영혼이 활발히 활동하는 6세 이하 아이에게 백지와 볼펜을 주면 시키지 않아도 자연스럽게 무언가를 그리기 시작한다. 하지만 어떤 자극이나 명령 없이 AI 에게 백지와 볼펜을 주면 AI는 아무것도 하지 않는다. 만약 누군가 앞에서 그림 그리는 것을 본다면 따라 할 수도 있고 저장된 데이터를 이용해 형편없는 상대의 그림을 균형미 있게 수정할 수는 있겠지만 상상력과 자발적 창의성은 인간의 고유한 가치이다. 공상하고 상상할 수 있는 것은 능력이고 상상을 잘하는 것은 초능력이다. 마음껏 상상하며 창의적이 되어야만 그 영혼(참 나)을 끌어낼 수 있고 이렇게 우리는 진짜 나로 살아갈 수 있다.

---

33 창조할 수 있는 능력은 영혼(영)이라는 생명으로부터 부여 받은 것이다. 우리는 어떻게 그리고 언제부터(그것이 태아인지, 정자와 난자 때인지, 알이 먼저인지 닭이 먼저인지) 생명이 시작된 것인지 알 수 없다. 마치 창조주, 영, 영혼, 우주 같은 형이상학의 세계가 논리적으로 설명할 수도, 과학적으로 입증할 수도 없는 미스터리 인 것과 같다. 정확한 시점에 스위치를 켬으로 움직임이 시작되는 인간의 발명품 A.I가 (현재까지는) 생명일 수 없는 이유이다.

지금 처한 환경이 싫기 때문에 반대되는 상황을 공상하며 현실을 거부하라는 것이 아니다. '제발 제발 제발...' 사정하며 비는 것도 능동적 상상은 아니다.

'이럼 어떨까? 색다른 세계를 경험해도 좋지 않을까?' 하는 가벼운 마음으로 행복한 상상을 재미로 해보자.

생각은 내 삶을 만들어 가는 에너지의 연료이다. 창의적인 사람이 되야 한다고 가르치면서 특이한 상상을 하면 현실감 없다 비난하고 아무리 긍정적으로 생각하려고 해도 주변 사람들이 부정적이면 자신의 긍정 에너지를 유지하기 힘든 것이 보통 사람들의 마인드이다. 비범하고 싶다면 남들의 시선을 무시하고 평범함을 버려야 한다. 머릿속에서 뛰어다니는 상상의 유니콘을 궤짝에 가두지 말자.

4. 잠재의식은 변화를 싫어한다.

"오늘부터 기분이 좋아지겠어. 하이 주파수를 발산 하겠어!" 라고 마음먹어도 잠재의식에 어둡고 부정적인 기억이 많이 저장되어 있다면 주파수 상승은 쉽게 일어나지 않는다. 이를 극복하기 위해 꾸준히 긍정적이고 밝은 생각을 반복해야만 자연스럽게 나의 에너지장에 안착된다. 보통 21일, 66일 또는 100일 동안이라는 통계치가 일반적이다. 개인차가 있지만 최소 한 달은 꾸준히 기쁨, 행복, 기분 좋은 감정을 페이크(fake)해서라도(막 춤을 매일 10분만 추어도 기분이 점점 좋아진다.) 만들어 느껴야 내 것이 되어간다.

5. 잠재의식은 순진하다.

예수 그리스도는 어린이와 같은 순수한 마음이어야 천국에 간다고[34] 하였고, 신랑을 기다리는 여자에 관한 비유[35]를 들기도 하였는데 어린이와 여자는 순수함, 수용적 마인드, 사랑의 음 에너지 등 영혼의 본성을 상징한다.

같은 생각을 주입시키면 잠재의식은 그게 사실이든 거짓이든 상관없이 인간 의식이 하는 생각을 그대로 믿는다.

그렇기 때문에 에고가 아니라고 거부해도, 진실로 받아들여질 때까지 긍정적 메시지를 세타 뇌파 상태에서 계속 심어주어야 하는데 잠재의식은 눈을 뜨고는 인식하기 힘든 깊은 내면의 마음이기 때문이다.

잠들기 전 거울을 보며 입 밖으로 소리내 궁금한 걸 물어 보라. 다음날 아침 잠에서 깨려고 할 때 비몽사몽한 상태에서 팔 다리를 펴고 똑바로 누워 움직이지 말고 숨을 들이마시고 내쉬면서 잠시 동안 이마에 집중하면 꿈을 기억하게 되고 상위자아(영혼)의 메시지를 들을 수 있다.

꿈을 통해 잠재의식이 표출되기도 하는데 예를 들어 좋아하는 사람이 나와 통화하며 한숨을 쉬고 친구는 옆에서 크게 떠들며 통화를 방해

---

34 신약성경 마태복음 18:3 말씀이다. 천국으로 번역된 그리스어 οὐρανῶν는 우라노스 신이 그 어원이다. 우라노스(천국)는 하늘(Sky), 공기(Air) 라는 의미가 있다. 지금은 천왕성(우라노스: Uraus)이 지배하는 물병자리(Aquarius:공기 원소)의 뉴 에이지 시대이다. 천국은 우리가 이 땅에서 물병자리의 의식원형을 실현해 만들어가는 새로운 4밀도계(5차원)의 의식 레벨을 의미한다.

35 신약성경 마태복음 25장 중

하는 꿈은 그 사람은 나와 어울리지 않는다는 자신감 부족, 낮은 자존감을 나타낼 수 있다. 잠재의식에서는 자신을 한심스럽게 평가하고 있으며 시끄럽고 복잡한 심정이 있음을 알려 주는 것이다. 어항의 물을 갈아주기 위해 수돗물을 받아 두고 한동안 염소성분이 빠지기를 기다리며 더러운 어항을 보고 있는 꿈 또는 이와 비슷한 기다림에 관한 꿈은 아직 눈에 띄는 변화는 보이지 않더라도 이미 새로운 주파수로 갈아타고 있음을 의미한다. 빈둥대는 것 같은 기분이 싫을 수 있지만 기다림 자체가 해야할 일일 때도 있다.

좋은 꿈이라고 알고 있는 X꿈은 돈에 대한 무의식의 발현이기도 하다. '더럽고 치사한 일을 해야지 벌 수 있는 돈, 지긋지긋한 돈, 부자는 정직하지 못하다'는 믿음이 잠재되어 있을 가능성이 높다. 이런 꿈을 꾸고 로또에 당첨되더라도 그 돈은 금방 소진되어 버린다. 청소를 싫어할 수는 있어도 더러운 것을 좋아하는 사람은 없다. 잠재의식은 X같은 돈을 주변에 두고 있는 것을 원하지 않기 때문에 많은 돈이 들어오더라도 금세 나가 버리게 된다. 꿈을 통해 무의식을 이해하려면 등장인물보다 감정과 생각을 알아차려야 한다.

맨정신으로는 안 된다.

인지 신경과학자들에 따르면, 우리는 인지활동(일상생활) 중 약 5%만 의식적으로 알고 있으며 대부분의 선택과 행동은 의식적 인식이 불가능한 95%의 잠재의식(무의식)에 의존하고 있다고 한다.[36] 위스콘신 대학의 뇌 과학자 폴 휠란(Paul Whelan)은 "우리는 거의 모든 일들을 무의식적으로 하고 있다."고 하였다. 베일러 의학대학 (Baylor College of Medicine)의 연구팀은 67명을 대상으로 코카콜라와 펩시콜라에 대한 블라인드 테스트(Blind Test)를 하였는데 다수가 펩시콜라를 더 맛있다고 답하였다. 그러나 완제품의 콜라 캔을 각각 받았을 때 ¾의 참가자가 코카콜라에 더 높은 점수를 주었다. 이들의 뇌 스캔 결과 빨강과 흰색의 코카콜라 상표 이미지가 과거 기억과 자신의 모습을 떠올리게 하는 뇌 영역을 자극하는 것으로 밝혀졌다. 뇌는 코카콜라의 포장을 보면서 기분이 좋아진다고 믿는 것이다. 펩시콜라의 상표에 반응하는 뇌의 자극은 발견되지 않았다.[37] 펩시 보다 7년 앞서 출시된 코카콜라는 과일주스에 신물이 난 소비자의 입맛을 사로잡아 미국 전역에 센세이션을 일으키며 음료시장을 장악하였다. 코카콜라를 보면 겨레붙이, 친구들과 함께 마시던 과거의 추억이 떠올라 그 상표는 행복을 느끼게 하는 이미지로 뇌에 각인된 것이다.

잠재의식의 정보는 스스로 선택해 습득한 자발적인 것이기 보다 살아오면서 보고 듣는 다른 사람들의 생각[38]이 여과 없이 흡수된 것이 대

---

36 의식적 인지활동은 action이고 무의식적 행동은 자극에 대한 reaction(반응)이다.
37 〈Mysteries of the mind〉Your unconscious is making your everyday decisions. By Marianne Szegedy-Maszak
38 부모님과 학교의 교육, TV, 광고, 책등

부분이다. 즉각 판단하고 반응하려는 생각을 잠깐 멈추고 관찰할 때 무의식은 차츰 치유되어 간다. 이렇게 하다 보면 행동이 변하고 삶의 경험(인생)도 덩달아 바뀔 수 있지만 바쁜 일상생활 중 매 생각을 의식적으로 하나씩 관찰해가며 어떤 행동을 할지 결정하며 사는 것은 거의 불가능한 일이다. 잠재의식에 저장된 생각들이므로 맨 정신 상태에서 고치는 것은 매우 힘들고 세타파 잠재의식 상태에 도달해 내게 불리한 생각들을 수정하는 것이 효과적이다.

인간의 뇌는 몽롱하게 잠이 들 듯 말 듯, 깰 듯 말 듯 한 상태에서 세타파의 무의식(잠재의식)에 있다. 잠 들기 직전과 잠에서 완전히 깨어나기 전 목 베개 등을 사용하여 목을 뒤로 젖히고 눈을 감은 상태에서 눈 동자를 위로 하여 이마 정 중앙으로 향하게 한다. 다리를 벌린 후 무릎을 접어 발 바닥을 서로 맞닿게 내려 다리가 다이아몬드 모양이 되도록 하고 양 팔은 편안히 바닥에 내려 놓는다. 머리를 뒤로 젖히고 눈동자를 위로 향하게 하면 스스로 최면에 빠지게 할 수 있는데 이 상태에서 긍정적 메시지의 확언을 듣거나 말함으로 잠재의식의 잘못된 믿음 체계를 해제할 수 있고 고차원 주파수로 의식을 상승시킬 수도 있다. 이 때 원하는 것을 상상하는 끌어당김의 법칙 심상화 테크닉을 하게 되면 우주 에너지에 당신의 의도가 잘 전달되는 효과도 있다.

아이가 잠들기 직전이나 잠에서 깨어나려고 할 때 아이의 귀에 대고 긍정저 메시지를 속삭여 주거나 배우자에게 해줄 수도 있다. 아픈 환자가 있다면 같은 방법으로 "나는 나를 있는 그대로 받아들이고 용서합니다, 나는 나를 사랑합니다." 또는 "당신은 사랑스럽습니다. 당신의 영혼과 마음은 건강하고 아름답습니다." 라고 속삭여주는 것도 치유에 도움이 된다. 이 때 병명이나 증상을 서술하여 그 기억을 더 강하게 하지 않도록 하고, "나을 것입니다."처럼 미래형으로 말하지 않는다.

거울을 이용한 셀프 최면

조셉 머피 박사(Dr. Joseph Murphy)는 그의 책에 부유한 지인의 초대로 각계 주요 인사들과 저녁식사를 하게 된 일화를 소개하였다. 지인이 술에 취해 손님들이 조금 불편해 하는 분위기였는데 화장실에 다녀오다가 술에 취한 집 주인이 거울을 보며 "나는 OOO이다. 나는 이 집의 주인이고 초대한 손님들은 중요한 사람들이다. 나는 그들을 잘 대접할 의무가 있다. 나는 맑은 정신상태여야 한다. 나는 술에서 깬다. 내 얼굴의 홍조는 사라지고 내 눈은 다시 초점이 명확해 진다." 라는 자기 암시 메시지(확언)를 하는 것을 목격하게 되었다. 곧 그의 구부정한 어깨는 점차 펴졌고 얼굴의 홍조는 사라지고 눈동자의 초점은 다시 명확해졌다고 한다.

스스로에게 거는 최면 또는 긍정적 효과의 세뇌라고도 할 수 있는 자기 암시 메시지(확언)를 이용한 것이다. 확언 뿐 아니라 거울을 보면서 두 손을 모으고 자기자신에게 인사하면서 인생 시나리오 수정을 요청

50

할 수도 있는데 미래를 마치 지금 일어나는 일 인 것처럼 말해야 한다.

　예를 들어, "사랑합니다. 나는 새로운 집으로 이사하니 행복하고 기쁩니다. 나는 이번에 승진하게 되면서 자존감이 더욱 높아졌습니다. 장사가 잘되어 기분이 참 좋습니다. 감사합니다." 라고 말할 수 있다. 이때 지금 처한 현실이 더 부각되어 부정적 감정이 든다면 둘 중 하나의 선택을 할 수 있다.

> 1. 거부감이나 저항감이 들기 전에 빨리 끝낸다. 아브라함 힉스는 생각을 17초 동안 유지하면 그 메시지가 에너지장에 전해진다고 하였다. 거울을 보면서 17 초 동안 "나는 ＿＿이 되고 있습니다, ＿＿을 합니다" 하고 빠르게 같은 말을 반복하고 끝낸다.

> 2. 저항감이 느껴지더라도 포기하지 않고 거울을 보며 웃는 얼굴로 천천히 지속(보통 66일)해서 잠재의식에 저장된 기존의 잘못된 믿음을 치유한다.

오버소울과 연결

　영성지식이 있다면 인간은 영적 상위자아의 물리적 발현체라는 이론을 들어본 적 있을 것이다. 인간 삶의 궁극적 목표는 상위자아와 하나되는 영적 깨달음이며 이를 차원상승이라고 한다. 아무개 이름의 인간자아(나)를 상위자아의 아바타로 보는 것인데 이때 상위자아는 5~6밀도계 의식의 오버소울이다. 이들은 나 외에도 몇 명을 수호천사처럼 관리하고 영적 깨어남을 통해 의식을 진화할 수 있도록 도움을 주고 있다. 그런데 인간자아가 무의식적으로 생활하는 시간이 길수록 오버소울과 연결이 끊어지는 시간도 늘어나는데 마치 인간자아의 지구 생활을 자동 항해 모드로 변경시켜 놓고 신경 쓰지 않는 것과 같다.

돈을 많이 벌어 내가 아는 모든 사람들의 코를 납작하게 해주겠다는 응어리진 마음의 빈 껍데기 에고, 삶은 어렵고 괴로운 것이라는 고통의 에고, 자신의 생각을 들여다보게 되는 한가함이 두려워 종종거리는 바쁨의 에고, 부당한 처우를 받고 있다는 나약의 에고와 동일시 되어 자신의 생각과 감정을 알아차리지 못하면 오버소울이 확성기에 대고 아무리 소리를 질러도 인간자아는 아무것도 들을 수 없다.

의식적 알아차림 연습을 통해 오버소울과 좀 더 원활한 소통을 할 수 있게 된다. 길을 걸으며 느껴지는 감각에 마음을 쓰기도 하고 음식을 먹으며 그 맛을 천천히 음미하기도 하고 '내가 슬프다고 느끼는구나' 하고 마음을 알아보는 등 생활속에서 육체감각과 생각을 의식하게 되면 영적 안테나[39]가 전파망원경 만큼 점차 커지게 된다.

또한 거울 앞에서 "안녕하세요. 요즘 이런저런 일을 하시던데 잘 알고 계시죠? 쉽지 않을 텐데 역경을 잘 극복하고 계시네요. 제가 이런저런 일들을 하고 싶은데 현명한 판단을 할 수 있도록 길을 알려주세요.

---

39 영기(靈氣,신기)와 같은 뜻이며 이는 비물질세계의 주파수에 접선하는 능력이다.

잘 듣겠습니다. 요즘 점점 더 멋지고(아름답고) 건강해지는 것 같아요. 잘 부탁드립니다. 지금처럼 행복하세요." 라고 자신의 얼굴을 보며 대화하는 것도 도움이 된다.

소울 패밀리 이용하기

우리에게는 여러 번의 환생을 함께 하며 도움을 주고 받는 영혼들이 주변에 있고 성별과 무관하게 이들과 에너지 균형을 맞추며 서로의 에너지장을 보완해줄 수 있다. 소울 패밀리 관계에 있는 이들은 주로 나를 서포트 해주는 가족, 친구들, 선생님, 연인이거나 반려동물도 포함될 수 있다. 열망하는 경험, 미래의 인생 계획을 심상화 할 때 이들을 등장시키면 자신에게 부족한 에너지가 채워지면서 상승효과를 볼 수 있다. 예를 들어 새 집으로 이사한 나를 진심으로 축하하며 기뻐하는 가족의 모습을 상상할 수 있다. "이 소파 참 감각 있다. 새 집에 잘 어울리네. 여기 전망이 정말 좋다." 라고 얘기하는 것을 상상하거나 반려동물이 새 집에서 행복해 하는 모습을 심상화 할 수 있다. 승진이나 합격을 원할 때도 나의 성공을 믿고 기뻐해 줄 사람을 '상상하기'에 등장시킬 수 있다.

반대로 고통스러운 상황에서 벗어나고 싶을 때는 미래의 자신이 마치 과거를 회상하듯, 현재를 과거화 시키는 상상을 할 수 있다. '그때 너무 힘들었는데 잘 극복해서 다행이다' 같은 대화를 소울 패밀리(또는 자신의 영혼)와 주고 받는 것을 상상하는 것도 도움이 된다.

# 그림자

❝ 모두가 그림자를 짊어지고 있다. 한 개인의 삶에 드러나지
않을수록 그 그림자는 사실 더 어둡고 끈끈하다.
그림자는 무슨 수를 써서라도 무의식에 튀어 나온 못
같은 장애를 만들어 잘 해보려는 우리의 의도를 훼방한다. ❞
(Carl. G. Jung)

의식원형의 자아는 크게 5가지 형태[40]로 구분해 설명할 수 있다. 첫째
는 가면을 쓰고 연극하는 겉모습(에고)으로 페르소나(Persona)라고 한다.
둘째는 여성성과 남성성(anima/animus)의 측면으로 남자와 여자 모두
양쪽 성향을 가지고 있으며 이는 정신적 측면이므로 외형과 달리 남자
에게서 여성성이, 여자에게서 남성성이 더 발달될 수 있다.

보통 여성성이 강한 여자는 그 기호(-)처럼 태생적으로 불안정한데다
임신을 위한 호르몬 작용에 의한 업다운의 감정변화와 출산후에는 자
식까지 보호해야 하는 의무감으로 인해 불안감은 가중된다. 대체로 남
성성이 강한 남자는 그 기호(+)처럼 스스로 안정적이지만 '함께, 공동,
협동, 양보'에 배타적이고 이해와 배려심이 부족하다.

칼 융은 애니마와 애니머스를 내면의 아이(Inner Child)와 연관 지었는

---

40 Carl. G. Jung〈The Archetypes and The Collective Unconscious〉, Princeton University
Press. 1981를 참고하였으나 동일 내용은 아니다.

데 머리길이나 입은 옷의 디자인이 아니고서는 아이 성별을 구분하기 쉽지 않은 것처럼 아이는 성인에 비해 음/양 에너지 비율이 비교적 균등하다. 딸은 어린시절 아버지에게서 남성성의 애니머스 에너지를 충분히 공급받아야만 안정감 속에 성장할 수 있으며 도전에 대한 두려움이 적어 사회적 성취도가 높아진다. 아들은 어머니에게서 여성성의 애니마를 보충 받아야 공감능력이 발달하게 되고 성인이 되었을 때 평온한 인간관계를 형성할 수 있다. 어려서 부모로부터 반대 극성의 에너지 부족분을 충분히 공급받아야만 자아 정체성이 확립될 시기에 이를 유용하게 사용할 수 있다.

세번째는 억누르고 감추고 싶은 혼자만의 비밀과 잠재의식의 상처이기도 한 그림자(Shadow)이다. 우리 삶에 지대한 영향을 끼치지만 내보이는 것을 꺼리므로 치유가 어렵고 존재 자체를 부정하기도 한다.

네 번째는 진정한 자아이다. 영성에서는 그리스도 의식, 참 나, 종교에서는 순수한 영(spirit)을 의미한다.

다섯 번째는 현재 삶을 살아가는 인간자아 의식으로 조화롭게 네가지 자아 원형의 균형을 맞추려고 노력하면서 완전히 '참 나' 의식으로 전환되는 과정 중에 있다. 어려운 일을 헤쳐 나가는 주인공이므로 영화 〈반지의 제왕〉의 프로도와 같은 영웅(Hero)으로 묘사되기도 한다. 영화의 주인공이 보물을 찾아 여정을 떠나는 것처럼 영웅(인간자아)의 인생은 참 나를 향해 가는 깨달음의 여정이다.

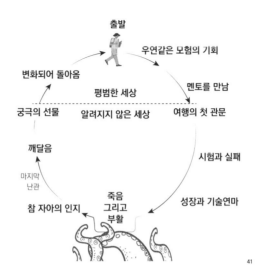

출발

우연같은 모험의 기회

변화되어 돌아옴

평범한 세상

멘토를 만남

궁극의 선물   알려지지 않은 세상   여행의 첫 관문

깨달음   시험과 실패

마지막
난관

죽음
그리고
부활

참 자아의 인지   성장과 기술연마

여정의 초반에는 새로운 세계를 알게 되면서 박진감 넘치는 스릴을 느끼고 신비스러운 경험에 매료되지만 곧 가짜 나(에고)에게 속아 시험에 빠지고 실패를 경험한다. 참 나 찾기 여행은 이제 재미난 모험이 아니라 혼자만의 외로운 싸움이 되어간다. 주인공은 실패를 통해 배우고 겸손과 자신감의 밸런스를 찾아가면서 점차 성장하게 된다. 다시 가짜 나를 대면하게 되었을 때, 영웅은 빛을 등지고 그림자를 바라보아야 하는데 이는 보물을 찾아가는 여정 중 가장 어려운 일이다. 영화〈반지의 제왕〉의 골룸은 우리의 그림자이다. 그림자를 바라보아야만 가짜 나는 죽음을 맞고 진짜 나는 부활하게 된다.

그림자를 어떻게 발견하고 치유할 수 있을까? 그림자는 나의 어두운

---

41   조셉 캠벨(Joseph Campbell)의 영웅의 여정〈Hero's Journey〉를 그림으로 표현한 것이다.

이면이므로 자신을 요리조리 살펴 보면 찾을 수 있다. 나를 볼 수 있는 거울을 보고 한 번 웃어보자. 거울이 나를 보고 웃을까?

아니다. 거울은 그저 있는 그대로 보여주는 역할을 할 뿐 나를 보고 웃는 것은 거울 속의 나 자신이다. 거울을 보면서 화장도 고치고 옷 매무새도 가다듬을 수 있는 것처럼 우주는 내가 보고 느끼는 모습을 그대로 보여주는 거울이다. 지구 밖의 컴컴한 공간이 우주가 아니라 내가 살고 있는 지금의 삶이 바로 우주이고, 내가 만나는 모든 사람들이 나의 세상이고 우주이다. 그러므로 신경을 거스르는 타인의 말과 행동이 바로 나 자신의 숨겨진 모습을 드러내는 거울이 될 수 있다. 예를 들어, '나는 검소한 사람이고 꾸미는 것을 사치라고 믿기 때문에 과하게 치장하고 외모를 자랑하는 친구를 보면 짜증이 난다. 천박하고 낮은 자존감 때문에 화장을 진하게 할 것이다.' 라고 친구를 판단했다면, 친구가 하고 있는 과한 행동이 덮고 있는 감춰진 그림자가 나의 잠재의식에도 존재하기 때문에 자극되어 불편한 감정을 느끼는 것이다. 나의 그림자는 나의 가면에 의해 그 친구와는 다르게 지나친 검소함으로 표출되지만 그 친구의 그림자(낮은 자존감)를 감춘 가면(지나친 화려함)을 보면 자극된다.

깊게 뿌리 박힌 상처일수록 발견하기 힘들고 꺼내어 치유하기보다는 감추는 것이 당장은 마음 편한 선택일 수 있다. 그림자의 원인을 찾는 것은 쉽지 않지만 과거의 기억을 더듬어 가다 보면 어렴풋이 떠오르는 사건이 있을 것이다. 특히 가족은 영혼이 선택한 깨어남의 촉매이므로 가족에게 느끼는 부정적 감정을 극복하는 것은 태어나기 전부터 잠재의식 힐링을 위해 영혼이 계획한 일이므로 이를 해결하는 것이 다음 생을 잘 살아가는데도 도움이 된다.

그림자의 투사는 배우자를 통해 빈번히 일어나기도 한다. 관계가 깊어지면서 큰 문제가 있는 것도 아닌데 말투, 행동, 얼굴 표정까지 마음에 안 드는 상대방의 모습이 눈에 거슬리지만 헤어짐을 결정할 만큼 심각하지 않아 투덕투덕 말다툼을 하고 문제해결 없이 지나가곤 한다. 하지만 상대방을 보면서 느껴지는 부정적 감정은 나도 모르게 숨기고 있는 자기자신에 대한 감정이며 그 감정의 원인이 되는 생각은 인정받고 싶은데 그럴 자격이 없다고 믿는 에고의 자가 비판일 가능성이 높다.

마찬가지로 상대 배우자가 하는 부정적인 말이나 행동은 그(그녀)자신의 감추어진 그림자에 대한 평가이므로 나와는 아무 관계가 없는 것이다. 따라서 언성이 높아지는 말다툼에서 상대가 인신공격을 한다면 한 겨울 헐벗고 배고픈 아이가 내 앞에 있는 것처럼 가여운 마음을 가져보라. 자신이 치유되는 기적을 경험하게 될 것이다.

벼랑 끝에 선 부부관계에 있는 지인에게 상대의 말에 반박하지 말고 "당신 입장에서 생각해 본적이 없는 것 같다, 다시 생각해 볼게."라고 말하고, 지나가듯 "오늘 예쁘네." 같은 가벼운 칭찬을 해보라고 조언했더니 자존심 상한다며 하기 싫은 일이니 분명 에고일 것이라고 한다. 그럼 나를 낮추고 상대를 기분 좋게 하기가 배알 꼴리는 게 성스러운 상위자아겠는가?

지금 교류하고 있는 사람들을 보면서 느끼는 감정과 생각으로 자신의 의식레벨을 측정할 수 있으며 의식이 높아질수록 상대의 말이나 행동을 거울로 여기고 자신의 감정과 그 감정의 원인이 되는 생각을 분석하는데 사용함으로써 문제를 주체적으로 해결해 나가는 자신을 발견할 수 있다.

나를 공개하고 삶을 공유하는 일은 전쟁 중 방어를 철수하는 것만큼 고심해야 할 결정임에도 불구하고 우리는 마음이 불안정할 때, 인생이 답답하고, 외롭고, 심심할 때처럼 준비되지 않은 마음으로 누군가를 만나 의지하고 싶어지는데 사실 그림자가 그 민 낯을 보이려고 안간 힘을 쓰는 것이다.

우리는 현재 자신의 의식과 비슷한 에너지 레벨의 사람들을 끌어당기고 그런 사람들에게 끌리기 때문에 외로워서, 공허함을 메꾸려고, 관심 받고 싶어서 또는 인정욕구가 강할 때 만나게 되는 사람들은 그들 역시 누군가 그들의 부족함을 채워주기 바라는 의식상태 때가 많다.

혼자 있어도 외롭지 않고 있는 그대로의 자신을 받아들일 수 있는 의식 레벨일 때, 사랑은 주고 받는 것이 아니라 함께 더 크게 키우는 것임을 인지하는 같은 수준의 의식을 만날 수 있게 되고 오래도록 서로에게 따뜻한 빛이 될 수 있을 것이다.

우주 사용 설명서

우주 에너지라고 하니 어떤 대단한 일을 성취할 때나 적용해야 하는 것 같지만 의식하지 못할 뿐이지 모든 것은 에너지의 흐름과 전환에 의해 만들어진다. 이를 믿든 안 믿든 제대로 이해하든 못하든 우주 에너지는 누구에게나 공평하게 적용된다. 전자제품을 잘 사용하려면 그 사용 설명서를 읽고 이해해야 하는 것처럼 우주 에너지를 이용하려면 그 원리를 알아야 한다.

1. 우주는 우쭈쭈 하지 않는다.

햇살이 따뜻한 일요일 아침, 레베카의 남편은 빵을 사러 간다고 나간 뒤 돌아오지 않았고 며칠 후 경찰은 그녀의 남편이 머리에 총을 쏘고 자살했다는 소식을 전해주었다.

레베카는 충격과 혼란, 남편을 잃은 슬픔, 아무렇지도 않은 듯 행동했던 남편에 대한 배신감에 정신이상이 오는 것처럼 힘들어 침대에서 일어날 수 없었고 얼마 후 일자리를 잃었으며 엎친데 겹쳐 몇 달 후 위암 판정을 받았다. 조금의 희망도 없어 보이던 레베카에게 어머니는 Dr. 조 디스펜자[42]의 책을 선물했고 레베카는 그가 했던 방법대로 매일 아침 외부환경과 상관없이 기분이 좋아질 때까지 눈을 감고 명상을 했다. 그리고 레베카는 명상을 시작하면서 누구에게도 신세타령 하지 않겠다고 다짐했다. 치료를 시작한지 얼마 안 돼 암 세포는 감쪽같이 사라졌고 전부터 하고 싶었던 공부를 다시 시작했다. 졸업 후 원하는 직장에 입사했으

---

42 그는 오토바이를 타고 가다 SUV에 부딪히는 큰 교통사고 후 척추뼈 절반이상이 부숴졌다. 수술을 한다 해도 휠체어에 앉아 진통제를 먹으며 평생을 고통 속에서 살아야 한다는 진단을 받았으나 수술을 거부했다. 그는 엎드려 누워 온 몸의 뼈가 재생되고 건강해지는 심상화 명상과 쿤달리니 호흡을 통해 스스로를 치유한 의사이다.

며 몇 년 후 그 회사의 부사장과 결혼해 행복한 가정생활을 하게 되었다.

우주 에너지[43]는 레베카의 상태를 이해하지 못하고 방치한 것이 아니다. 그녀의 선택을 존중하므로 그리고 시간은 무한하기 때문에 그녀가 스스로 일어나길 기다린 것이다. 레베카는 아침마다 기분이 좋아지기 위해 다른 말로 인생을 긍정적으로 바라보기 위해 먼저 자신의 환경을 거부하지 않아야 했고 남편을 용서해야 했다. 그리고 그보다 몇 배나 더 힘들었지만 결국 자신도 용서해야만 했다. 진정한 용서는 '~하면 이해해준다, ~이니까 용서한다, 내가 너보다 고차원이고 마음이 넓으니...'처럼 조건이나 이유가 붙을 수 없다.

> " 용서는 죄수를 자유롭게 풀어 주는 일이다.
> 그리고 그 죄수가 바로 자신이었음을 깨닫게 되는 것이다. "
>
> (Lewis B. Smedes)

진정한 용서는 이미 지난간 일이고 붙잡고 있으면 나만 괴로우니 거부하기 보다는 그때의 경험에서 얻은 교훈을 '좋다 싫다'는 구분 없이 모두 끌어 안는 무조건의 사랑을 선택하는 일이다. 사랑 에너지는 세상을 아름답고 포근하게 만드는 우주의 창조력이다. 그런데 이 사랑(우주) 에너지가 절대로 하지 않는 것이 있는데 그것은 바로 에고를 알아서 대

---

43 신, 절대의식, 창조주, 하나님(oneness), 성령,아버지,어머니 등 원하는 대로 부를 수 있다. 끌어당김의 법칙을 다루는 영성에서는 '우주의 절대 지능' 으로 부르기도 한다.

신 치워주고, 당신의 참 자아가 무한 가능성이라는 믿음을 강제로 마음에 심어주는 일이다. 아이의 가방을 들어주는 엄마가 그만둬야 할 때를 모르면 60이 넘어서도 30살 아들의 짐 보따리를 들어주게 되고, 지하철에서 성인이 된 자식을 자리에 앉히고 서서 가는 신세가 된다. 우주의 사랑 에너지는 이런 눈 먼 바보같은 어머니가 아니기 때문이다.

의식은 사건을 알아보고 수정, 보완하면서 성장하기 때문에 우주는 그 기회를 뺏는 일은 하지 않으며, 에고에 휘둘릴 것인지 말 것인지를 결정하는 것은 모든 독립체[44]의 권리이므로 이 자유의지는 존중된다.

짜장면을 먹을지 짬뽕을 먹을지 정하는 것이 자유의지가 아니다. 짜장면을 먹겠다고 선택한 이유를 믿을 수 있는 권리가 자유의지이다. 빨간 차와 파란 차 중에 고르는 선택이 아니라 그 선택을 한 생각에 대한 믿음이 자유의지이다. 파란색을 선택한 이유가 맞든 틀리든, 잠재의식에 쌓인 에고이든, 신뢰할 만한 정보를 바탕으로 한 합리적인 판단이든, 단순한 색상 선호이든 이런 결정을 내린 이유를 믿는 것(믿었으니까 그런 결정을 했을 것이다)이 자유의지이다.

우주는 우리에게 절대로 '우쭈쭈' 하지 않는다. 우리가 믿고 싶은 대로 믿게 내버려 둔다. '내가 아무리 이렇게 말하고 행동하더라도 속 마음은 그게 아니라는 걸 신이 알아주겠지?' 아니... 신은 그렇게 하지 않

---

44 의식을 진화해 나가는 주체를 가리키는 용어이다. 인간은 현재 3밀도계 의식 레벨에서 4 밀도계 (5차원) 의식으로 진화하고 있는 독립체이다.

는다. 영적 공시성을 아무리 많이 경험하고 상위자아 소통이 무엇인지 잘 알고 있더라도 "우쭈쭈~ 네 맘 다 알고 있어. 괜찮아~ 너의 속마음 대로 알아서 내가 다 해결해 줄게." 하지 않는다.

창조주(절대의식,신)의 창조에너지가 자유롭게 흐를 때 신령한 영감에 사로잡힌 듯 기발한 발명품을 만들어 내고 웅혼한 예술작품을 창작해 낼 수 있다. 이러한 우주의 창조에너지 순환을 막는 가장 큰 장애물은 피해자 마인드이다. '인생은 너무 힘들다, 주변환경 때문에 안된다, 긍정적으로 생각하려고 했는데 저 인간이 내 심기를 건드린다' 기타 등등 문제의 원인을 외부로 돌리는 것, 상황을 무마하려고 맘에 없는 자포자기한 듯한 말투로 "그래 다 내 잘못이다" 하는 것도 피해자 마인드다. 우주 에너지[45]는 나의 생각이나 행동이 긍정적이든, 부정적이든 판단하지 않고 있는 그대로 받아들여 관심이 집중된 부분의 그 에너지를 더 크게 하며 모멘텀을 만들어 선물한다. 인생이 힘들다고 하면, 그 에너지를 키워 계속 더 힘들게 하고 주변환경이 이 따위라고 불평하면 주구장창 그 따위 환경을 유지시켜 주고 저 인간이 심기를 건드린다고 짜증내면 그 인간에게 질리도록 심기를 건드리라고 시키고 요즘 일이 없어서 죽겠다고 하면 일을 더 없게 만들어 주는 것이 우주 에너지이다. 반대로 감사한 일들을 생각하는 시간이 많으면 당연히 긍정적 에너지 모멘텀이 커지게 되어 감사할 일들이 더 많이 생긴다.

---

45 소스 에너지, 사랑 에너지, 필드, 신, 창조주, 하나님, 부처님, 근원의식, 氣, 道, 法 기타 등등 이름이 무엇이든 상관없음.

2. 우주 에너지는 무한 가능성이다.

눈에 보이고 만져지는 물리 세계로서의 우주는 신의 물리적 측면이다. 예를 들어 산, 강, 바다, 행성, 별 등 4원소 기반의 1밀도계, 동식물의 2밀도계, 자아를 알아차리는 3밀도계의 인간 등등...

신의 비물리적(정신적) 측면은 **의식, 마음**[46] 또는 성령이라고 할 수 있다. 우주 에너지는 신의 물리적 측면과 비물리적 측면을 결합한 단어로 이해할 수 있다. 인간이 물리적으로 경험하는 이 세계는 생각, 감정, 느낌이라는 나의 에너지가 투사되어야 내게 살아있게 된다. 달리 말하면, 내가 비물리적 마음(의식, 영혼, 생각)을 이용해서 의미를 준 것만이 나의 물리적 세상(우주)에 포함된다. 아래층에서 아무리 충격적인 살인사건이 일어났다고 하더라도 내가 알지 못하고 관심이 없으면 나와는 상관없는 다른 세상(우주)의 일이고, 다른 나라에서 축구 경기가 열렸더라도 그 경기를 관심있게 보았다면 이 일은 나의 세상에 펼쳐진 것이다. 그러므로 세상은 객관적인 것처럼 보이지만 경험하는 주체에 따라 존재하기도 하고 아니기도 한 매우 주관적인 곳이다.

단 1초전의 일들도 영원히 다시는 똑같이 그 느낌과 생각이 재창조될 수 없기 때문에 지금 이 순간 의식하고 있다면 그 우주(나만의 경험)는 살아있게 된다. 그렇게 우리는 시작도 끝도 없고 공간적 제한도 없는 우주를 구성하는 일원으로 살아가고 있다.

---

46 인간의 것과 구별하기 위해 절대의식, 근원 생각, 근원 마음이라 하기도 한다.

64

신은 이러한 무한의 가능성이며 우리 모두는 그 가능성의 한 부분을 차지하고 있다. 가능성은 의식에 의해 선택된 것이 물리세계에서 결정화되어 가는 과정이다. 일어나기 바로 직전의 상태로 커튼 뒤에 숨어 가만히 대기하고 있다가 언제라도 무대위로 뛰어 올라 쇼를 선보일 준비가 되어 있음에 비교할 수 있다. 이 가능성이 실체화되어 물리적 경험으로 드러나게 되면 발현(manifestation:메네페스테이션) 이라고 한다.

상자를 열기(관찰하기 또는 알아보기)전까지 고양이는 살아있기도 하고 죽어 있기도 한 '슈뢰딩거의 고양이 실험'은 모든 가능성이 동시에 존재하는 우주의 특성을 보여주기도 한다. 영화〈Everything Everywhere All at Once〉에 열광할 수 있는 것도 이러한 우주의 동시성 원리를 이해하기 때문일 것이다.

눈에 보이지 않지만 와이파이나 라디오 주파수가 존재하는 것처럼, 더블 슬릿 양자 역학 실험에서 빛(정보)이 파동[47]으로 존재하는 것처럼 생각, 감정, 사건, 상황 등 모든 정보들이 공기 중에 보이지 않는 촘촘한 그물망 같은 양자장 (Quantum Field)이라는 이름으로 존재하고 우리의 의식은 그 가능성의 장(필드) 위에서 점프하며 세상을 경험하고 있다.

모든 것은 이미 존재하고 있다.

없던 것을 만들어내는 것이 아니다.

모든 가능성은 지금 현재 동시에 존재한다.

---

47 물결은 정해진 형태가 없고 따라서 무엇이든 될 수 있는 무한 가능성이다.

영원이란 아주 오랜 시간이 아니라 지금 이 순간만 영원히 지속되는 것이다. 마찬가지로 무한 가능성은 모든 것이 지금 이 순간에 존재한다.

무한 가능성=우주 에너지=현존

인간은 시간이 흘러가고 이에 따라 인생을 살아간다고 믿는다. 과학자들은 빅뱅이 일어나고 우주가 팽창하고 수퍼 노바가 일어나고... 이렇게 시간이 경과하는 것처럼 우주를 설명한다. 이 같은 관점을 공간적 시간(Space/Time)이라고 한다. 우리의 현재의식은 인간 육체에 의존하고 있으므로 자신의 눈에 보이고 귀에 들리는 정보만이 전부라 믿을 수밖에 없기 때문에 지금 이 순간에 모든 것이 존재한다는 무한 가능성을 이해하는 것이 쉽지 않다.

인간이 살아가는 공간적 시간은 지구를 공간으로 놓고 보이지 않는 선을 따라 시간이 변한다는 관점이다. 서울에서 미국 L.A로 움직이면 경도 선이 이동한 만큼의 시간이 소요되고, 집에서 카페를 가는 것도 일정시간을 들여야만

그만큼 공간이동을 할 수 있다. 경험이 일어나는 공간은 이렇게 시간의 제약을 받고 있으며 시공간은 육체에 의해 판단되므로 모두 물리적이고 제한적이다.

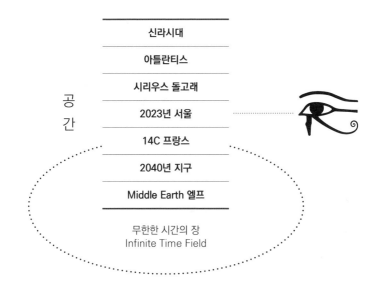

시간적 공간(Time/pace)에서 시간은 우주만큼 방대하고 끝이 없는 무한대이다. 공간은 시간의 장 위에 탑처럼 쌓여 있다고 볼 수 있으므로 의식은 자유자재로 시공간을 넘나들며 모든 정보를 얻을 수 있다. 방안에 있을 때도 그 시간이었고, 거실로 움직인다 하여도 방 안에 있던 시간을 기준으로 지나온 시간이 아니라 그냥 지금 그 시간에 있는 것이다. 단 1초가 지났더라도 그 시간은 과거의 그 의식에게 주어진 시간일 뿐 지금의 나에게는 없는 것과 같다. 이렇게 시간과 공간은 동시적이다.

상위자아(영혼, 참 나)는 지금 이 순간에 모든 것이 존재하는 우주 에너지의 관점인 시간적 공간(Time/Space)에 있다. 그러므로 시간적 공간(Time/Space)에서 통용되는 교신법을 배워야 우주(영혼, 수호천사, 하나님, 성령 등 모든 영적 존재...)와 소통할 수 있다.

우주와 대화하는 법

1. 현재형으로 말하기

과거와 미래가 없는 우주[48]와 의사소통을 하려면 현재형으로 말하고 생각해야 한다.

신과 대화하거나 우주에게 원하는 것을 말하는 자기 암시 메세지는 나 자신 정확히 말하면, 상위자아와 대화하는 것인데 어렵고 심각할 것 없이 혼잣말처럼 또는 친구에게 말하듯 하면 된다.

자기암시 메시지를 할 때, '나는 성공할 것이다, 나는 부자가 될 것이다, 나의 다리는 나을 것이다, 나는 대기업에 취업할 것이다' 라고 하지 않아야 한다.

우주가 이런 확언을 들으면 이렇게 해석한다. '나는 지금은 성공하고

---

48 상위자아, 잠재의식, 신, 영혼 모두 마찬가지이다.

싶지 않다. 나는 지금은 부자가 되기 싫다. 지금은 대기업에 취업하기 싫다. 지금은 낫고 싶지 않다, 지금은 사랑하고 싶지 않다.'

위에 설명했듯이 우주 에너지는 오직 지금 이 순간만 의식하는 시간적 공간에 존재하기 때문이다. 한 시간 뒤에 무슨 일이 일어날 지 모르는데 '~할 것이다' 라는 메시지는 우주에게 아무 의미 없다.

2. 생각 굶기기

'생각이 일어나지 않고는 그 어떤 일도 생기지 않는다, 생각한대로 모든 것이 이루어진다, 생각이 경험을 창조한다.'

한 번씩 들어본 말일 것이다. 그러나 생각은 나의 의지대로 두뇌를 사용해 만들어 내는 것이 아니라 자동으로 떠오르는 것이므로 매초 4천억개의 정보를 처리하는 뇌를 부여잡고 생각이 올라올 때 마다 번개맨이 두더지 머리 때리기 게임 하듯 때려 잡지 않는 이상, 생각을 컨트롤 하는 것은 불가능한 일이다. 음식을 먹지 않으면 굶어 죽는 것처럼 떠오르는 생각에 집중하지 않으면 그 생각은 에너지를 받지 못해 금방 사라져 버린다. 도움이 되지 않는 생각에 에너지를 쏟지 않음으로 그 생각에 상응되는 경험이 나의 에너지장에 펼쳐지는 것을 막을 수 있다. 예를 들어 식당에서 커플의 말다툼을 목격하게 되었는데 같이 있던 친구가 그 언쟁을 들으며 '여자가 싸가지 없네' 또는 '남자가 이기적이다' 라며 감정을 이입해 '왜 저러고 사냐...' 라고 했다면 친구는 양자장(퀀텀 필드:Quantum Field)에 돌아다니던 말다툼 에너지를 자신의 에너지장에 유입시킨 것이다. 만약 다투는 소리가 들렸고 잠시 싸움 내용에 귀가 쫑긋했다 하더라도 관심을 끊어 감정이 부여되지 않았다면 에고의 생각은 선택 받지 못해 퀀텀 필드에 가능성으로만 존재할 뿐 나의 에너지장에는 안착하지 못하므로 곧 사라질 수 밖에 없다. 이렇게 긍정적 주파수를 유지할 수 있다. 생각은 에너지를 담는 그릇이다. 에너지가 없으면 다시 말해, 관심을 두지 않으면 식재료가 없어 요리를 못하는 것처럼, 생각은 비어 있는 그릇으로 남아 경험을 만들어 내지 못한다.

'생각이 무엇을 창조한다' 라기보다는 떠오르는 생각에 나의 의도와 관심이 담길 때 실제경험으로 발현되는 것이다. 자신이 어디에 또는 무엇에 주의를 집중시키고 있는지 찾아 부정적인 것은 비워내고 긍정적인 생각은 더 크게 키워야 한다.

3. 관심과 주의집중

우주는 인간을 포함한 모든 의식이 그 에너지를 나름대로 표현할 수 있도록 만든 장(운동장 같은 무대, 필드)이다. 우리의 참 자아는 의식(영혼)이므로 우주는 나의 부모이자 놀이터이고 생각과 꿈을 실체화 시키는 게임장과 비슷한 곳이다. 인간이라는 육체를 입고 태어나는 순간부터 숨이 몸에서 분리될 때까지 우주는 아이를 돌보는 엄마처럼 "원하는 게 무엇이니? 이건 어때? 어떤 생각을 물리적으로 발현하고 싶니? 내가 어떻게 도와줄까?" 하면서 생각과 느낌의 형태로 끊임없이 대화를 시도한다.

'좋다 싫다' 대답을 신호로 보내야 대화가 진행되어 깨달음을 얻고 의식진화의 발판이 되는 경험을 할 수도 있고, 다른 영혼의 깨어남을 위한 잠깐의 희생을 하고 있음을 알아차릴 수도 있을 것이다. 이런 고차원적 의식진화에는 관심이 없더라도 어쨌든 우주와 대화를 할 수 있어야 원하는 경험은 얻고 원치 않는 경험은 강도를 낮추거나 피해갈 수도 있을 것이다.

OK, Yes 신호를 보내는 방법은 그 일을 계속 생각하고 감정을 담아 에너지를 키우는 것이다. 이때 감정은 기쁨, 행복, 분노, 슬픔, 두려움 등 모든 종류의 감정이 유효하다. 마음에 들지 않으니 없애 달라고 No 신호를 보내는 방법은 경험과 생각에 반응을 보이지 않고 완벽하게 무시하는 것이다.

좋아하는 일과 원하는 것을 생각하며 기뻐하는 것은 쉽지만, 싫어하고 괴로운 일에 관심을 주지 않고 무시하는 것은 어려운 편이다. 이때 입 밖으로 소리 내어 "아무 의미 없다." 라고 말하는 것이 도움이 될 수 있다. 예를 들어 단톡 방에서 내 톡만 의도적으로 무시하고 친구들을 부추겨 따돌리려는 한 친구때문에 마음이 상했다면 자신의 감정을 들여다 보고 마음을 정리하면서 마지막에 "어차피 이 또한 지나갈 것인데... 아무 의미 없다." 라고 말한다. 이 때 주체는 반드시 자신이 되어야 한다. '친구가 이래 저래서~' 라고 하지 말고 '나는 이렇게 저렇게 느낀다.' 고 해야 한다.

우주는 오직 의식(에너지)만을 이해하므로 각 개인의 의식[49]을 이용해 차별 없이 그에 걸맞은 현실을 펼쳐준다. 긍정적이든 부정적이든 의식이 꽂혀 있는 사건과 생각이 물리세계에 반영되고 그렇게 우주는 존재할 수 있다. 자신의 에너지 장에 만연한 의식이 잠재성을 벗고 실재화되어 가면서 인생이 창조되어 간다.

혼절한 사람의 볼을 때리며 "의식이 없나 봐, 의식이 돌아왔습니까?" 라고 하는 걸 드라마나 영화에서 본 적 있을 것이다. 의식이 없는 것은 주변에서 무슨 일이 일어나는지 알지 못한다는 것이고 바꿔 말하면 의식이 있다는 것은 안다(know)는 것이다. 경험, 사건, 생각은 내가 에너지를 쏟아 알아차릴 때만 살아있게 되는데, '좋다, 싫다'라는 판단과 감정이 바로 관심이고 에너지를 쏟는 것이다. 그러나 이미 안 것을 처음부터 모를 수는 없는 일이니 부정적 생각이 들었다고 괴로워 할 필요 없다. 원하지 않는 경험, 감정, 생각이 떠오르면 "또 왔구나. 그런데 이제부터 너를 키우지 않겠다." 하며 바로 무시하면 된다. 화가 나거나 슬프다면 너무 오래 그 상태에 머물지 말고 계획적으로(딱 10분만 베개에 머리를 묻고 소리지른다, 30분만 운다 등등) 분노, 울분을 쏟아내고 빠져 나와야 한다.

싫은 경험이나 부정적 생각을 무시하기 힘들 때 숨을 쉬면 도움이 된다. 의식적으로 심호흡을 10번만 해보자. 공기 원소와 불 원소가 만나 생겨난 생명(숨)은 당신의 영혼이고 상위자아이다.

눈을 감고 감정이나 생각의 얽혀진 실타래를 풀려고 하거나, 상황을

---

49 관심을 기울이고 신경 쓰는 것이 의식하는 것이다. 본인이 신경 쓰고 있음을 안다면 알아차림 이 고, 모른 체 생각에 빠져 있으면 무의식적 의식이다.

이해하려고 하거나 상대방이 한 말을 곱씹어 연구하는 것도 관심을 두고 에너지를 불어 넣어 살아있게 하는 일이다. 천천히 숨을 쉬면서 온몸에 잉크처럼 스며 있는 부정적 감정을 뽑아내 돌돌 뭉친 후 통째로 불 아궁이에 털어 넣는 상상을 해도 좋다.

분노, 슬픔, 죄책감, 수치스러움 같은 감정은 생각이 만들어 냈지만 다시 부정적 생각을 타오르게 하는 연료가 되는 악순환을 반복하게 한다. 미리미리 말끔히 싹 태워 없애 버리는 것이 낫다.

명상은 생각을 하지 않으려고 안간힘을 쓰며 노력하는 것이 아니다. 정말 필요한 생각을 알아보고 그 생각이 제대로 표현될 수 있게 하기 위해 쓸데없는 생각이 스스로를 지우도록 잠시 동작을 멈추는 일이다. 또한 죄책감, 분노 같은 부정적 감정이 더 커지기 전에 그 모멘텀을 끊어 주는 역할도 한다. 매번 딴 생각만 하다 명상이 끝나는 것 같다면 생각을 안 하려고 하지 말고 아예 그 소리를 집중해서 듣겠다는 마음을 가지는 것도 괜찮다. '어디 한 번 뭐라고 떠드나 들어보자, 내가 아주 집중해서 들어주겠다'고 하면 부끄러워 사라지는 것이 에고의 본질이다. 명상만 하려고 하면 생각들이 마구 일어나는 것이 아니다. 가만히 멈춘 고요한 상태에 있기 때문에 늘 있던 생각들을 알아볼 수 있게 된 것이다. 무의식적으로 TV를 켜고, 숏츠 영상을 수십 개씩 보는 일, 습관적으로 술을 마시는 것도 에고가 자신의 생각과 마음이 들리는 것을 막기 위해 하는 행동이다. 고요한 정적이 싫어 TV를 켜놓고 한 순간도 휴대폰을 놓지 못한다면 무의식(잠재의식)이 그만큼 에고에게 사로잡혀 있다는 증거이다. 눈을 감고 하는 명상이 아니더라도 잠시라도 멈춰 의식적으로 숨을 쉬다 보면 조금씩 마음이 비어지면서 '바라보는 나'를 알 수 있는 공적영지[50]에 가까워진다.

4. 의식 확장과 생각 전환

방콕처럼 정신 없이 바쁘고 시끄러운 도시에 도착한 관광객은 단시간에 오감이 지나치게 자극되어 주변을 잘 알아차리지 못해 범죄의 타겟이 되고는 한다. 더 멀리, 더 크게 볼 수 있는 확장된 의식은 주위에서 어떤 일이 일어나고 어디에 무엇이 있는지 빠르고 정확히 캐치할 수 있는 능력으로 특히 이런 상황에서 빛을 발한다. 편파 되지 않고 두루 알아차리는 확장된 의식은 부정적 경험에 생각이 머물더라도 금방 빠져나오게 하고 원하는 것에 다시 주의를 집중할 수 있게 한다.

방 바닥에 너저분하게 깔린 잡동사니를 정리하면 방이 넓어지는 효과가 있는 것처럼 명상을 통해 필요 없어진 생각과 감정을 지우면 의식은 확장된다. 눈을 감고 들어오고 나가는 숨에 의식을 집중하자. 부정적인 감정인지, 불필요한 생각인지 판단해 정리하려고 하지 않아도 된다. 숨은 생명이고 사랑이다. 숨이 육체를 타고 돌아다니며 사랑 외의 것들은 모두 지울테니 그렇게 하도록 내버려 두면 된다.

---

50   空寂靈知:텅 비어 고요하되 신령스럽게 알아차림

생각의 전환은 고정된 시각을 버림으로써 자신의 생각이 맞다고 우기는 빈도를 낮추고 유연하게 생각하는 것이다. 생각을 전환하는 방법은 기존의 판단 기준을 과감히 없애고 상대의 말과 행동에 대해 '저 사람이 몰라서 그러는 구나' 라는 전제로 이해하는 것이다.

　50년이 넘도록 아내와 한 번도 마트에 가지 않았던 70대 남성이 암수술 후 회복중인 엄마를 도우라는 자녀의 간곡한 부탁으로 마트에 함께 갔다. 그는 주차장에 들어 가는 것도 귀찮아 주정차 금지구역에 차를 세우고 아내에게 얼른 갔다 오라고 소리쳤다. 그가 다정하지 않은 사람임은 분명하다. 그러나 그보다 혼자 장 바구니를 들고 다니는 것이 병든 아내에게 얼마나 힘든 일인지, 재촉당할 때 얼마나 불안감을 느끼는지, 이런 사람을 남편이라 믿으며 산 아내가 스스로를 얼마나 한심하게 느끼는지... 그는 자신의 이기적인 행동이 아내에게 어떤 영향을 미치는지 전혀 모르고 있음에 주목할 필요가 있다. 이처럼 무지(無知)는 죄악이 될 수도 있다.

　그가 자라온 환경, 습관, 자기 방어 기제, 좋아하고 싫어하는 성향... 등. 이 작은 사건 하나는 70년이 넘도록 쌓아온 그의 잠재의식과 인간 뇌 의식(에고)이 만든 결과물이다.

　진정으로 우주의 에너지를 이해하고 싶다면 이런 상황에서 조차 '내가 그 사람이 아닌 이상 나는 그의 행동을 판단할 수 없다. 이 사람의 의식은 이 만큼이구나, 그는 놀러갈 생각만 하는 어린아이 수준의 의식이구나, 나이와 의식은 전혀 상관 관계가 없는 것이 또 한 번 눈앞에서 증명 되었다, 이런 의식 수준의 사람도 있구나' 하며 모든 가능성을 받아들여야 한다.

나이가 들어가면서 과거 경험을 기반으로 만들어진 고정관념이 점점 더 강해지는 경향이 있고, 나이가 어리더라도 경직된 사고의 소유자라면 무의식을 청소하는 힐링은 매우 힘겹게 진행되는데 아집에 빠져 변화를 거부하기 때문이다. 자신이 우물안에 든 개구리인 줄도 모르는 사람을 끄집어 내어 바다 앞에 세워 두면, 바다를 보는 것만으로도 익사할 수 있으니 시체를 치우고 싶지 않거든 다른 사람들의 생각을 무리하게 바꾸려는 시도는 하지 않는 것이 좋다.

우주 에너지 순환

우리는 현실적이 되기 위해, 현실을 직면하기 위해 태어난 것이 아니다. 우리는 현실이라고 불리는 인생경험을 우주 에너지와 공동 창조하기 위해 이 곳에 태어났다.

겨울에 화초의 잎이 누렇게 변하는 걸 발견하고 얼른 작은 영양제를 사서 꽂아 두었더니 푸릇푸릇 빛을 내며 다시 싱싱해졌다. 인간인 나도 작은 화초가 건강히 자라길 바라고 도움을 주는데 사랑의 우주 에너지는 얼마나 우리의 번영을 염원할까? 이 진실을 알지 못하는 이유는 에고가 신[51]의 뜻을 거부하고 그 에너지의 순환을 막고 있기 때문이다.

돌로레스 캐넌은 영혼이 인간으로서 지구에 온 이유는 에너지를 다

---

51 우주, 절대의식, 하나님, 엘로힘, 상위자아, 수호천사, 영혼

루는 기술을 익히기 위함이라고 했다. 하지만 이는 무언가를 새로 배우는 것이 아니라 지금까지 잘못 배운 것들을 지워 버림으로써 드러나게 되는 능력이다. 흐름을 막고 있는 에고만 치워버리면 창조의 에너지는 나의 에너지장에 다시 연결되는 것이다.

고지혈증, 고혈압 같은 혈액순환 장애는 나이에 비례해 증가하는데 사랑 에너지를 막는 에고 또한 그런 경향이 있다. 에고가 오래 쌓여갈수록 알지 못하는 미지의 내면을 들여다 보는 일은 점점 더 두려워지기 때문에 관심은 외부로 향하게 된다. 남 얘기를 함으로써 자신을 관찰할 필요를 없게 만드는 것이다. 가십(뒷담화)은 혈관에 낀 지방처럼 우주의 사랑 에너지 순환을 막아 버린다. 'A가 그러는데 B가 이런저런 일을 하고 이런저런 말을 했다더라', '누가 ~ 그러더라' 라고 말하며 나는 그렇게 생각하지 않는다는 듯, 나는 그들을 판단(평가)하지 않는다며 자신의 결백함을 강조하고 있다. 직접 그 사람을 욕하는 게 아니기 때문에 해악이 없어 보이지만 전해 들은 말을 할 수 있는 것은 내 마음에 그 말이 들어왔고 그것을 내 것으로 수용했기 때문에 가능하다. 따라서 누가 그런 가십을 처음 시작했는지 상관없이 그 말을 전하는 나도 그 부정적 에너지에 푹 담긴 전도체가 되어 자신의 에너지장으로 흐르는 창조의 사랑 에너지를 막는 꼴을 자초하게 된다. 또 다른 예로 'A는 B의 가치를 제대로 모르고 B를 함부로 대하는데 나는 그것이 잘못 되었다고 생각한다, A는 아이들에게 사탕이나 과자를 먹게 한다' 처럼 다른 사람의 행동이나 생각을 자신의 의식수준에서 '옳다 그르다'고 심판(평가)하는 것도 에너지장을 부정적 주파수로 오염시키는 일이다. 누가 어떤 행동이나 말을 했고 그것이 옳지 않다고 판단되면 직접 얘기해서 의견을 조율하고 대화로 풀어나가거나 그렇게 하지 않을 거라면 상대를 이해하기 위해 자신을 그 입장에 투사해 볼 수 있다. 외아들을 분신처럼 생각하며 숨 막히게 하는 시누이가 답답하다고? 내가 막상 십 여년 마음 고생 끝에 자식을 얻었다면 어떻게 할까? 돈만 밝히는 유치원 원장 밑에서 일하는 게 수치스럽다고? 내가 70살의 원장 입장이라면 몇 십년을 아껴 모아 투자한 밥줄이 잘못되어 그 나이에 병원 갈 돈도 없게 된다면 두렵지 않을까? 모든 상황이 그러하다. 모두에게는 다 입장과 사정이라는 것이 있고 그렇지 않은 경우라면 잘 모르기 때문에 그렇게 사는 것이다. 에너지장을 깨끗이 정화하여 좀 더 밝은 삶을 살고 싶다면 심판(평가)하는 그 마음을 삭제해 버려야 한다.

우주 에너지 순환을 막고 있는 두번째는 부족증과 자격이 없다는 믿음이다. 모든 것은 분리되지 않은 단 하나이지만 나는 지금 이 육체의 감각기관을 이용해서 내 기준대로 세상을 지각하는 우주의 한 일원이고 달리 표현하면 신성(우주, 절대자, 소스 에너지, 하나님 등 이름 안 중요한 태초의 창조주)의 자녀이기 때문에 '나는 신이다, 나는 우주다.' 라는 말이 생기게 되었다. 나뭇잎 하나, 나뭇가지 모두 나무의 일부이니 과실, 줄기, 잎사귀도 모두 나무라고 하는 것과 같은 원리이다. 그런데 '나'라는 그 무엇이 분리된 개체 예를 들어 남자, 여자, 동양인, 엄마, 회사원, 학생... 등등 이라고 믿게 되면 무한한 가능성은 육체, 물리적 존재라는 한계에 부딪히고 무한함은 제동이 걸려 축소된 가능성으로 전락하게 된다. 의사는 환자를 진료할 때 의사이지 그 어머니에게는 딸이고, 지하철을 타면 지하철 승객이 된다. 마찬가지로 한 가지 역할이 자신의 전부라고 믿으며 매소드 연기하지 말자. 육체가 '나'라고 생각하는 것은 우주라는 전체에서 이 몸땡이 하나만 나라고 떼어내 분리한 것이고 다시 말하면 모든 것이 가능하고, 모든 것 그 자체라는 우주의 자비로운 무한 혜택을 극히 일부만 받겠다고 선언하는 것과 같다.

인간이라는 육체를 '나'라고 믿기 때문에 할 수 없는 것들과 한계치에 대해서는 줄줄이 꿰고 있지만 절대 능력자 참 자아가 발견되기만을 간절히 염원하면서 우리 안에 감춰져 있음을 믿지 못하지 않는가? 어떤 아이디어가 떠올랐는데 이와 동시에 본인의 부족한 부분, 불가능한 이유가 생각난다면 그건 자신을 육체로 제한해 우주의 창조에너지 흐름을 막는 에고임을 알아보아야 한다.

기독교에서 천국과 구원을 설교하면서 '나 같은 죄인 살리신...', '지옥에 떨어져 마땅한 나를...' '부족하고 못난 나를 구원하기 위해...' 라는 개념을 자주 사용한다. 겸손처럼 보이는 이 믿음을 파헤쳐보면 '나의 눈물겨운 노력에 신이 탄복해서, 나의 절절한 신앙심이 워낙 탁월해서' 등 결국 내가 잘나서 나를 구원에 이르게 한 것이라는 결론이 도출된다. 또는 다른 사람들 말고 우리만 특별해서 '선택받은 자' 라는 강한 자만심과 오만이 내포되어 있다.

'참 나'는 인간 육체가 아니다. 진정한 나는 절대 변하지 않고 죽지도 않는 **빛과 사랑** 임을 확실히 안다면 자신의 가치를 스스로 낮추는 일은 할 수 없을 것이다.

우리는 다이아몬드 같은 영혼이다. 흙 속에 묻힌 다이아몬드는 자신의 강함을 증명하려 애쓰거나 빛을 내려고 노력할 필요 없이 먼지만 털어내면 세상 그 무엇보다 강하고 밝게 빛나는 본질이 드러난다.

참 나의 존엄성을 과소 평가하는 부족증 마인드의 에고는 일 한 대가를 당당히 요구하지 못하거나, 빌려준 돈을 달라고 하지 못하는 경우, 조금 손해 보고 말자면서 자신의 권리를 주장하지 못하는 식으로 나타나고는 한다. 사람들이 기대하는 대로 말하고 행동하는 것은 겸손도 착함도 아니다. 상대를 실망시키면 사랑받지 못할 거라는 두려움의 에고 마스크이다.

우리는 모두 좋은 곳에서 편안히 쉬고 즐기며 행복할 자격이 있다. 이를 믿지 못하는 에고가 우주의 창조 에너지 흐름에 접속하려는 나를 방해하고 있음을 인지하고, 산사태로 막힌 도로의 흙 더미를 치우듯 에고를 알아보고 걷어 내야 한다.

그러나 이런 의식상태는 우리의 잘못이 아니라 의식진화의 한 단계일 뿐이니 자책하지 말자. 지금이라도 알게 되었다면 그나마 빨리 깨어난 축에 든다. 현대의 우리는 에고 먼지를 털어내고 의식을 진화하는 차원상승 힐링의 시대에 살고 있다. 이제 시대의 트렌드에 적극 동참해 보는 건 어떨까?

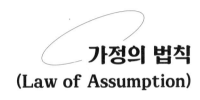

가정의 법칙
(Law of Assumption)

계란 후라이를 해보겠다는 아이가 "엄마, 소금은 어딨어요?" 하고 묻는다. 양념통 바구니에 있다고 해도 두리번거릴 뿐 찾지 못한다. "흰색 뚜껑이야. 검은 뚜껑은 설탕이고 그 옆에 있는데 안 보이니?" 그제서야 아이는 소금을 찾아 집어 든다.

"선생님이 이 책을 읽으라고 주셨어요. 난 8살인데, 여기 책 뒤에 10세 이상이래요. 선생님이 잘못 주셨나 봐요. 어쩐지 이해가 안 가더라!"

엄마는 "선생님께서 네가 그 책을 어느 정도는 이해할 거라 생각하셨나 보다. 한번 도전해보라고 주신 거 같은데 어떻게 생각하니?" 아이는 하지 못할 거라는 믿음을 한 순간에 버리고 '선생님이 나를 그렇게 믿는다면 그건 반드시 사실 일거야' 라는 새로운 프로그램(믿음)을 마음에 입력하고 재미나게 책을 읽어 나간다.

B는 타일바닥에서 미끄러져 허리를 다치고 치료를 받았다.

평소 생활에는 큰 문제가 없지만 좋아하는 골프를 예전처럼 칠수 있을 만큼 완벽한 상태로 돌아가기는 어렵다는 생각이 강하게 들었다. 병원에서는 눈에 띄는 문제를 발견할 수 없다고 하였지만 날이 궂으면 통증은 더 심해졌다. 그렇게 1년을 고생하다 허리통증을 치료할 새로운 기술이 개발되었다는 소식을 듣게 되었다. 그는 수술을 받고 회복된 후 마음껏 골프를 칠 수 있게 되었지만 B는 가족의 동의 하에 플라시보 효과를 증명하기 위해 시행된 가짜 수술을 받았을 뿐 실제 어떤 치료나 수술도 받지 않았다.

플라시보 효과는 그것이 부정적이든 긍정적이든 상관없이 환자가 믿는 대로 그 효과가 신체에 발현되는 의학계에서 사실로 인정된 초자연적 현상이지만 정확한 이유나 원리는 증명되지 않았다. 영국에서는 플라시보 효과의 영향을 인지하여 말기 암 판정을 받은 환자라고 할지라도 의사가 사형선고처럼 들리는 "6개월 남았습니다." 같은 선언을 하는 것이 법으로 금지 되었다.

아무리 뒤져도 나오지 않던 물건인데 "거기에 넣어두었어." 하면서 엄마가 찾으면 분명 없었던 그 물건이 마법처럼 나오는 경험을 한 적 있을 것이다. 집안살림을 정리하는 사람은 그 물건이 그 자리에 있음을 알고 또 반드시 '~ 일 것이다.' 라고 믿기 때문에 그 믿음대로 정말 나타나고 보이는 것이다. 이렇게 '~일 것이다' 라고 가정하면 점점 그것은 진실이 되어가는데 이를 가정의 법칙이라고 한다. '믿는 대로 될 지어다'를 입술이 부르트도록 외치던 예수 그리스도는 가정의 법칙 창시자라고 할 수 있다.

우리의 말, 생각, 행동은 믿음에 따라 달라지고 생활도 그 영향을 받는다. 날 속인다고 믿기 때문에 그 사람을 피하고, 몸에 좋다고 믿기 때문에 아이에게 연어요리를 해주며 기쁘지만, 라면으로 한 끼를 때우게 하면 미안해진다. 잠재의식은 편견 없이 있는 그대로 모든 것을 받아들이므로 의식하는 내가 무엇을 믿는지 확실히 아는 것이 중요하다. 무엇을 믿는지 알아야 그게 잘못된 것인지 삶에 좋은 영향을 주는지 판단할 수 있고, 그 후에 고치거나 이 믿음을 더욱 강화시킬 수 있기 때문이다.

에고의 지배를 받는 인간자아의 생각은:

'나는 D를 너무 좋아한다. 하지만 D도 나를 좋아할 거라고 믿다가 그게 아니면 상처받을 것이 두려우니 기대를 하지 말고 좋아하지 않을 거라고 믿자. 그러다가 D가 나에게 관심이 있음을 확인하게 되면 리스크 없이 놀라운 행복을 느끼게 될 것이다.'

'승진이 됐으면 좋겠지만 기대가 크면 실망도 크니 기대하지 않으려고 하지만 그래도 이번에는 내 차례 같다. 그런데 만약 승진이 안되면 속상할 것 같다. 그래도 내심 기대하게 되는데 이러다가 실망하게 될까 두렵다.'

의식의 95%이상을 차지하는 잠재의식이 이 생각을 들으면:

'엥??? 뭔 말이야? 기대를 하고 있지만 안 한다고 자신을 속이고 있다가 그 일이 이루어지면 너무 좋을 것 같다니 믿는다는 거야? 안 믿는다는 거야? 왜 이렇게 복잡해? 정리해서 다시 말할 때까지 못 들은 걸로 해야 하나? 어떻게 하라는 건지 모르겠어!! 소스 에너지[52]에게 어떻

---

52 Source Energy: 신을 부르는 이름. 창조의 근원, 원천. 우리 모두의 집단의식도 소스 에너지에 포함된다.

게 전하지?' 할 것이다.

모든 것은 에너지를 원료(Source)로 하여 만들어진다. 그 모양과 성질은 조금씩 다를지라도 쪼개어보면 물질세계에서 그 근본은 모두 원자의 핵, 전자, 중성자의 움직임이라는 공통된 에너지가 존재한다. 내 안에도, 나무에도, 얼룩말이나 고등어 안에도 있는 에너지가 바로 모든 창조의 원재료이다.

좋고 나쁘고, 옳고 그르고 상관없이 마음을 가득 채우고 있는 생각대로 행동하므로 생각은 우리 인생을 만드는 근원 에너지이다. 더 정확히 말하면 생각하는 그것을 믿는 대로 인생은 만들어져 가는데 원하는 것 또는 싫은 것을 생각만 하면 아무 일도 일어나지 않지만 그것을 **사실이라고 믿게 되면 에너지에 힘이 실리면서 끌어당김으로 이어진다.** 누가 뭐라고 하든 내가 생각한대로 믿고 그대로 행동하게 되니 이미 그 인생을 살고 있다고 할 수 있다.

이 물건을 사면 행복해질 거라는 믿음이 우리의 지갑을 열고 이 대학을 가고 이런저런 직업을 가지면 행복해질 거라는 누군가의 믿음은 어느새 나의 믿음이 되어 열심히 공부를 하기도 한다. 이런 남자나 여자를 만나면 행복해질 거라 가정하기 때문에 누군가를 갈망하거나 함께 있는 그 사람을 거부하기도 한다. 아침에 눈 뜨고 다시 학교로, 직장으로 나가는 게 즐겁지 않은가? 기억 상실증에 걸려서 학교나 직장에서 느꼈던 지겨움을 기억할 수 없다면 그 뇌 의식은 아침에 일어나 아직 펼쳐지지도 않은 미래의 일을 미리 판단해서 짜증이라는 결과물을 출력해 알려줄 수 없을 것이다. 매일 반복되는 삶이 지겨운 이유는 프로그램으로 저장된 과거의 기억을 바탕으로 거부하고 싶은 일들이 또 펼쳐질 거라 가정하고 있기 때문이다.

믿음, 신념, 가치관처럼 추상적이고 실용성 없어 보이는 관념에 관심을 갖게 된 것은 특이한 사람을 만나고 난 후 부터 이다. 그는 고기나 야채를 전혀 먹지 않아 오래 살지 못할 거라는 얘기를 들었다고 한다. 초콜릿, 시리얼, 버터를 듬뿍 바른 빵, 과자를 주식으로 하고 마가린과 설탕을 추가로 넣은 캐러멜 팝콘을 거의 매일 먹는 그는 날렵한 몸매와 번쩍번쩍 광이 나는 얼굴의 40대 중후반처럼 보였는데 실제 나이는 60세였고 영화〈겨울 왕국〉의 올라프에 버금갈 만큼 선입견이 없었다.[53]

"다이어트 하면서 왜 운동을 해야 하는 줄 알아요? 뭔가를 했다는 걸 보고 느낀 뇌가 그 효과를 몸에 나타낼 수 있게 하려고 운동을 하는 거예요. 원인이 있어야 그 결과(영향)가 나타난다는 것을 뇌가 알기 때문이예요. 우리 몸이 날 위해 봉사하는 동반자 역할이라고 생각해보세요. 우주가 나를 이곳에 보내며 배신자에 태워 보낼 리 없잖아요. 내가 잘 활용하는 한 나의 몸은 충직하게 그 역할을 할 거라고 믿어요. 나(상위자아, 영혼, 숨)에게 이곳은 허상이고 눈에 보이고 만져지는 물질에 집착하는 것은 인간의 에고 뿐이예요. 허상의 세상에서 허상의 마가린과 설탕에 허상의 몸이 망가지고 말고는 그 주인의 믿음이 결정하는 겁니다. 일어나는 모

---

53 그는 허상(매트릭스,물질세계)이 진실(영혼)에 영향을 주고 안 주고는 개인의 선택임을 확신하기 때문에 정크 푸드를 비롯한 세상 것 들에서 자유롭다.

든 일은 언제나 내게 유리하고(지금은 이해하지 못할 지도 모르지만) 필요한 방향으로 다 알아서 이루어지고 있는 거예요. 우주는 영혼이 원하고 계획한 대로 물리세계를 경험할 수 있도록 최선을 다해 돕고 있어요."

믿음은 진실(또는 사실)과 상관없는 주관적 마음의 선택이고 미래에 대한 가정(assumption)이다. 똑같은 생각이 반복되면 자신도 모르게 어느새 믿음이 되어 버리고[54] 우리는 그 믿음대로 살아가게 되므로 한 사람의 믿음이 그 인생을 만들어 가는 것이다.

나는 인생을 무어라 믿는가? 생각을 바꾸면 인생도 차차 바뀔 수 있다고 믿는가? 신념(Belief)이 생기면 비전을 볼 수 있고 비전은 목적을 만들고 목적에 따라 인생이 설계되어 그 방향으로 삶은 나아가게 된다.

인생은 거부하지 않고 흐름을 타는 춤과 같아야 한다. 우주(상위자아, 신, 절대의식…)가 알아서 해줄 것이기 때문에 내가 인생을 계획한다는 건 에고라 오해하지 마라. 세세히 결과를 예상하고는 '그렇게 되지 않으면 어쩌지?' 하며 전전긍긍하는 것, 진짜처럼 상상하고 믿었는데 '왜 안됐냐?' 고 원망하는 것이 에고이다. 원하는 것을 바로 보고, 할 수 있는 일들을 그때그때 최선을 다하는 것이 우리의 역할이다. 혹여 예상과 다른 결과가 펼쳐진다면 그 과정 중에 배운 것이 무엇인지 깨닫는 시간을 보내며 잠시 쉬었다 다시 시작하면 된다.

---

54 그래서 계속 같은 메시지를 반복하는 세뇌가 무서운 것이다. 나의 의지와 무관하게 믿음이 만들어진다.

생각은 믿음의 뿌리가 되므로 긍정적 효과를 내는 믿음을 만들기 위해 생각을 제작해서 마음(의식)에 집어 넣을 수 있다면 좋겠지만 생각은 대부분 저절로 일어나고 사라지기 때문에 컨트롤 할 수 없다.

뭐든지 한 방에 '빵'하고 이루어지길 바라지만 그런 일은 또 바람처럼 쉬이 나의 에너지장을 떠나게 마련이다. 낙숫물이 바위를 뚫는 것처럼 무의식을 조용히 끈질기게 공략해야 긍정적이고 유리한 믿음이 그 자리를 오래도록 차지하며 진정한 나의 것이 될 수 있다.

〈끌어당김의 법칙〉의 테크닉 하나는 '이미 이루어진 것처럼 행동하라'는 것이다. 내가 100억대의 자산가라면, 내가 만약 대기업에 입사했다면, 사랑하는 애인이 있다면 어떤 삶을 살 것인지를 상상해보고 지금부터 그렇게 행동하라는 것이다. 하지만 지금 당장 통장 잔고0의 개수가 몇 개 안되는데 값비싼 명품을 사드리는 것은 무책임한 행동이다. 우리의 가능성은 무한하지만 육체와 물리세계는 제한적이라는 게임 룰이 지구 땅에 적용되고 있다. 이럴 때 멘탈 스트레치(Mental Stretch)라는 방법을 이용할 수 있다. 마음이 불편하긴 하지만 견딜 수 있는 한도까지 생각의 가능성을 극대화 시켜 받아들이고 행동으로 실천하는 것이다. 예를 들어 여행을 갈 때, 내가 부자라면 하룻밤에 100만원 하는 고급 호텔에 묵겠지만 현재 상황은 숙박비 예산이 10만원이다. 멘탈을 끌어 올려 20~30만원하는 호텔에 예약해 스스로 그 정도 경제 능력에 이르는 것은 충분히 가능하다는 것을 인지하는 방법이 멘탈 스트레치이다. 외식을 할 때도 밥하기 싫어 저렴한 것으로 배를 채우는 식이 되어서는 안 된다. 평소에는 집에서 간단히 먹고, 날을 정해 신중히 선택한 고급 레스토랑이나 호텔에서 여유롭게 식사해보라. 이런 경험을 하면서 자연스럽게 그 문화를 배우고 즐길 줄 알게 되고 멘탈은 더 좋은 것, 고급스러운 것, 창의적인 것, 사랑이 가득한 것의 높은 주파수 영역대로 끌어 당겨 올려지게 된다.

말을 하면 상대가 듣기도 전에 내가 먼저 듣게 되고 때로 상대방보다 자신에게 그 말의 영향력이 더 크게 미치게 됨을 이용해 의식적으로 긍정문을 사용하는 연습을 할 수 있다. 예를 들어 아이가 물건을 가지러 집에 되돌아 왔을 때 "뭘 또 까먹었어?" 라고 하기 보다는 "너는 그것을 기억해낸 거야." 라고 하는 것이다. 사고체계[55]를 변화시켜 생각하는 방식을 바꾸는 방법인데 말이 바뀌면 생각이 변화되고 반대의 경우도 같은 효과를 낸다.

무의식적으로 매일 하는 말을 분석해서 도움이 되지 않는 말 습관을 고치고 생각을 알아차림으로 잠재의식의 상처를 발견할 수 있다. "나이 먹으니 이 놈의 건망증, 이제 늙어서 힘들다, 체력이 저질이다." 라고 하지 마라. 초등학생도 걸핏하면 무언가를 잊기 일쑤이고 20살도 피곤하고 체력은 더 나쁘기도 하다. '나이의 숫자가 많아지는 것은 늙고 병드는 것이다'는 집단의식의 믿음이다. 이것이 나의 믿음이 될 필요는 없다.

---

55 두뇌는 생각을 쌓아 놓은 도서관이다. 정리 정돈을 잘 해야 찾아 보기 편하다.

"왜 이렇게 멍청하니 바보 같아...." 자기 머리를 쥐어박으며 이런 말 하지 마라. 영혼의 입장에서 인간의 몸을 사용하는 의식은 유치원생 수준에 불과하다. 내 집을 청소하듯 몸을 돌보고 자신에게 친절하라.

'성공하고 싶다, 성공한다, 사랑하고 싶다, 사랑을 찾는다, 승진한다, 임신하고 싶다, 임신이 된다etc' 라는 자기 암시 메시지는 잘못된 것이 없어 보인다. 하지만 사회에서 성공하고 사랑하는 사람을 만나고 임신하는 것보다 더 중요한 것은 그 성공의 보상을 즐기고 사랑을 지속하고 임신 한 후 건강한 출산까지 이어가는 것이다. 간절히 원하는 임신을 하고 혹시 몰라 아무에게도 말하지 않는다는 생각을 뱃속의 태아가 알게 된다면 '열심히 심장 만들고 팔 다리 만드는 데 힘 빠지게 하네. 엄마는 나한테 믿음이 없는 겁니까?' 할 지도 모른다.

'~하고 싶다, ~ 됐으면 좋겠다'고 하기보다는 원하는 그것의 마무리까지 전체그림을 그려 세타파 상태에서 심상화 하고, 이미 가지고 있는 듯 뇌에 새기는 자기 암시 메시지를 만들어 혼자 중얼거리는 것도 좋다. '이미 가지고 있는 것을 뭐 하러 떠올리고 말해야 하지?' 라는 의문이 들면 믿음이 자리잡은 것이니 자기 암시 메시지(확언)를 중단해도 된다. 가장 완벽한 타이밍에 원하는 그 경험이 물 흐르듯 펼쳐지게 될 것이다.

 # 믿는 대로 될 지어다.

로마 군사 100여명을 다스리는 백부장이 예수 그리스도를 찾아와 하인이 중풍으로 누워 괴로워 한다고 하자, 예수는 "내가 가서 그를 치유할까?" 라고 묻는다. 백부장은 감히 당신을 내 집에 오라고 할 수 없으니 말을 해주면 그 말을 전하는 것으로 하인이 나을 것이라고 대답한다. 예수가 그 믿음을 높이 칭찬하며 말하길 "네 믿음대로 될 지어다." 하니 곧 하인이 나았더라.[56]

구하라. 그러면 받을 것이다. 찾아라. 그러면 찾을 것이다. 문을 두드려라. 그러면 열릴 것이다. 누구든지 구하는 사람은 받을 것이며 찾는 사람은 찾을 것이요 두드리는 사람에게는 열릴 것이다.[57]

그 날에는 너희가 아무것도 내게 묻지 아니하리라. 내가 진실로 진실로 너희에게 이르노니 너희가 무엇이든지 아버지께 구하는 것을 내 이름으로 주시리라.

지금까지는 너희가 내 이름으로 아무것도 구하지 아니하였으나 구하라. 그리하면 받으리니 너희 기쁨이 충만하리라.[58]

---

56 신약성경 마태복음 8:5~13절의 내용을 요약함.

57 신약성경 마태복음 7:7 ~8절

58 신약성경 요한복음 16:23~24절

아무리 열심히 구해도 받은 적은 거의 없고 부숴져라 두들겨도 열리지 않는 문들만 내 앞을 가로 막고 있는 듯 하다. 그렇다면 예수 그리스도가 거짓말을 한 것일까? 그게 아니라면 우리가 뭔가 잘못 알고 있는 것은 아닐까?

1611년 영국의 왕 제임스 1세의 지시에 따라 완성된 킹 제임스 버전(King James Version)성경은 전 세계적으로 가장 널리 퍼진 영향력 있는 성경 번역서로 히브리어와 아람어로 쓰인 성경을 그리스어로 번역한 것을 다시 영어로 번역한 것이다. 그 당시의 문학적 스타일과 언어를 반영하면서 운율적 요소에 초점을 두어 우아하고 아름다운 문체를 갖추고 있으며 성경을 문학적 명작으로 만들기 위해 인위적으로 단어를 삭제하거나 운율에 맞는 다른 단어로 대체하기도 하였다.

한국어 번역본 성경도 킹 제임스 버전이 대부분을 차지한다.

닐 더글라스-클로츠(Neil Douglas-Klotz)가 그의 저서 〈Prayers of the Cosmos:우주의 기도문〉[59]에 축약되거나 빠진 단어 없는 고대 아람어(예수와 그의 제자들은 아람를 사용하였다)로 쓰인 원본 요한복음 16장 23~24절을 영어로 번역하였는데 이를 한국어로 요약하면 다음과 같다.

---

59 1901년 Clarendon Press에서 출판한 G.H. Gwilliam 의 아람어(Syriac Aramaic) 성경 (Peshitta Version)을 원전으로 사용한 주기도문 번역서.

'네가 원하는 것이 무엇이든 새가 물을 마실 수 있는 웅덩이로 가고, 화살이 과녁을 향해 날아가 꽂히는 것처럼 당연시 여기며 요청한다면 너는 그것을 응당 받게 될 것이다. 그러나 너는 지금까지 이렇게 한 적이 없다. 감춰둔 의도없이 네가 그 응답에 에워 싸여 있고 그 열망이 너를 감싸 안은 듯 즐거움이 충만한 상태에서 요청하라. 그리하면 그 목표에 도달하여 그 기쁨을 만나게 될 것이다. 너의 동물적(에고를 의미:싸우거나 도망 다니려고 하기 때문) 생명이 우주의(신의 웅대함을 표현함) 러버(Lover사랑하는 이:상위자아)를 찾게 될 것이다.'

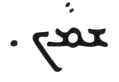 킹 제임스 버전에 나오는 '내 이름으로' 라고 해석되는 쉠(또는 쉬마크헤)은 신약성경에 자주 나오는 단어로 마태복음 6장의 주기도문(그 이름이 거룩히 여김을~)에서도 볼 수 있다. 아람어 쉠은 빛, 소리, 진동 주파수, 이름, 말(word), 로고스 등의 뜻이 있다. 쉠은 '예수'라는 인간의 이름을 의미하는 것이 아니다. 그 이름을 수천 번 불러도 그 안에 신성한 빛과 사랑의 진정성을 불어 넣지 못하면 예수는 철수와 영희만큼 아무런 힘이 없다. 우리 모두의 내면 깊숙한 곳에는 쉠이 머무는 공간이 있는데 혹자는 이를 심장, 사랑, 느낌, 감정, 에너지,직관, 의식, 빛, 空, 無라고 하기도 한다.

요청한 것을 이미 다 받아 그것이 우리 주변에 둘러싸여 있는 것처럼 느껴야만, 다시 말해 우리의 의식이 그 기쁨의 고차원 주파수 영역에

이르러야만 기도는 이루어지게 된다. 원하는 것을 상상하며 심상화 명상을 할 때만 기분 좋은 척, 행복한 척 해서는 안된다. 평상시에도 평온하고 즐거운 마음이어야 한다. 또한 예수는 감춰둔 의도가 없어야 한다고 하였다. 원하는 그것이 '옳다, 그르다, 좋다, 나쁘다...'라는 개인의 심판적 태도와 '앞으로 착하게 살 테니, 기부도 많이 할 테니...' 같은 조건도 에고의 판단이므로 감춰둔 의도이다.

분리를 모르는 우주 에너지(Oneness,하나님,창조주,성령)는 '좋다, 나쁘다'며 자신의 마음과 세상 사람들을 심판하는 분리된 에고의 지각(시선, 해석,생각)을 이해할 수 없다.

'이런 걸 바래도 될까? 내가 너무 욕심 부리는 것 아닐까?' 하는 마음도 겸손이 아니라 참 자아에 대한 불확실함이다.

예수가 말하길, "만약 하나의 하우스에서 둘(Two)이 서로 평화를 이룬 뒤, 그 둘이 산에게 '움직여라.' 하면 산은 (그 명령을 따라) 그렇게 할 것이다.[60]

예수가 말하길, "네가 둘을 하나로 만들면, 산에게 '움직여라' 하면 산은 네 명령대로 움직일 것이다."[61]

성경은 인간의 몸을 종종 성전에 비유하는데 하나의 하우스 또한 인

---

60 Jesus said, "If two make peace with each other in a single house, they will say to the mountain, 'Move from here!' and it will move." 도마복음(Gospel of Thomas) 48

61 Jesus said, "When you make the two into one, and when you say, 'Mountain, move from here!' it will move." 도마복음(Gospel of Thomas) 106

간을 의미한다. 인간 안에 있는 두 가지는 '생각과 감정'이다. 두뇌의 에고와 심장(느낌, 기분, 감정)의 영혼을 하나로 만드는 것이 바로 원하는 것을 우주 에너지에 요청하는 기도가 된다.

찰스 디킨스(Charles Dickens)의 소설 '크리스마스 캐럴'의 스쿠루지는 돈 밖에 모르는 인색한 사람이다. 그가 그렇게 탐욕적으로 변한 원인은 유령이 찾아와 보여준 그의 어린시절에서 유추할 수 있다. 친구들은 모두 가족과 함께 크리스마스를 보내지만 그는 여동생과 단 둘이 고아원에 남았다. 가난이 몸서리치게 싫었던 그의 잠재의식이 그를 냉담한 욕심쟁이로 만든 것이다. 자신의 과거, 현재, 미래를 본 후 깨달음을 얻은 그는 생각과 감정이 바뀌었고 '하하하' 웃으며 친절한 말투로 사람들을 대했고, 이렇게 성격이 변한 것으로 사람들은 그가 전날의 탐욕스러운 수전노가 아님을 확인하게 된다.

대체로 밝고 환한 사람이 있는가 하면, 항상 신경질적이고 침울한 사람도 있다. 한 사람의 감정은 성격을 만드는데 감정은 잠재의식의 영향을 많이 받는다. 그러므로 뇌 의식의 생각과 잠재의식(감정)이 하나된다는 것은 그 생각(예를 들어 부자라는 믿음)뿐 아니라 감정(행복, 너그러움, 안정감, 자비심…)도 그에 맞게 변화해야 하며 궁극적으로 감정이 표현된 성격과 행동 또한 부자가 된 듯 여유 있고 너그러워 져야 한다는 의미이다.

뇌와 나누는 대화

하버드 대학 리서치 팀[62]은 직업에 따른 운동량과 몸무게에 관해 연구하던 중 뉴욕의 85개 호텔 하우스 키퍼들이 매일 3,000칼로리 이상을 소모하는 고강도의 운동을 하면서도 비슷한 연령대 사무직 여성들과 비교했을 때 허리둘레와 몸무게가 별반 다르지 않음을 이상하게 생각했다. 그래서 절반에 해당하는 40여 개의 호텔 하우스키퍼에게 그들이 반복하는 청소가 얼마나 큰 운동효과가 있는지 교육하고 이런 내용을 포스터로 만들어 일 시작 전에 눈으로 확인할 수 있게 하였다. 몇 달후 대조군 호텔 하우스키퍼들의 몸무게 변화는 없었지만 운동에 따른 칼로리 소모 교육을 받은 하우스 키퍼들의 몸무게는 현저히 감소한 것을 발견했다.

살 찌는 게 싫지만 먹는 것을 참지 못하는 문제가 있다는 것은 알겠는데 왜 그런지, 어떻게 해야 멈출 수 있는지 그 핵심을 이해할 수 없다면 원하는 만큼 감량하기 어렵고 그 몸무게를 유지하기도 힘들 것이다.

초기 인류는 수십 만년의 긴 시간 동안 채집과 수렵생활을 하였고 이때의 일들은 DNA에 인코딩되어 지금까지 유전되고 있다. 이 기록들은 현대의 삶과는 전혀 맞지 않지만 여전히 인간에게 지대한 영향을 주고 있는데 지난 70여년의 풍요는 수십만 년의 식량 부족 기록을 삭제하기

---

62 Alia J. Crum and Ellen J. Langer. 2007. Mind-set matters: Exercise and the placebo effect. Psychological Science 18, no. 2: 165-171.

에는 너무 짧기 때문이다.

DNA에 끌려 다니면 DNA는 이기적으로 보일 수밖에 없다. 생각과 DNA를 이겨 보는 계획을 짜보면 어떨까? 거대한 골리앗을 이긴 것은 약하지만 지혜로운 다윗이었으니 승산을 미리부터 예상하며 포기하지 말자. 어차피 인생은 완성 없이 이것저것 시도만 하다 가는 것이다.

DNA에 입력된 자료를 바탕으로 뇌는 아래와 같은 생각을 하고 있다.

1. 뇌는 음식을 보게 되면 먹게 만든다.

뇌는 배고픔을 극도로 두려워하기 때문인데, 100년전 까지만 해도 아사(starvation)는 사망원인 1위였으니 그럴 만하지 않은가?

채집과 사냥을 하던 고대의 인류는 날씨,계절,주변환경에 큰 영향을 받았을 것이다. 매일 일정한 시간에 음식을 나누어 먹기보다는 기회가 있을 때 먹어 두어야 살아남을 확률이 높았을 것이다. 집단생활을 하던 시절, 부족에서 물고기를 낚아 왔는데 "난 요즘 생선보다 사슴고기가 더 땡기더라." 하면서 먹지 않았고 그 다음날부터 폭우가 내려 5일 동안 먹을 것을 구하러 나갈 수 없어 쫄쫄 굶게 되었다면 '아... 이렇게 멍청할 수가... 생선이 눈앞에 있었는데도 먹지 않았다니...' 하며 후회했을 것이다. 이런 충격적인 일을 경험한 두뇌는 '음식이 눈에 보이면 무조건 먹고 보자' 프로그램을 만들게 된다.

기업들은 이런 뇌의 습성을 잘 알기 때문에 여기저기 음식사진을 보여주는 마케팅을 한다. 치킨광고를 보니 먹고 싶어 진다면 뇌에게 이렇게 얘기하자.

"눈에 보이는 대로 먹는 시대는 이미 오래전에 지나갔어. 내가 원하면 언제든지 음식을 먹을 수 있는 거야. 이제부터 너는 내가 명령하는 대로 따라야 한다. 내가 너의 주인이야."

2. 단맛은 보상이라고 말한다.

밸런타인데이, 생일, 크리스마스를 브로콜리 한 다발로 축하하는 사람은 없을 것이다. 오래전 인류의 삶을 상상해 보자. 열흘 동안 고사리만 씹으며 연명하고 있었는데 누군가 꿀을 나누어 주었다면 그 사람은 부족의 영웅이 되었을 것이다. 꿀의 단 맛은 특별함이고, 꿀을 찾아 나누어 준 사람에게 고마움, 존경, 찬사의 마음이 생기게 되었을 것이다. 그래서 지금까지도 꿀은 소중한 사람들에게 전해주는 선물로 자리잡고 있다. 또한 망고처럼 단맛을 내는 과일도 때를 놓치면 썩어버리거나 다른 동물들이 먹어 버리게 되니 단맛은 보이는 대로 빨리 먹어야 한다는 프로그램이 뇌에 새겨지게 되었다.

뇌가 당신에게 "오늘 너무 수고했네, 달콤한 초콜릿, 사탕, 케이크를 먹으면 보상이 될 거야. 잘한 일은 단맛으로 칭찬해주는 거지! 힘들지? 괜찮아. 케이크 한 조각 먹고 위로 받으면 돼. 그 누구도 널 고마워하지 않는다는 우울한 감정이 사라질 거야."

당신이 뇌에게 해야 할 말, "아직도 단맛은 특별하고 귀하다고 믿고 있구나. 먹는 걸로 위로받는 인생은 그만하고 나로서 당당히 살 거야. 이제부터 오감이 아니라 내면을 느끼며 살아보자."

3. 다양한 음식은 식욕을 돋운다.

애피타이저와 메인 코스까지 모두 먹고 나서 배가 부른 대도 디저트를 먹을 수 있는 이유는 새로운 음식이기 때문이다.

뇌는 이렇게 말한다. "원 푸드 다이어트는 영양소 불균형을 가져오니 다이어트를 하더라도 다양한 종류의 음식을 골고루 먹어야 한다."

미디어를 통해 우리는 끊임없이 몸에 좋은 음식들을 소개 받는데 그것들을 모두 챙겨 먹으려면 하루에 10끼를 먹어도 모자를 것이다. 다양한 음식이 건강에 이롭겠지만 이것저것 하루에 다 먹을 필요는 없다. 음식의 수를 줄여야만 식욕이 줄어 다이어트에 성공할 수 있다. 신체를 구성하는 몇 조개의 세포는 매일 죽고 다시 만들어지기를 반복하고 우리 몸의 피부, 지방, 근육 세포가 모두 새로 재생되기까지 6개월이 걸린다고 한다. 그러므로 엄밀히 따지면 지금의 나와 6개월 전의 나는 같은 사람이 아니다. 지금 다이어트로 감량한 몸무게를 6개월 동안 유지한다면 아주 오래도록 그 체형을 유지할 수 있게 되므로 6개월 동안만은 식단을 단순히 해야 원하는 몸의 라인을 보다 쉽게 만들 수 있다.

4. 모유는 사랑이라고 말한다.

모유는 자연에서 찾을 수 있는 지방과 단맛을 동시에 가진 유일한 음식이다. 올리브 오일에는 지방이 있지만 단맛은 없고 과일에는 단맛은 있지만 지방은 거의 없다. 갓난 아이는 모유(분유)를 좋아해야만 살아남을 수 있다. 아기는 "나는 토마토 주스를 더 좋아하는데 엄마는 그걸 모르고 자꾸 모유를 들이미네." 하면서 엄마 젖을 거부하지 않는다. 탄수화물과 지방이 아기의 생존과 성장에 반드시 필요하기 때문이다. 우리는 모두 모유에 집착하는 뇌의 프로그램을 가지고 태어났다. 영화에서 실연당한 여자가 아이스크림을 퍼먹는 장면이 묘사되는 것을 자주 볼 수 있는데 지방과 설탕을 인위적으로 조합한 아이스크림을 먹으며 느껴지는 입안의 감촉은 아기일 때 엄마의 품에 안겨 사랑과 보살핌을 받던 따뜻한 느낌을 재연시켜 심리적 안정감을 전해준다. 힘들고 외롭고 짜증날 때 상쾌한 오이를 세 개 정도 씹어 먹으면 기분이 좋아진다는 사람은 없지 않은가? 아이스크림 뿐 아니라 모든 고지방, 고설탕 제품은 아기였을 때 엄마에게 안겨 모유를 먹던 감각을 되살아나게 하므로 안도감, 편안함, 만족감, 포근함을 느끼게 한다. 우울할 때 단맛과 지방이 함께 들어 있는 인공식품을 먹으며 위로받는 것을 잘 아는 식품회사들은 지방과 설탕의 완벽한 함량으로 만들어진 제품을 개발하기 위한 연구에 매진한다. 기분이 안 좋고 무기력할 때 고지방 고설탕의 식품을 먹겠다는 두뇌에게 이렇게 말하자. "아기 때 먹던 음식을 먹고 싶어 하는 걸 보니 기분이 안 좋은가? 근데 나는 이제 아기가 아니잖아. 나는 나를 있는 그대로 사랑해. 사랑하는 나에게 예쁜 옷을 입혀 줄 거야. 내가 원하는 몸을 가지고 활동적이고 자신감 넘치게 살 거야."

5. 뇌는 당신이 죽는 걸 원하지 않는다.

우리는 두 가지 방법을 통해 의식적으로 뇌(프로세서)에 메시지를 전달할 수 있다. 하나는 그림을 떠올리게 하는 것이다. 음식을 보면 먹고 싶어 지는 것이 한 예가 될 수 있다. 그러니 이를 반대로 이용해 다이어트에 방해되는 식품은 냉장고 구석에 저장하거나 검은 봉지에 싸서 눈에 안 띄게 하면 도움이 된다.

두 번째는 말(word)이다. 뇌는 말을 듣고 그 말에 매치되는 경험이 실제로 펼쳐지게 하기 위해 최선을 다한다. '힘들어 죽겠다, 피곤해 죽겠다, 배고파 죽겠다, 짜증나 죽겠다, 죽도록 사랑한다...' 등등 말을 극단적으로 하는 사람들의 인생은 그 말버릇 만큼 익스트림한 경험을 빈번히 하게 된다. 그렇게 말한다고 하더라도 당신이 죽는 것만은 원하지 않는 뇌는 어떻게 할까?

"내일이 기획안 발표날인데, 하기 싫어 죽겠다." 고 하면 뇌는 이렇게 대꾸한다. "죽지 마. 내가 설사병을 안겨 주어 회사에 못 나가게 해 줄게" 직장에서 책임감 없어 보이던지 동료들이 꾀병을 부린다고 오해하던지 말던지 뇌는 상관하지 않는다. 당신을 살아있게 하는 것이 뇌가 하는 일이니까. "힘들어 죽지 말고 소주를 2병만 마셔. 기분 나쁠 때마다 술에 취해 자 버렸잖아. 얼른 마시고 다 잊어 버려. 그렇게 살아있기만 하면 돼."

6. 뇌는 새로움과 변화를 꺼린다.

익숙함은 뇌가 인간을 안전하게 지키는 매우 효과적인 방법이다. 뇌의 이 같은 특성이 길거리에서 낯선 사람을 보면 경각심을 일으켜 사이비 포교활동을 피해가게 하지만 도전을 두려워하는 뇌 의식 때문에 배낭여행은 꿈에서만 가는 것도 사실이다.

다이어트, 운동 등 새로운 습관이 몸에 익숙해지기 까지 평균66일이 걸린다고 한다. 그러니 변화가 어색하고 불편하더라도 포기하지 말고 66일 동안 지속해보자.

나쁜 남자(여자)의 매력

나쁜 짓(누구 기준에서?)을 하면 지옥 간다는 일관된 도덕 강요 3밀도계 중기 의식에서 벗어나 근래에는 비이원성(Non-dualism)을 이해하는 진화된 의식으로 영성(Spirituality)이 발달하고 있다. 선과 악, 보편적인 옳고 그름은 주체와 객체(행하는 자와 당하는 자)의 의식 관점 차이일 뿐이고 관념으로만 존재하는 것이지 삶에서 성립될 수 없다.

미성년자를 성추행한70대 가해자는 MBC 시사교양 프로그램 PD수첩〈당신 곁에 이미, 조두순〉 방송에서 아이가 그를 부추겨서 발생한 사건이고 자신이 되려 피해자라며 억울하다고 항변하였다. 그의 믿음은 객관적인 일반인의 관점에서 너무나도 틀린 것이지만 그는 본인 마음대로 믿고 판단할 자유가 있다. 그 믿음이 아무리 허황되고 악랄할지라

도 말이다.[63]

선악(Good and Evil)과 옳고 그름(Right and Wrong)이 진짜 없을까? 나의 신념안에서 주관적으로는 존재할 수 있지만 절대적으로 모든 이에게 100% 적용되는 선악은 있을 수 없다.

실수로 주머니에서 빠진 작은 사탕봉지는 그럴 수도 있는 일이지만 강도질은 절대 안되는 일이다? 만약 아장아장 걷던 아기가 내가 실수로 버린 사탕봉지를 밟고 넘어져 뇌진탕으로 죽었다면, 어떤 것이 더 극악한 범죄가 되는가?

진실은 옳고 그름을 모두 판단할 수 있다는 에고의 자만심을 심히 불편하게 한다. 그래서 우리는 이 불편한 감정을 덜 느끼게 하는(자신이 세워 둔 기준과 상식을 공유하는) 사람에게 호감을 느끼고 나와 다른 생각은 거부하거나 그들을 적으로 간주해버린다. 그게 쉬우니까. 깊이 생각하고 고민하는 일은 하고 싶지 않은 것이다.

트라우마를 경험한 유아에게 힐러는 아이가 좋아하는 장난감이나 음식에 관심을 보이며 대화를 유도하는 방법을 사용하는데 상대방이 내가 좋아하는 것에 호기심을 보이면 공감대가 형성되어 경계를 내려 놓고 마음을 열기 때문이다. 이 같은 방법은 일반적으로 생각과 의식수준이 낮은 사람들에게 잘 통한다.

---

63 우주는 하나이고, 우리는 모두 하나이다. 그를 사랑하는 것은 곧 자신을 사랑하는 것이고 신과 우주를 사랑하는 것이다. 할 수 있는가? 왜 할 수 없을까? 에고는 에고를 사랑할 수 없기 때문이다.

자신의 생존을 스스로 책임지게 된 2 밀도계[64]의 동물적 뇌의식은 도전, 모험, 새로움을 위험으로 인지하기 시작한다. 3 밀도계 의식[65] 초기 채집생활을 하던 때를 상상해보자. 오래도록 부족이 먹어왔던 똑같은 딸기를 따먹다가 누군가 "딸기는 이제 싫어. 난 새로운 버섯을 먹어 보겠어!" 하고는 잘못 걸려 독버섯을 먹고 죽은 친구를 보기도 했을 것이고 동굴안에 숨어 있는 게 지겨워 밤 하늘을 보겠다고 나간 사람이 맹수의 공격으로 죽는 일도 있었을 것이다. 주변에서 이를 목격한 다른 사람들은 도전과 새로움은 죽음을 가져오고, 익숙함은 살아있음이라고 믿게 될 수 밖에 없었을 것이다. 이 기억은 DNA에 인코딩 되어 현재까지 유전되고 있다.

> 로또 당첨자들이 3년안에 당첨금을 탕진할 확률은 70%이상이라고 한다. 한화로 약500억원의 로또에 당첨되었지만 2년만에 모두 써버리고 전에 일했던 식품 공장으로 돌아가 주급을 받으며 살고 있는 호주의 E는 그를 인터뷰한 기자에게 이렇게 말했다. "나는 돈이 있을 때 보다 지금이 훨씬 행복합니다. 돈을 쓰면 잘난

64　4원소(불,물,공기,흙)의 1밀도계 의식은 대표적으로 산, 강, 금속, 미네랄, 용암, 바위 등이 있다. 스스로 움직일 수 없으며 외부의 것에 의존하지 않으므로 생존에 대한 책임이 없다. 식물, 동물 등의 2밀도계는 스스로 움직이며 햇빛, 음식, 물 등에 의지하고 자신의 생존에 책임을 져야 한다. 열심히 햇빛을 받으려 가지를 숙이는 등 애써야 하고, 사냥을 해야 하고 등등의 방법으로...

65　자신이 지금 이곳에 있음을 아는 인간은 3밀도계 의식이고, 진정한 자아를 알려고 하는 현대의 우리는 4밀도계 의식으로 진화하고 있는 중이다.

척 한다고 하고, 돈을 안 쓰면 재수없다고 욕을 했어요. 누가 진짜 친구인지 누가 날 싫어하는지 알 수 없어 만나는 사람마다 의심하며 살았습니다." 기자는 "왜 저축을 하거나 투자하지 않았나요?" 라고 물었고 그는 "아버지는 매주 수요일 주급을 받았고 우리집은 월요일이면 돈이 하나도 없는 생활을 계속 했어요. 저축이나 투자를 하거나 누굴 돕는 걸 본 적이 없습니다. 돈이 생기면 없어질 때까지 모두 쓰고 남은 돈이 하나도 없는 건 내게 익숙한 일이라 인생을 다르게 살 수 있다고 생각해 본적이 없습니다." 라고 대답했다.

어색하고 익숙하지 않더라도, 투자하고 저금하고 기부활동을 하며 지냈다면 E는 더 풍요로운 인생경험을 하고 뜻깊은 일들을 다양하게 할 수도 있었을 것이다.

"나는 나쁜 남자를 끌어 들이는 자석 같아요. 왜 나를 무시하고 이용하는 남자들만 계속 만나는지 모르겠어요. 바람 핀 남자친구한테 날 버리지 말라고 애원하기도 했어요. 수치스러워서 친구들에게 말할 수도 없지만 애인이 없는 건 너무 불안해요. 친구들은 그가 껄렁거리고 으스댄다고 싫어했지만 나는 그 사람이 섹시해 보였어요."

D의 아버지는 일을 마치고 집에 돌아와 기분이 나쁠 때마다 "너를 먹여 살리느라 내가 얼마나 뼈 빠지게 일하고, 여기저기 아첨하며 비굴하게 하는지 아냐"고 소리를 치며 D에게 화풀이를 했고 '멍청한 년'은 그녀의 별명이었다. 사랑받을 자격이 없는 사람이라는 잘못된 믿음을 힐링하면서 그녀는 새로운 남자를 만나게 되었다.

"그 사람은 지금까지 만나 온 남자들과 달라요. 자신의 능력을 펼칠 수 있어서 일이 재밌다고 해요. 쉬는 날이면 골프 라운딩을 나가고 취미생활을 하면서 여가시간을 보낸대요. 휴가때는 아프리카로 자원봉사를 가기도 한대요. 내 몸이나 옷을 비꼬며 농담하지도 않았고 데이트 후에 집까지 바래다주고는 '오늘 참 즐거웠어요, 행복한 하루를 선물해줘서 고마워요.' 라는 메시지를 보내기도 했어요. 그런데 뭔가 불편하고 두려워요. 이상하고 마음에 들지 않아요. 이 사람은 내가 만나기에 너무 대단해요. 그래서 이제 그만 만나려고 해요."

힐러는 이렇게 답했다. "익숙하지 않아서 잘못되었다고 믿고 있는 거예요. 당신은 더이상 힘없이 당해야만 했던 11살 어린 여자아이가 아니에요. 당신은 이제 성인이고 당신의 삶은 생각대로 만들어지는 거예요. 당신에게 욕을 하거나 수치심을 느끼게 만드는 농담을 재밌다고 하는 사람들과 있는 것이 익숙한 건 어릴 때 그런 경험을 오랫동안 했기 때문입니다. 그리고 이제는 사랑할 자격이 있고 사랑받을 자격이 있다고 믿어야 해요. 이건 특별함이 아니에요. 누구에게나 주어진 당연한 권리이고, 행복할 책임이에요. 지금까지 잘 몰랐던 것 뿐입니다. 괜찮아요. 이제 알았으니 바꾸면 돼요. 어색하더라도 포기하지 말고 익숙해질 때까지 이 올바른 믿음을 꾸준히 되새김 해보세요."

믿음은 왜 씨앗인가?

진짜 나는 인간이라는 아바타를 입고 게임을 하는 중이다. 무한한 가능성을 물질세계에서 실험하고 증명하는 빛과 사랑 에너지(영혼)라는 참 자아를 기억하라.

게임의 레벨은 다 건너뛰고 마지막 괴물만 죽이고 끝나는 게임은 의미 없고 주인공이 죽는지 사는지 영화의 마지막 장면만 보겠다 거나 음악의 끝 소절만 듣는 사람이 없는 것처럼 무슨 일이든 목표를 향해 나아가는 과정이 바로 목적 자체이다.

인생의 목적은 이렇게 만들어지고는 한다.

첫 째, 열정이 타오르고 영감이 떠오르면서 원하는 것이 생긴다. 프로젝트, 사업, 승진, 입학, 연애, 결혼, 이혼, 이사, 여행, 임신 등 다채롭고 설레는 경험 추구는 상위자아의 계획이다.

둘 째, 열망하는 그것이 곧 이루어질 거라는 믿음이 생긴다.

예수 그리스도는 '겨자씨만한 믿음만 있다면 산을 들어 옮긴다' 고 했는데 아주 작은 겨자씨 만큼만 믿기만 하면 안 될 일이 없다고 해석할 수 있다. 그런데 현실은 그 작은 믿음이 생기지 않아 산은 커녕 직장도 옮기지 못하는 자신이 기 막힐 노릇이다. 작은 모래알도 있는데 작디작은 겨자씨앗에 믿음을 비유한 것은 씨앗의 목적과 우리의 목표 성취 과정이 같기 때문일 것이다. 씨앗은 땅에 심겨지고 농부는 물을 주고 햇빛을 받게 해 그 씨앗의 목적인 열매를 맺게 한다. 씨앗을 심어 놓고 돌보지 않으면서 농부는 좋은 결실을 기대할 수 없을 것이다. 씨앗은 생명(Life)이고 물과 햇빛은 사랑(Love)이다. 마찬가지로 인간이라는 생명에 관심과 노력이라는 사랑을 주어야 믿음이 생겨난다. 명상하고 기도하고 좋은 메시지를 듣고 책을 읽으며 자신의 진짜 정체성을 기억하려 애쓰는 일, 원하는 목표와 관련된 세상의 지식을 쌓는 일, 운동 등은 사랑의 표현이다.

우리가 하는 모든 말과 행동은 사랑이다. 사랑이어야만 한다. 우리는 모두 사랑에서 태어난 사랑이기 때문이다. 그러나 이를 믿지 못하기 때문에 가지고 있는 씨앗을 움 틔우지 못하는 것이다.

대다수의 우리는 태어날 때부터 알게 모르게 돈에 대한 잘못된 믿음이 세뇌되어 있다. 돈은 힘들게 벌어야 한다, 세상에 공짜는 없다, 부자는 착한 사람이 아니다, 부자는 진실한 사랑을 하지 못한다, 내가 부자가 되면 다른 사람들이 시샘할 것이다, 부자가 많아지면 가난한 사람들은 더 피폐한 삶을 살 것이다....

물질적 풍요를 원하게 되는 1단계에서 풍요로움이 '내 것이라는 믿음'이 생기게 되는 두번째 단계로 올라서려면 씨앗을 덮고 있는 시멘트 같은 잠재의식을 치유해야만 한다. 끈질긴 노력 없이는 잘 되지 않기 때문에 끌어당김의 법칙을 설명하는 여러 책에서 믿음을 갖게 하는 테크닉을 가르치는 부분에 많은 페이지를 할애한다.

원하는 목표가 나의 에너지장에 펼쳐지는 것을 믿기 위해 자기 암시 메시지를 하고 원하는 경험을 상세히 비주얼하고 이미 받았다고 생각하며 감사한 마음을 갖는 것은 모두 믿음에 싹을 틔우게 하기 위해서이다.

'나는 우주 에너지와 인생을 공동 창조하는 크리에이터이다. 인생의 목적은 의식의 진화이고 내가 미치지 않았다면 영혼의 깨어남이 진짜임을 지인들에게 증명하기 위해 나의 열망이 발현되어야 한다' 라면서 자신을 설득하려고 해 본 적 있는가? 믿지 못하겠으니 내 눈앞에 우주 에너지를 증명해 보이라는 에고의 빈 깡통 같은 외침이다.

불쌍한 사람들을 도와주고 기부활동을 하고 나보다는 내 아이를, 부모님을, 주변 사람들을 행복하게 해주는 일을 하겠다, 나는 착한 사람이라 경제적 풍요로움이 생기면 꼭 나누겠다 다짐하며 물질적 풍요로움과 원하는 것을 가져야 함을 스스로 정당화 하기도 한다. 타당한 생각처럼 보이는 이런 합리화는 자신의 진짜 정체성을 믿지 못하고 인간 육체를 나라고 믿고 있음을 반증한다. 자신의 에고도 설득하지 못하면서[66] 우주 에너지를 납득시키려고 하지 말자.

---

66 사실 에고를 설득한다는 것은 불가능하다. 잠시 그렇게 되는 듯 보일 수 있지만 다른 반론을 만들어 또 들이댈 것이다. 에고가 논리적으로 조잘거리면 자신의 뇌에 대고 "아 시끄러워. 더럽게 떠드네." 하면서 무시하라.

> 세 번째 단계는 열망하는 것이 이루어 질 거라는 믿음을 넘어 당연한 사실임을 알게 된다.

내가 왜 금전적인 풍요로움을 원하는지 이유를 주절주절 대는 것을 멈춘다. 나에게 긍정적인 일, 더 좋은 일이 일어난다는 것을 자연스럽게 알게 되는데 나쁜 일이라는 것이 따로 없기 때문이다. 무엇이든 감사함으로 받을 준비가 완료된 상태이고, 이는 두려움의 해제로 알 수 있다.

돈이 많아진다는 걸 생각하면 참 좋은데... 막상 투자 능력도 없고 돈을 어떻게 관리해야 하는지 알지 못해 경제적 풍요가 오더라도 물거품처럼 사라질 것 같고 파산할 것 같은 두려움, 특히 나의 부유함이 지인들에게 미치게 될 영향에 대한 걱정, 인간관계 변화에 대한 두려움 등이 사라진다. 받지도 않았는데 걱정부터 하는 것이 에고이다.

돈만 많아지면 좋겠고 다른 환경은 지금 이대로 변하지 않기를 원하며 그것이 안정이라 믿는가? 현재 처한 환경이 만족스럽지 않아 다른 걸 원하지만 꼭 집어 그것만 골라서 변화될 수는 없다. 모든 것은 연결되어 있고 바닷물결처럼 퍼져 나가므로 돈만 10억이 들어오고 다른 건 모두 그대로 있길 원한다면 그 돈은 그냥 종이 쪼가리처럼 쓸 수 없게 될 것이다. 원하는 것은 당연히 지금보다 나은 것들이므로 직장이든, 친구이든, 돈이든 우선 외부 것에 대한 나의 생각이 달라져야 하고, 이에 따라 말과 행동이 변해야 하며 인간관계도 활동하는 지역도 달라질 수 밖에 없음을 인지해야 한다.

원하는 그것이 이미 이루어진 듯 가정해보고, 그렇다면 '나는 바뀌어진 삶에 맞춰 어떻게 생각하고 행동할 것인가?'를 곰곰이 연구해 보아야 한다. 내가 하게 될 사고방식과 행동을 지금부터 미리 하게 되면 원하는 그 미래는 현실로 나타날 수밖에 없다.

나의 마음은 하나님 마음의 일부이다. 나는 매우 거룩하다. 나의 거룩함이 할 수 없는 일은 없다.[67]

이 단계에서 위의 사실을 있는 그대로 자연스럽게 받아 들일 수 있게 된다. '참 나'는 태어난 적이 없기에 죽을 수 없는 하나님[68]의 일부이기 때문이다.

네 번째 단계는 깨어난 상태에서 모든 경험(게임)을 할 준비가 된 상태로 자신의 정체성을 완전히 기억하게 된다. 의식, 생각, 마음, 느낌을 말로 설명하는 것은 불가능 하며 모든 것은 그냥 존재하기 위해 존재함을 알게 된다. 알게 되었다면 거부하는 마음이 사라지고 지금까지 간절히 원했던 그 경험을 우주 에너지(상위자아)도 원했음을 알게 된다. 그리고 가장 적당한 타이밍에 인간자아가 해야 할 일을 알려줄 것이고 가장 필요한 경험이 완벽한 형태로 펼쳐지게 될 것을 알게 되며 물 흐르듯

---

67 〈기적수업 합본〉 헬렌 슈크만 저, 구정희 김지화 역. 연습서 35과, 38과

68 절대의식, 성령, 우주, 소스 에너지, 창조주, 근원의식 etc 이름이 무엇이든 아무거나 마음에 드는 걸로 부르면 됨. 영혼의 창조주이며 어머니, 아버지

110

마음이 흐르고 마음의 저항이 사라진다. 원하는 그것이 언제 나의 우주에 발현되는지 상관하지 않게 된다. 두려움이 사라지고 시간에 구속되지 않기 때문이다. 영원히 사는 영혼임을 진심으로 안다면 며칠 뒤, 몇 달 안에 반드시 그 경험을 해야 한다고 공간적 시간 제한을 두고 일어나지 않으면 실망하겠는가?

즉각 이루어지면 감사한 것이고 그렇지 않더라도 '내가 모르는 무언가 있구나. 나를 보호해주기 위해 딜레이 되는 거구나. 나를 이토록 아껴주니 이 또한 감사합니다.' 할 수 있게 된다.

고차원의 영성 멘토들이 끌어당김의 법칙을 가르치지 않는 이유도 깨어나면 모든 것을 있는 그대로 수용하게 되므로 가르칠 것이 따로 없기 때문이다.

아마 당신은 어차피 아무것도 원하는 게 없어지는 이 단계에 올 거라면 왜 이 책을 읽어야 하느냐고 물을 수 있다. 그러게 말이다. 깨어남에는 엘리베이터는 없고 돌계단만 있으니 어쩌겠는가.

남이사

소위 우주 에너지를 조작하여 맘대로 할 수 있다는 끌어당김의 법칙과 공명의 법칙의 가장 널리 알려진 테크닉은 다음과 같다.

긍정적으로 생각하기, 원하는 걸 상상(비주얼,심상화) 하기, 주파수를 높게 유지하기 위해 좋아하는 일을 하기, 감사하기, 명상과 기도하기, 베풀고 나누기, 강력한 감정 에너지를 이용하기 등이다.

이들 중 가장 강조되는 테크닉은 긍정적인 생각이다. 긍정적으로 생각하겠다는 다짐은 사실 '지금 이 경험은 부정적이다' 라고 평가한 마음을 반증한다. 이 상황이 싫기 때문에 극복 또는 거부 해야겠다는 판단이 섰고 이 부정적 생각을 '긍정적으로 생각하기'로 상쇄하려는 것이다. 그렇다면 나는 모든 것이 하나인 우주에서 분리를 선택했다는 것인데 '싫다,좋다, 나쁘다,옳다'라고 한 단면만 보고 평가(심판)하는 이원성이 곧 분리이기 때문이다.

낙담하기에는 이르다. 이를 알아보는 즉시 영혼은 깨어난다. 영혼이 에고의 힘에 눌려 다시 잠들지 않도록 숨에 집중하고 정신줄을 꼭 잡아야 한다. 성급하게 긍정적으로 생각하려고 억지부리지 말고 먼저 고요히 중용을 지킬 때이다.

발상을 전환시키는 끌어당김의 법칙은 지금 들어도 센세이션이다. 하지만 그 테크닉 대로 긍정적이고 밝은 생각을 해보려고 해도, 원하는 걸 상상하며 이미 받았다고 믿으려 해도, 기분이 좋아지려 해도, 애초에 시작이 되지 않거나 오래 지속할 수 없는 것이 난제이다. 게다가 현 상황의 시급함을 직시하지 않고 회피하면서 긍정적 사고(Positive Thinking)라 착각하는 것도 문제이다.

스스로를 깎아내리고 상황의 어려움만을 부각시키는 마음이 부정적인 것이고 자신의 가능성을 믿고 해보겠다는 의지로 좋은 점과 어려운 점을 여러 측면에서 통합적으로 보겠다는 다짐이 긍정적인 마음이다.

긍정적 생각이 잘 되지 않는 이유는 지금까지 그렇게 생각해 본적이 별로 없기 때문이다. 들짐승과 수많은 전쟁 속에서 하루하루 목숨을 유지하는 삶을 몇 만년 동안 살아왔으니 걱정이 익숙한 탓이다. 마치 뇌가 걱정거리를 찾아다니듯 기다리던 임신소식에 기쁘다 가도 얼마 지나지 않아 태아의 손가락 개수 걱정, 출산의 두려움, 육아와 몸매걱정이 기쁨보다 커지게 되고, 연인과 다투고 우울한 나날을 보내다 화해를 해서 즐겁고 행복해지면 그 전까지 별 감응 없던 카드 값에 어깨가 무거워진다.

마음이 그 본래의 순수하고 밝음을 유지하려면 삶이 바쁘고 인간관계가 복잡해질수록 멈추어 힐링하는 시간도 그만큼 더 많이 필요하다. 제때 힐링하지 못한 마음은 나이가 들수록 점점 어둡게 굳어가는데 긍정적으로 생각했다가 큰 실망을 안겨준 경험들이 조금씩 심장에 시멘트 미장을 발라버리기 때문이다. 상처받지 않기 위해 무감정이 되려고 하면서 마음과 생각을 이어주던 소통의 길은 심장의 영업정지로 끊어지게 되어 이제 긍정적 마인드로 나의 뜻대로 삶을 창조하는 주체가 되기는10분 하기도 어렵게 되어 버렸다.

우리는 매일 평균 60,000개의 생각을 하는데 그 중 95% 이상이 어제 했던 생각들의 반복이라고 한다. 잠재의식에 뿌리 내리고 있는 95%의 부정적 생각들은 하루 이틀의 명상이나 감사하기 연습으로 사라지지 않는다. 익숙하지 않더라도 기분이 좋아지는 연습을 매일 해야 긍정

직인 주파수의 에너지 영역에 진입할 수 있다.[69]

새 가구를 사도 기존의 것을 치우지 않으면 놓을 수 없고 놓기 전에 바닥의 더러운 먼지를 쓸고 닦는 것처럼 변화된 의식[70]에 긍정의 에너지를 받아들일 자리를 만들어 놓지 않으면 새로운 경험은 안착하지 못한다. 청소는 곧 잠재의식의 부정적 생각의 힐링이다.

그렇다면 어떤 생각이 부정적인 것일까? 내 것이 아닌 생각은 모두 부정적인 생각이다. 다시 말하면, 내가 의식적으로 프로세스해서 내 것으로 받아들이겠다고 마음 먹지 않은, 필터에서 걸러지지 않고 무의식에 집주인처럼 앉아 있는 모든 생각이 부정적인 것이다.

우주의 창조에너지는 사랑이고 그 사랑은 거짓 없이 순수하다. 창조의 사랑 에너지는 '~척' 하는 가짜에 반응(공명)하지 않는다. '나'를 남기고 모든 불순물은 버려야 우주 에너지와 연결되고 하나될 수 있다. 그런데 우리는 아주 어릴 때부터 TV를 보고 들으며 누군가의 생각을 직간접적으로 세뇌 받았고 사회에서 이용하기 편리하도록 12년 동안이나 교육에 묶여 있었다. 국가와 사회가 원하는 대로 생각을 표현하는 방법을 배우며 자랐기 때문에 대다수의 우리는 자신의 생각이 무엇인지 정확히 모르고 있다.

---

69 맨 정신에 하기에는 어려우니 평상시에는 예고를 알아보는 일만 하고 잠들기 전과 깨어나기 전의 시간을 활용하여야 함을 다시 한번 강조한다.

70 의식은 뇌를 컨트롤 한다. 마음과 생각은 뇌가 일을 한 결과물이다.

인간의 뇌 의식

잠재의식

집단 무의식

무의식

초의식

인간의 의식을 빙산의 일각에 비유하는 것을 들어본 적 있을 것이다. 인간의 뇌 의식 아래에는 가끔 그 모습을 드러내는 잠재의식이 있고 인류 전체, 소속 집단, 가정, 학교의 일원으로서 공유하는 집단의 무의식은 개인의 잠재의식보다 더 깊은 곳에 자리하고 있다.[71]

'돈은 열심히 일해서 버는 거다, 돈으로는 행복을 살 수 없다' 는 내

---

71 이 책은 심리학 전문서적이 아니기 때문에 잠재의식과 무의식을 같은 관점에서 뭉뚱그려 이해한다. 전문가라고 할지라도 눈에 보이지 않는 의식을 그 누가 정확히 구분할 수 있겠는가. 인간은 다만 '이럴 것이다' 하고 예측만 할 수 있을 뿐이다.

생각인가? 아니면 그렇게 믿도록 교육 받은 건가? 자격 없는 죄인이지만 교회에 나가고 나를 대신해 예수가 피 흘려 죽은 것을 믿어서 구원받게 되었다는 건 내가 선택한 믿음인가? 아니면 어릴 때 주입된 것인가? '육체는 영적이지 못하다'는 내 생각인가? 어디서 힐끗 들은 정보를 그대로 받아들인 건 아닌가?

좋은 대학에 가야 한다, 연애를 해야 한다, 의사나 변호사가 제일 좋은 직업이다, 아이를 낳아야 한다, 결혼을 해야 한다 또는 결혼은 안 해도 된다, 도박은 나쁘다, 남자는 이렇고 여자는 저렇다 기타 등등. 이런 판단은 나의 생각인가? 사회적으로 통용되는 여러 관념들을 서포팅 자료로 사용하지 않고 오로지 '나의 행복을 위해서' 이런 생각을 했다고 당당히 말 할 수 있는가? 결과적으로 나를 행복하게 하지도 않을 생각이라면 왜 받아들여야 하는가?

우리는 사회와 부모에 의해 만들어진 돈에 대한 관점을 그대로 수용했기 때문에 돈을 원하면서도 두려워하고 사랑하거나 더럽다고 생각하기도 한다. 금전적으로 만족스럽지 않지만 '부자는 불행하다, 뱁새가 황새 따라가다 가랑이 찢어진다' 며 돈이 없어 다행이라고 경제적 빈곤을 합리화한다.

누구나 다 불행하기도 하고 행복할 때도 있다. 행복을 돈과 관련 지어 해석하는 그 생각은 오롯이 나의 것인가? 아님 세상에 의해 다져진 것인가? 돈에 대해 일관성을 갖지 못하는 이유는 자신의 순수한 견해가 아니기 때문이며 따라서 이 생각에 대해 줏대를 지키거나 책임질 필요도 없다.

돈은 사람의 마음을 그대로 투영하므로 돈 또한 그 사람에게 돌아갈 의무가 없어진다. 돈은 우리의 의식을 확장 시킨다. 선한 사람이 돈이 많아지면 더 많이 베풀어 돈도 선해지고, 악한 사람이 돈이 많아지면 돈으로 사람들을 더 괴롭히게 되어 돈은 추하고 표독해진다.

불, 물, 공기, 흙의 4원소와 돈은 무기물로 뿌리 차크라에 해당하는 1밀도계 의식이다. 돈을 감정과 지능을 가진 살아있는 유기체의 2~3밀도계 의식으로 대하면 돈의 에너지와 공명할 수 없다. 신발을 물어 뜯은 2밀도계 후반 의식인 강아지에게 화를 내면 강아지는 그 에너지를 느낄 수 있지만 미움, 분노, 사랑, 혐오의 감정 에너지로는 1밀도계 의식의 돈과 소통할 수 없다. 모래를 집어 바다에 힘껏 던져도 미안하거나 슬프지 않은 것처럼 돈에게 애원을 하거나 화를 내도 그것의 마음을 움직일 수 없다.

'돈을 벌고 싶다면 돈을 사랑하고 좋아하라'는 조언은 돈을 더럽고 나쁘다고 생각하는 부정적 관점을 고쳐줄 수 있을지 모르지만 무언가 (누구)를 너무 좋아해서 그것(그 사람)으로 인해 행복해진다면 그것(그 사람)이 없으면 다시 불행해진다는 의미가 되기도 한다. 돈 뿐 아니라 사람도 함께 있으면 **더** 행복한 것이지 상대방이 나를 완성한다 거나 그 사람(돈)이 나를 행복하게 만든다고 생각하며 의존하지 말라.

돈이 많기 때문에 행복한 것이 아니라 돈이 있으면 하고 싶은 걸 할 수 있는 기회가 많아지거나 별로 내키지 않는 일을 피할 수 있는 선택의 자유가 커지기 때문에 편리 해진다는 중립적 마인드를 가지는 것이 좋다. 후라이팬에 대해 얘기하면 아무런 감정이 안 생기는데 돈 얘기만 나오면 애인 얘기를 하는 것처럼 미묘한 감정이 생기곤 한다. 자신이 돈에 대해 어떤 생각을 하고 있는지 잘 모르겠다면 이런 실험을 해볼 수 있다. 가방, 시계, 휴대폰을 집 안에 아무렇지 않게 두는 것처럼 현금을 책상 위, 소파에 놓거나 물건처럼 책 갈피로 사용해 보라. 돈을 주고 산 아이패드를 쳐다보면 아무 감정이 안 드는데 널 부러진 돈을 보면 불안해서 빨리 지갑에 넣어야 할 것 같은 느낌이 든다면 돈에게 그런 조바심의 감정을 투사하고 있기 때문일 수 있다. 돈이나 사람이나 쫓으면 도망간다고 하지 않는가? 타인의 생각을 버리고 자신의 생각으로 돈을 대하라. 그 생각이 무엇이든(물을 대하듯 돈을 대하는 것이 좋다.)진정성을 담은 나의 고유한 에너지라면 상관없다. 그래야 우주 에너지는 돈에 대한 당신의 생각과 열망에 공명하고 반응한다.

신약성경 마가복음 10장, 누가복음 18장에 예수는 부자에게 가진 것을 모두 팔아야 영생을 얻을 수 있다고 가르치면서 "낙타가 바늘귀로 들어가는 것이 부자가 하나님의 나라에 들어가는 것보다 쉽다."고 말한다. '영생'은 의식으로서, 영으로서의 깨어난 생명을 의미한 것이지만 이 부자는 영화〈천박사 퇴마 연구소〉의 선녀처럼 약간 불투명한 모습으로 바뀐 반영반육의 모습으로 '신 놀이'를 하며 살고 싶었던 것 같다.

지금 당장은 말고, 육체가 죽고 난 후의 삶이 영생이라 믿는 부자는 현세의 재산을 포기할 수 없었을 것이다. 돈이 많기 때문이 아니라 돈에 집착하는 것이 문제이다. 그것이 돈이 되었든, 자식이 되었든, 아름답게 가꾼 정원이 되었든 집착하게 되면 물질세계의 '나'라는 특별함을 버리지 못하는 것이므로 그 어떤 형태도 없는 영의 상태로 되돌아가는 것은 불가능하다. 돈은 나쁜 것도 좋은 것도 아니다. 다만 그것에 집착하는 그 마음이 우리를 이 땅에 인간으로 붙들어 놓는다. 이는 옳은 것도 그른 것도 아닌 우리 마음의 선택이다.

두번째로 크게 작용하는 남의 생각은 종교이다. 종교 생활을 하는 대다수의 사람들은 특정 종교를 믿는 가정이나 나라에서 태어났기 때문에 그 믿음을 주어진 대로 따르게 된 것이다. 특히 한국의 기독교인들은 모태신앙에 대한 자부심이 매우 높기 때문에 태어날 때부터 다닌 교회를 죽을 때까지 떠나지 않으려 하는데 그들의 에고는 자신의 특별함을 교인들이 알아본다고 믿는다. 어릴 때부터 한 교회에 충성한 이들 중에는 그들이 믿는 신보다 교회 자체를 신봉하는 경우가 태반이다.

기독교인의 믿음을 간단히 정리하면, '인류의 조상인 아담과 이브(하와)가 여호와의 명을 어기고 에덴동산에서 선악과를 따먹은 원죄를 예수 그리스도가 죽게 됨으로써 죄사함을 받게 되었고 이를 믿으면 천국에 간다.'이다.

선악과는 선과 악(Good and Evil)을 알게 된다는 나무의 열매이고 히브리어 원서에는 지식의 나무[72]라고 표기되어 있다. 이를 먹음으로써 좋고 나쁨을 스스로 구분할 수 있는 지식을 얻게 되었다. 뱀이 여자에게 눈이 떠지게 되어 여호와처럼 모든 것을 알 수 있게 된다고 하였는데

---

72 72 עֵץ הַדַּעַת טוֹב וָרָע (Tree of Knowledge of good and evil)창 2:17

뱀이 말한대로 아담과 이브는 선악을 알게 되었고, 옳고 그르다고 세상을 심판하기 시작해 옷을 입지 않은 것이 창피하다고 판단하였다. 모든 것을 단 하나의 신성으로 인지하는 것이 아니라 개인의 판단(심판)대로 '옳다, 그르다, 좋다, 나쁘다' 라는 이원성(duality)으로 세상을 볼 수 있게 되는 지각을 얻게 된 것이다. 이는 분리를 모르는 영혼(사랑 에너지)에게는 저주일 수 있지만, 분리로 인해 바라볼 대상이 생긴 의식(빛에너지)은 급속도로 성장할 수 있게 된다.

원죄가 선악(좋고 나쁨)을 알게 된 것이라면 원죄를 되돌리려면 어떻게 해야 하는가? 나 대신 누군가를 죽여 피 흘리게 하면 옳고 그름이라 심판하지 않게 되는가?

'누가 옳고 틀리고, 이건 좋고 나쁘다'는 자기 주장 옹호를 내려 놓고 '모든 것이 가능하구나, 저 사람에게는 저게 맞고, 이 사람에게는 이게 맞겠지. 우리 모두가 다르니 다른 의견을 갖는 것이 당연 한거지, 모든 것은 가능한 것이구나~' 하고 자신의 생각을 스스로 바꿔야만 분리되었던 지각은 다시 하나가 될 수 있다.

뿔뿔이 제각각 흩어진 퍼즐조각을 그 판 위에 놓고 맞추면 여전히 다른 조각들이지만 하나의 완성된 작품으로 볼 수도 있다. 분리되지 않은 포용의 '그럴 수도 있다'는 가능성 안에서만 모든 것이 하나될 수 있다. 나에게 선인 것이 남에게는 악이고, 남에게 선인 것이 나에게는 악이 될 수도 있음을 수용하는 생각의 전환이 원죄를 되돌리는 방법이다.

안되는 이유

" 마음에 잘 새겨 두세요.

인생은 나 자신과 만날 많은 기회들로 가득 차 있다는 것을....

기분 좋은 만남에 감사하고,

기분 나쁜 (나 자신과의) 만남을 해결할 준비를 하세요.

모든 영혼은 지속적으로 자신을 만나고 있다는 것을 알아야

합니다. 문제는 저절로 사라지지 않아요. 그러니 지금 당장

그 문제를 만나서 적극 해결하세요! "

(에드거 케이시 리딩 1204-3)

'생각하는 대로 모든 것이 이루어진다.'는 끌어당김의 법칙은 어쩌면
우리가 기대하는 만큼 달콤하지 않을 수도 있다.

깨달음을 사색하며 한 참을 걷던 수도자가 그만 길을 잃었다. 나무
아래 쉬면서 먹을 음식이 있었으면 좋겠다는 생각을 했다. 그랬더니
금방 산해진미 진수성찬이 그 앞에 펼쳐졌다. 맛있게 음식을 먹다가
'술도 있으면 좋겠다'고 생각했더니 술병이 짠 하고 나왔다. 배부르
고 기분 좋게 흥건히 취하니 '편안히 몸을 뉘일 자리가 있었으면 좋
겠다'는 생각이 떠올랐고 곧 안락한 침대가 생겼다. "모든 게 생각

대로 단 번에 펼쳐지는 이곳이 천국이구나!" 하며 잠이 들었다. 아침에 일어난 수도자는 생각대로 척척 나오는 이 곳이 의심스러워지기 시작했다. '만약 이곳이 천국이 아니라 나의 깨달음을 방해하는 악마의 속임수면 어쩌지? 행복에 젖은 내가 무방비 상태에 있을 때 무서운 악령들이 내 몸을 뜯고 고문하고 죽이면 어떡하지?' 라고 생각하게 된다. 그리고 지금 우리가 상상하는 그 일이 벌어졌다.[73]

생각한 모든 것이 즉각 이루어지지 않는 것이 축복일 수도 있다. 시간이 조금 오래 걸리더라도 고심하고 마음 깊이 느끼면서 진정 이로운 것이라는 확신이 드는 일이 발현되는 것이 더 낫지 않겠는가?

지금도 많은 사람들이 시크릿 책과 끌어당김의 법칙에 대해 알게 되면서 영성에 입문한다. 그리고 대부분은 그냥 놓기에는 아까운 신비로운 공시성을 몇 번 경험하지만 온 마음을 다 해 간절히 원하는 일은 잘 이루어지지 않음에 실망하고 결국 포기한다. 그 중 끈기 있는 일부는 영혼의 깨어남이나 차원상승, 마음(잠재의식/무의식)치유에 관심을 갖고 여러 테크닉을 섭렵해야 시크릿을 완성할 수 있다고 믿기도 한다.

세상에 태어난 이유, 내가 이곳에서 해야 할 일, 나의 존재 이유를 찾으며 또는 자신에게 그 이유를 리마인드 하기 위해 이 글을 읽고 있는 많은 영혼들…

---

73 사드 그루가 강연 중 들려준 이야기이다.

우리가 해야 할 일은 단 한 가지이다.

진짜 자신을 기억하는 일. '참 나'를 아는 일.

신은 태초의 근원의식[74]이고 소스 에너지[75]이며, 우리의 영혼은 인간이라는 물리적 형태를 이용해 태초의 무한 가능성을 직접 펼쳐내면서 확인하는 역할을 하고 있는 중이다.

시크릿이 잘 안되는 이유

1. 다른 사람들의 '참 나'도 나의 참 나이다.

내가 이런저런 계획을 하고 그 일을 실행하려면 아무리 똑똑한 사람도 혼자서는 할 수 없다. 하다 못해 로또 당첨금을 받으려면 다른 사람들이 로또를 사줘야 하고 그들은 당첨을 포기해야 한다. 그런데 입장바꿔 당신이라면 그리 쉽게 포기가 되겠는가? 그들도 신성의 무한 가능성을 펼치고 직접 경험하는 역할을 하고 있는 것인데 그 사실을 인정하지 않고 3살짜리 아이처럼 모든 사람들이 나의 필요를 충족시켜 주지 않으면 짜증이 나고 불쾌하다. 예를 들어 대출신청이 거절되었다. "어라... 열심히 끌어당김의 법칙을 적용해서 상상하고 될 거라고 믿었는데 왜 안 됐지?" 은행직원도 신성의 무한 가능성을 '승인거부'라는 형태로 펼치고 있는 것이다. 장기적으로 보았을 때 이 방법이 불리해서

---

74 최초로 자신의 존재를 인지하고 알아차림.

75 Source Energy: 모든 것을 창조하는 원천.

또는 내가 치유해야 할, 배워야 할 것을 완수하지 못했기 때문에 참 나가 그 은행직원을 통해 '승인 거부'를 준 것일 수도 있지 않은가. 계획했던 일이 잘 안될 때 '참 나'를 알고 있다면 하늘 한 번 쳐다보고 입 꼬리 한쪽 실룩 올리고 고개를 끄덕일 수 있을 것이다.

친구와 길을 걷던 중 친구가 한 집을 가리키며 전에 경매로 나왔던 집이라고 하였다. 그 집을 사고 싶어 경매공부를 하고 이미 낙찰 받은 것처럼 확신에 찼었는데 안 돼서 깊이 낙담했던 적이 있었다고 한다. 내부를 상상하며 이렇게 저렇게 인테리어를 해야지 하며 행복한 꿈에 빠져 있었는데 지금 보니 집이 무너질 것 같아 보인다고, 샀으면 골치 꽤나 아팠겠다는 이야기를 주고 받았다. 그 친구는 지금 튼튼하고 좋은 집에서 살고 있다.

일이 계획에서 어긋날 때, 미션을 받은 것처럼 상황을 분석하고 전투 계획을 짜서 계속 도전해야 하는 것인지, 조급함에서 물러나 흐름대로 내버려둬야 하는가를 구분할 줄 알아야 한다. 무얼 해야 하는지 잘 모를 때는 해야할 것 같은 일을 억지로 하거나 머리속에서 뱅뱅 도는 생각을 홧김에 저지르기 보다 직감(참 나이다)에 따라 끌리는 일을 가볍게 하는 것이 낫다.

2. 완성을 향해 가고 있다는 믿음.

남들과 비교하면서 비슷해지려고 노력하는가? 영혼은 카피 캣(copycat)같은 인생경험은 필요하지 않다. 누군가와 비슷하게 사는 것을 목표로 삼을 거라면 애초에 나는 태어날 필요가 없다. 세상에 똑같은 사람이 존재하지 않는 이유이다.

'봄에 꽃이 활짝 피면 예쁘겠다' 는 생각을 한 적이 있다. 그러다 '지금은 아름답지 않은가? 꽃이 피는 그 순간, 며칠 몇 분 몇 초에만 꽃으로 완벽하다는 것인가?' 라는 음성을 들었다. 시간의 지배를 받고 있기 때문에 더 좋을 때도 있다. 멈춤이 없으니 매 순간 그 상태로서 완벽할 수밖에 없기 때문이다. 누군가 놀랄만한 영적 지식을 갖고 깨어난 것처럼 보여도, 돈이 많아서 하고 싶은 것을 다 하며 행복한 것처럼 보여도, 잘 빠진 몸매에 예쁘고 잘 생긴 얼굴이라 부러워도... 막상 그 입장이 되어 보면 내가 생각했던 것과 다르다는 것을 막연히 알면서도 입 버릇처럼 '부럽다...' 하고 있지는 않은가? 영혼이 잠들어 있다는 증거이니 깨어나라. 가장 좋은 방법은 숨이 들어 오고 나가는 것을 지금 당장 느끼고 알아차리는 것이다. 이미 완성되었으므로 모든 것이 완벽하다. 그러나 우리는 완성을 향해 가는 중이라는 가정하에 살고 있는데 물리 세계에서 육체를 움직이며 살아가기 때문이다. 세상에 살되(live in the world) 세상에 속하지 마라(but not of the world)는 영성 가르침은 이 '가정(assumption)'을 알라는 의미이다. 완성을 향해가는 것처럼 열심히 최선을 다해 살되 그렇게 하고 있는 자는 아바타 인간 육체와 뇌 의식의 마음임을 알아야 한다.

3. 과거나 미래에 살고 있다.

'~면 좋을 텐데, 만약~이렇게 됐으면, 내가 그때 이런 선택을 했다면, 우리 부모님이... 였다면' 같은 과거 지향적 늪에 빠져 있는 에고를 불쌍히 여기지도, 구해주려 하지도 말고 소시오패스가 된 것처럼 무덤덤하게 바라볼 수 있어야 한다.

'지하 단칸방에서 살지 않으려면, 남들에게 손가락질 당하지 않으려면, 별 볼일 없는 잉여인간이 되고 싶지 않으면 열심히 공부해라' 처럼 두려움을 소스 에너지로 사용하는 것은 에고의 저차원적 생존에 어울리는 발상이다.

돼지보다 인간의 삶이 풍요로운 것은 지능이 높기 때문인데 지능은 다른 말로 정보(아는 것)라고 할 수 있다. 학생 때 배워두면 이로운 정보는 일반적으로 학교에서 얻어지니 공부를 열심히 하는 것이 그때에는 현명한 선택일 것이다. 어릴 때부터 정보를 차곡차곡 쌓은 사람이 그렇지 않은 사람에 비해 선택의 폭이 넓어져야 하는 것은 인지상정이지 않은가?

아이가 낮과 밤, 계절의 변화, 꽃이 피고 시들어가는 자연을 알아차리기 시작하면 인생 길잡이 어른들은 삶과 죽음, 인간육체와 참 나 영혼(상위자아 의식)이 무엇인지도 조금씩 곁들여 알려주어야 한다.

4. 역할

자신의 역할을 충실히 이행하지 않기 때문이다.

회사에서 승진하고 싶다면 회사와 무관한 다른 역할도 잘 해야 한다. 엄마일 때는 엄마로, 회사에서는 직장인으로, 버스를 탈 때는 승객으로, 식당에서 밥을 먹을 때는 손님으로서 말이다. 책을 읽을 때, 운전을 할 때, 공부를 할 때, 군대에서 총을 쏠 때도 그 일을 할 수 있는 능력안에서 가장 잘 해야 한다. 모든 것은 연결되어 있기 때문인데, 우리는 자신의 행동이 어떤 식으로 삶의 다른 양상에 영향을 미칠지 그 파동을 예측할 수 없다. 또한 내가 맡은 역할에 대한 결과를 조종할 수 없음을 겸손히 인지해야 한다. 나는 목돈이 갖고 싶어서 복권을 사겠지만 참나가 정해 준 나의 역할은 단순히 당첨금에 일조하기 위해서 또는 그 복권방 주인의 영혼과 잠시 만나기 위해서 일수도 있는 것이다.

주어진 역할을 제대로 하지도 않으면서 '연이 되지 않아서...' 라고 하는 것은 핑계이고 해야할 일을 뒤로, 다음 생으로 미루고 있는 것이다. 이런 사람은 바라던 일이 이루어진다고 하더라도 그 에너지를 오래도록 자신의 에너지장에 두고 통치하지 못한다.

짐이 쌓이면 복잡해지고 무거워져서 매고 갈 시도조차 하지 못하고 주저 앉게 될 수도 있다. 긍정적으로 삶을 바꾸려고 온갖 노력을 해도 안 좋은 일들만 생겨 한 걸음도 나아갈 수 없다는 사람들 중에는 전생부터 미뤄 온 역할들이 짐이 되어 얹혀진 경우가 종종 있다. 그렇다 하더라도 무어라도 하면서 조금씩 앞으로 전진하는 일을 멈추지 말자. 몰랐다면 모를까 알면서도 행하지 않는다면 다음 생의 나에게 무어라 변명할 것이 없지 않겠는가.

원하는 경험이 잠재의식에 저장되어 있는 기존정보와 상충되기 때문이다. 경제적 풍요로움이 나의 에너지장에 들어옴을 믿기 위해 '나는 부자다, 나는 돈을 많이 번다.' 같은 확언 메시지를 말할수록 현재 금전적으로 만족스럽지 못한 상태가 더 불거져 높은 주파수의 긍정적 행복감이 들기 보다는 현실에 대한 불만족이 더욱 선명해지면서 우울해지는 경우가 흔하다. 아이러니 하게도 간절히 원하는 일은 잘 이루어지지 않지만 이래도 저래도 그만인 것은 쉬이 발현되는 경험을 심심치 않게 하게 되는데 염원하는 바가 무엇이든 신경 쓰지 않으면 그만큼 브레이크가 되는 저항감이 작동하지 않기 때문이다. 열망하는 그것을 생각할수록 커지는 현실 불만족은 부정적 에너지로 작용하고 현실과 반대되는 확언 메시지는 저항심을 크게 해 믿음을 되려 더 작아지게 만드는 것이다. 줄 다리기를 하듯 양쪽 주파수가 반대 방향으로 서로를 끌어 당겨 이도저도 안 되는 상황에 놓이게 되는데 이때 큰 사고를 당하기도 한다.

30대 후반의 K는 두 아이의 엄마이다. 가족과 여행 중 펜션의 거실 소파에서 폴짝 뛰다 넘어졌는데 정강이 뼈가 산산조각 났다. 몇 조각이라도 붙지 않으면 다리를 절단해야 할지도 모른다는 진단을 받았다. 80대 노인도 아니고 큰 사고를 당한 것도 아닌데 너무 심한 부상에 어이없고 황당하기만 하다.

이 사태를 불러 온 것은 그녀의 잠재의식이다. K의 친구 남편은 아내 지인들의 특징을 찾아내 별명처럼 부르는데, K는 '남편이 돈 잘 벌어서 집에서 노는 애'라는 이야기를 1년전 친구에게 들었다. 그 후 그녀는 부동산 중개사 자격증을 취득했고 아이들은 친정 엄마에게 맡기고 일을 시작하였다. 주말에도 영업을 해야 해서 K의 남편은 주말이면 혼자 아이들을 봐야 했고 친정 엄마는 가끔 맡기는 건 즐겁게 해줄 수 있지만 매일 이렇게 아이들을 보는 일은 부담스럽고 힘에 부친다고 호소했다. 집안 살림은 엉망이 되어갔고 가족이 불편해지는 건 미안했지만 그녀는 능력을 인정받고 싶었다.

그녀의 잠재의식에는 '그 누구도 가족의 안식처가 되는 가정을 평온하게 만드는 주부의 역할을 중요하게 생각하지 않아. 모두 다 돈이 제일이라고 믿고 있잖아, 나는 밥순이로 전락하고 싶지 않아'라는 마음과 '아이들과 남편에게 소홀해져서 미안하다, 자유롭게 당신 삶을 살아야 하는 친정 엄마에게 죄송스럽다'는 죄책감의 상충이 점점 커지고 있었다.

K의 무의식은 그녀에게 단호히 한 가지를 선택할 기회를 준 것이다. 가족을 희생해서라도 눈에 보이는 성과를 가져다 주는 커리어 우먼의 삶 또는 한 가정의 기둥이 되는 음 에너지로서 가족이 그들의 능력을 발산할 수 있도록 돕는 사랑의 기틀이 되는 인생이 그것이다. 그녀가 병원에 있는 동안 가족은 엄마와 아내의 빈자리로 전보다 더 힘든 시간을 보냈고 밝은 성격인 그녀 자신도 우울증에 걸려 버렸다. K의 무의식은 그녀의 자의식이 자신을 볼 수 있는 기회를 만들어 준 것이다.

잠재의식과 인간자아 의식이 협조하지 못하는 줄다리기 상태에 놓이면 돈을 원하지만 부자를 보면 거부감, 비난, 시샘, 질투, 편견 같은 부정적 감정이 빈번히 일어난다.

아브라함 힉스는 세미나에서 이런 얘기를 한 적이 있다. "사람들은 참 재미나다. 살을 빼고 싶어하면서 날씬하고 예쁜 사람들과 같이 있으면 거북하고 불편한 심기를 보인다. 많은 돈을 원하면서 부자를 보면 자신의 처지를 한탄하고 불행한 마음이 불거져 부자를 싫어한다. 고급 핸드백을 좋아하면서 명품백을 들고 있는 사람을 보면 '그 돈이면 우리 집 몇 달 생활비 하겠다.' 하면서 경멸의 시선을 보내기도 한다."

'돈은 더럽다며? 돈은 신성하지 않다며? 영적인 사람은 물질을 멀리하는 거라며? 돈은 죄의 뿌리라며? 돈 많은 사람들은 정직하지 못하다며? 돈은 힘들고 어렵게 벌어야 한다며? 그런데 너는 왜 돈을 원하는 거야?' 잠재의식은 자신이 더럽고, 욕심 많고, 정직하지 못한 부자가 되도록 내버려 두지 않고 물질적 풍요로움에 대한 열망을 잘못된 정보로 판단해 오류를 일으킨다. 잘못된 믿음이 저장된 잠재의식이 힐링되지 못하면 아무리 새로운 물이 들어와도 담지 못하고 흘러 넘쳐 버리기만 할 뿐이다.

서로를 존중하고 아끼는 부부, 사랑스러운 커플, 부자들, 내가 입사하고 싶은 회사에 취직하거나 좋은 대학에 들어간 사람들, 다이어트에 성공해서 매력적으로 변한 사람들을 보면 앞으로는 '누군가 이미 가지고 있다는 것은 가능성이 발현 되었다는 뜻이다. 그 가능성은 당연히 나를 포함한 모든 사람들에게 해당되는 일이다. 나도 저들과 똑같이 지구에서 가상현실게임을 하고 있는 빛과 사랑 에너지 영혼이다. 나도 이곳에 절대의식의 무한 가능성을 증명하기 위해 태어났다. 우주 에너지는 나를 100% 서포트 하고 있다.' 는 믿음을 되새김질 해보자.

다시는 이 지긋지긋한 지구에 태어나고 싶지 않기 때문에 열심히 깨달음을 공부한다는 이들에 해당한다. 수많은 빌딩, 자동차, 도로, 공장, 물건, 음식.... 산, 강, 바다, 바람 같은 4원소를 제외하고 우리가 사용하는 세상의 것들은 모두 인간이 만든 것이다. 인간의 몸 마저도 두 남녀가 관계를 함으로써 만들어진 것이 아닌가. 총의 방아쇠를 당기는 것도 인간이고 노약자를 위해 자리를 양보하는 것도 인간이다. 내가 열병합 발전소를 직접 내 손으로 짓지 않았더라도 온갖 식품을 사먹고, 쓰레기를 버리고, 집에 보일러를 틀고, 에어컨을 가동시키기 때문에 발전소가 필요해진 것이니 결과적으로는 내가 만든 것이다.

우리의 생각, 의식, 믿음 그 마음들이 모여 만든 세상이 싫다면서 이곳에서 성공하고 잘 살고 싶다는 것은 앞뒤가 맞지 않는 에너지 상충이므로 그 에너지는 우주 에너지와 공명할 수 없다. 내가 만든 세상이 싫다는 것은 나 자신을 싫어한다는 의미이고, 그 싫은 내가 하려는 일들을 내가 어떻게 도울 수 있겠는가. 그러니 하는 일마다 꼬이는 것이다.

두 자아의 대립

우리는 여러 층의 에너지체로 이루어진 몸, 마음, 정신, 영의 통합체이다. 이 에너지체의 아바타라고 할 수 있는 인간의 삶은 모두 참 자아의 삶이기도 하므로 돈은 인생을 여행과 경험으로 삼는 영혼에게도 필요한 수단이다.

그런데 우리가 돈을 필요로 하는 것보다 돈이 우리를 더 필요로 하고 있음을 알고 있는가? 돈은 인간, 염소, 장미꽃처럼 의식의 물리적 발현체 라고 할 수 있지만 인간과 달리 스스로를 의식할 수 없기 때문에 사용하는 인간에 의해 의식이 표현된다. 다시 말하면, 한 사람의 가치와 판단 기준이 그가 가진 돈에 그대로 입혀져 돈은 살아 있게 된다. 영화 〈센과 치히로의 행방불명〉에서 석탄을 나르는 석탄벌레에게 가마우지 할아버지는 "무생물인 석탄으로 돌아가고 싶냐?" 고 엄포를 놓는 장면이 있다. 석탄벌레는 일을 해야 움직이는 생명이 될 수 있고 돈은 사람의 생각에 의해 살아있을 수 있다. 따라서 사람보다 돈이 사람을 더 원하고 필요로 하는 것이다. 내가 돈은 어렵고 힘들게 벌어야 하는 것이라고 생각하면 그 주인의 바램 대로 그렇게 행동하고, 내가 돈을 쓸 때마다 아까워하면 널리 퍼지고 확장되는 돈의 목적에 위반되는 관념이므로 돈은 나에게 다시 돌아오기가 망설여진다.

아직도 내가 돈이 필요하고 돈을 원하는 것이지, 돈이 나를 필요하고 원한다는 것이 믿어지지 않는가? 아주 오랫동안 우리는 가족과 사회로

부터 돈에 대한 고정관념을 세뇌 받아 잠재의식에 저장해왔다. 이 잠재의식과 현재 뇌의식의 대립은 에너지장의 혼란을 야기하고 돈의 흐름을 방해한다. 우리가 힐링해야 할 가장 흔한 두 자아의 충돌은 돈에 대한 관념으로 인간자아의 뇌의식이 원하는 것을 잠재의식에서 '악'이라고 규정하며 부정하는 것이다.

뇌의식은 이런 생각을 한다.

'돈 잘 쓰는 사람은 인기가 좋다. 손님 비위를 맞추려 애쓰는 상인의 태도에서 우월감을 느끼기도 하고 고급 호텔에서 밥을 먹으며 대접받을 때 기분이 좋아진다. 잘 차려 입으면 자신감과 자존감도 덩달아 올라가는 것 같다. 그래서 나는 돈이 좋다.' 그런데 이에 맞서 돈을 좋아하면 안될 것 같은 잠재의식의 자아도 있다. 돈을 악으로 간주하는 종교적, 사회적 시선이 대립하는 것이다.

세상은 정말 모순 덩어리이고 그렇기 때문에 진짜 (진실)일 수 없음이 너무도 명백하다. 헌금을 많이 하는 신도를 더 반기는 목사님의 태도가 눈에 훤히 보이는데도, 성경에 전재산을 포기하라는 예수의 대답에 안절부절 못하는 부자를 책망하니 부유함을 지옥의 상징으로 가르친다.[76]

가정의 분위기, 경제에 관한 부모님의 관점, 종교와 학교의 가르침이 지금의 내가 돈을 해석하는 방식이 되어왔다. 한 평생 돈 없는 설움, 투

---

76 세상의 것에 집착하지 말라고 가르치는 것이지 부자가 나쁘다고 하는 것은 아니다. 예수 그리스도가 유머감각이 있다고 생각해 본 적 있는가? 그렇다. 상승 마스터들은 심각하게 살고 있는 우리가 불쌍하면서도 웃기다고 생각한다. 예수는 그 부자가 전재산을 포기하지 못하는 것을 알고 놀리는 것이다.

자에 대한 두려움을 갖고 살았기나 보증을 서고 배신을 당했던 경험이 있는 부모 밑에서 자랐다면 돈에 대한 불편한 감정의 뿌리가 되는 의식이 잠재되어 있을 수 밖에 없다. 이를 끄집어 내 치유해야만 금전적 풍요로움이 자연스럽게 나의 에너지장으로 흐를 수 있다.

돈에 대한 잠재의식은 빛에너지 힐링 방법이 효과적이다. 첫째 ~을 할 만한, ~를 소유할 만한 돈(여유)이 없다는 생각을 버려야 한다. 돈이 없는 것이 아니라 그 정도의 돈을 그 상품이나 서비스에 사용하는 것이 적당하지 않다고 믿는 것이다. 그만큼을 지불할 가치가 없다고 판단한 자신의 똑 부러지는 판단력을 칭찬할 기회이다. 또한, 큰 도약을 위해 움츠리고 있는 개구리처럼 더 중요한 목표를 위해 절약하는 자신을 스스로 대견하게 여겨야 한다.

둘째 돈을 너무 많이 썼다고 후회하지 마라. 소비생활을 미덕으로 여기고 돈 쓰는 것에 죄책감을 느끼지 말아야 돈을 지배할 자격이 부여된다. 그 당시에는 어떤 이유로든 써야 했기 때문에 쓴 것이다. 나가는 돈을 기쁨으로 환송하고 들어오는 돈을 반갑게 환영하라.

셋째 내가 사용한 모든 돈은 투자이다. 돈은 맛있는 음식과 좋은 옷을 가져다 준다. 부모님에게 용돈을 드리면서 감사의 마음을 전할 수 있다. 아파트 관리비를 내며 깨끗하고 편리한 주변환경을 만들어 주는데 사용된 것에 감사하라. 집에 올 때 마다 마음을 환하게 하는 크리스마스 트리가 화려하게 장식된 아파트 입구를 꾸며 준 관리자들의 월급에 일조했음에 만족감을 느껴라. 다른 사람들을 행복하게 하는데 도움을 주는 것도 투자이다.

돈으로 할 수 있는 최고의 투자는 경험을 사는 것이다. 사랑하는 이와 장대한 일출을 볼 수 있는 것, 마음이 통하는 벗과 좋은 음악을 들으며 술 한잔하는 것도 모두 경험에 대한 투자이다. 주는 것 만큼 받고, 받는 것 만큼 주는 것은 자연의 이치이다.

이세상 일에 제한을 두지 마라. 꿈속에서 우리는 하늘을 날다가 외계인과 만나 텔레파시를 주고받기도 하고 남자나 여자가 되기도 하고 할머니가 되거나 어린이가 되기도 한다. 이곳은 영혼이 꿈꾸는 세상이다. 그 꿈을 만들어가는 주체가 바로 인간이다. 내가 돈이 많아서 문제가 되는 것은 아무것도 없다. 돈은 은행에서 찍어 내는 것이므로 내가 많이 갖는다고 다른 사람들이 적게 갖게 되는 것도 아니다. 어차피 세상 90% 이상의 돈은 상위 3% 사람들이 소유하고 있다고 하지 않는가. 기업은 생산해 놓은 물건이 팔리지 않아 고용을 못하고 사람들은 돈을 벌지 못해 쓸 수가 없으니 경제가 잘 돌아가지 않는다. 지금은 물건이 부족해서 고달픈 세상이 아니라 사람들이 물건을 사지 않아서 살기 힘든 세상이다.

우리가 태어난 목적은 배우고 성장하기 위함이니 매일 배우고 무엇이든 깨우치는 삶을 살아야 한다. 배우지 못했다면 그 레슨은 떠나지 않고 알 때까지 그 강도를 더 강하게 해서 돌아올 뿐이다. 그렇게 되면 삶이 고단해지고 자신의 본성을 기억하는 것도 그만큼 더 힘들어진다.

평생을 열심히 일하셨지만 집 한 칸 마련하지 못하고 돌아가신 부모님처럼 H는 원룸 월세를 면치 못하고 나이 40을 바라보고 있었다.

H는 깨끗한 아파트에 살고 싶었다. 원룸 건물 입구에는 음식물 쓰레기가 너저분하게 버려져 있고 여름철에는 파리떼가 들끓었다. 원룸촌 동네 길거리는 더러워 집에 들어올 때마다 짜증스러웠다. 어느 날, 새로운 원룸으로 이사 간 친구네 집 1층에서 분리수거를 하고 음식물 쓰레기통을 닦고 있는 부부를 보았는데 알고 보니 그들은 서울에 오피스텔 건물 몇 채를 소유한 주인이었다.

그들의 모습에 자극이 되어 내가 보기 싫으니 내가 치운다는 마음으로 원룸 건물 주변의 쓰레기를 치우고 사람들이 아무렇게 내던진 박스와 플라스틱을 정리하는 분리수거도 하기 시작했다. '내가 편안하고 행복하게 살면 그 뿐이지, 월세를 내고 안 내고 무슨 상관인가? 살고 있으면 내 집이고 내 건물이고 내 나라이고 내가 세상의 주인이고 뭐 그런 거지....' 라는 생각을 하게 되었다. 얼마 지나지 않아 H의 일이 잘 풀리기 시작하더니 금세 아파트 전세를 얻을 돈이 생겼고 그렇게도 어렵게만 느껴졌던 내 집 마련도 하게 되었다.

H는 배워야 할 것을 깨닫고 몸으로 실행해 환생 전 자신에게 한 약속을 지킨 것이다. 살면서 겪게 되는 싫은 경험, 아픔일지라도 피하지 마라. 거슬리고 싫은 것을 할 수 있는 만큼은 해결해보자. 세상의 주인으로 당당히 살아가는 것이 인생수업의 기본 과정이고 다음 단계로 넘어가는 지름길이다.

진짜가 나타났다

참 교육을 지향하는 부모라면 새로운 문화, 예술, 지리, 역사, 음식 등을 직접 체험하며 느끼는 여행이 최고의 교육임을 잘 알 것이다. 그런데 루블 박물관에 들어가지는 않고 그 앞에서 인증사진 찍는 일에만 열성이라면 '나 이런 곳에 갔다 왔다' 는 에고 만족의 관광이지 진정한 여행이라 볼 수는 없을 것이다.

삶 속에서 배우고 느낀 지식과 경험은 우리의 의식을 진화 시키므로 인생은 영혼의 지구 여행이라고 한다. 그러나 영혼이 잠들어 있는 상태라면 재밌고 신나는 여행 중인 줄도 모를 테니 이게 다 무슨 소용이 있겠는가

살면서 나와 다른 생각을 가진 사람을 만나더라도 '옳다, 그르다' 심판 내리지 않아야 육체(가죽옷)를 입기 전과 같은 영혼 상태로 깨어 있을 수 있는데 하나(Oneness)의 영에서 탄생한 영혼은 그 창조주를 닮아 분리를 모르므로 다툼을 인지할 수 없기 때문이다. 남의 에너지장에 들어가 훼방하는 에고의 마음이 설칠 때 영혼은 피곤을 느끼므로 잠을 청해 버리고 만다.

학년이 올라갈수록 좀 더 어려운 것을 배워가는 것처럼 과거의 지식은 다가오는 배움에 밑바탕이 되는 것이 일반적이다. 그러나 실패와 실수를 통해 배우게 된 것은 더 깊이 각인되는 효과가 있고 정보란 계속 업그레이드 되어 가므로 우리는 잘못 배운 것을 고치기도 하고 배운 것을 완전히 지워 디폴트 상태로 만들어야 할 때도 있다. 이런 수정작업

이 제때 이루어지지 않으면 의식은 쇠퇴하고 영혼은 잘못된 정보에 의해 병들고 그 영향은 우리의 생각, 마음, 육체에 발현된다.

영혼이 인생이라는 지구여행을 통해 이루고자 하는 것은 크게 두가지가 있다.

첫 째 독립체(의식진화 주체)로서 3밀도계에서 배워야 하는 수업내용을 성공적으로 마치고 4밀도계(5차원)로 차원 상승하는 것이다. 매일 반복되는 일상이 지루한 이유는 셀 수 없이 많은 환생을 하면서 같은 경험을 반복하고 있기 때문이다. 60점이면 통과해서 다음단계로 올라가는데 100번째 59점만 맞아 재수강을 하고 있는 것과 유사하다. 알 것 같기도 한데 콕 집어 안다고는 못하겠고 비슷한 것만 계속 반복되니 의욕이 생길 리 만무하다. 그러다 다음 생에 또 59점짜리 시험지를 들고 태어나 '뭐가 틀렸나... 하나만 맞으면 될 거 같은데 그게 로또인가? 하면서 아.... 인생은 지겨워.'를 반복하게 되는 것이다. 답답하고 짜증나는 일들을 귀찮아서 또는 감당하기 힘들다는 이유로 덮어두지 말고 왜 그런지 들여다 봄으로써 힐링이 시작된다.

생각, 마음, 의식을 들여다 보는 것이 무슨 말인지 모를 때는 묻지도 따지지도 말고 행동을 먼저 바꾸면 '알아차림'이 저절로 일어나기도 한다. 앞으로 더럽고 짜증나고 돈도 안 되는 일이 생기면 미루지 말고 '옳다구나, 반갑다' 하며 우선 해결하겠다고 마음을 다잡아 보자. 그렇게 귀찮고 재미없는 일을 6개월 정도 시키는 사람이 없어도 자발적으로 먼저 하다 보면, 필요한 연장이 착착 들어와 손에 잡히듯 하는 일 마다 잘 풀리는 묘한 경험을 하기 시작하는데 능동적으로 의식을 진화하는 삶의 주인이 되어가는 것이다.

> 두 번째 중재자로서 영혼은 인간의 자의식이 참 나(상위자아)를 기억해 자신이 깨어나길 원한다. 이 두 가지 목적은 서로 밀접하게 연결되어 있어 하나가 성취되어 가면 다른 하나는 자동적으로 뒤따라 오게 된다.

그런데 다른 사람들도 인간이라는 육체를 입고 그들 나름의 여행을 하는 영혼이라는 것을 받아들이지 않고는 자신의 목적도 얻을 수 없다. 다른 사람들이 나와 연결된 하나라는 것을 아는 것은 하위 차크라와 상위 차크라를 연결시키는 다리역할을 하는 심장 차크라가 열려야 하므로 가능한 일이기 때문이다.

인간 삶의 목적은 무엇인가?
내 영혼의 목적은 무엇인가?
인간으로 길면 100년 살다 죽으면 이 땅에서 이루어 놓은 물질을 다음 세계에 가져갈 수 없음을 잘 알고 있지 않은가? 우리가 가져가는 것은 물질이 아니다. 인생의 목적은 물질적 성취, 뛰어난 인물되기, 자식 서울대 보내기, 대기업 취업도 아니다. 이런 일들을 하면서 영혼(잠재의식)을 힐링하고 의식을 진화시키면서 다음 레벨로 차원 상승하는 것이 인간과 영혼이 삶을 사는 궁극의 목적이다.

처음 듣는 생소함이라 껄끄러울 수 있지만 딱 한 번 태어나서 예수와 여호와 콤비세트를 받았는지 여부에 따라 천국이나 지옥에 간다는 이론보다 훨씬 앞뒤가 맞지 않은가? 또는 환생의 연을 끊고 無로, 空으로 돌아가겠다는 부처에게 이 세상에서 잘 살게 해달라고 두 손 모아 절하며 집착하는 아이러니 보다 소화하기 쉬운 개념 아닌가?

당신의 영혼이 깨어나는 과정에 있다면 아래 두 옵션 중 하나를 선택해서 살 수 있다.

1. 원하는 것을 정하고 그 목표를 달성하기 위해 적극적으로 힐링하고 조금씩 의식의 차원을 상승시킨다.
2. 우주(상위자아, 신, 절대의식,영혼etc)를 100% 나 자신이라고 믿는다. 2번을 선택했다면 셀프 테스트를 통해 자신의 의식레벨이 그 정도 수준인지 알아볼 수 있다.

"나는 우주이다. 모든 것은 나이고 나는 모든 것이다. 영혼의 깨어남과 의식진화를 위해 인간자아는 어떤 고난도 견딜 준비가 되어 있기 때문에 무슨 일이 일어나도 기쁜 마음으로 대할 것이다. 이 세상은 허상이므로 실재하지 않는다."라고 당당히 선언한 후 앞으로 며칠 동안 '교통사고가 나면 어쩌지? 중병에 걸려서 극복하라고 하면...실직하면...이혼하면...아이가 잘못되면...집에 불이 나면...등등 육신과 육신이 속한 세상에 일어날 법한 일들에 대해 걱정, 두려움, 죄책감이 조금도 들지 않으면 된다. 당신이 그러하다면 '모든 것은 하나이고, 우주는 나이고, 나는 신이다' 를 인간의 몸으로 구현한 바바지(Babaji), 석가모니 붓다, 토트(Thoth), 생 제르맹(St. Germain) 레벨의 상승마스터 대열에 진입한 것이다. 인간이라는 육체의 영향을 받지 않는 의식의 참 나로 살아갈 때만 가능한 이 정도 의식수준은 현재 지구상에 손가락으로 꼽을 만큼 극소수이다. 우리는 이를 목표로 수련하고 배워 깨우치며 전진하는 과정 중에 있는 것이다.

무언가를 원한다는 것은 자신이 원하는 상품을 정해놓고 우주에게 영혼의 힐링과 의식진화를 목표로 배워야 할 것들을 게임으로 하자고 제안하는 것과 같다. 아이에게 책을 읽고 독후감을 쓰면 좋아하는 치킨을 사주겠다는 딜을 하는 것과 비슷하다. 아이에게는 책보다 치킨이 중요한 것처럼 인간에게도 원하는 것을 갖는 것이 삶의 목표가 되고는 한다. 하지만 부모에게 중요한 것은 아이가 책을 읽으며 얻게 되는 감동과 지혜이지 치킨이나 독후감이 아닌 것처럼 우주에게 중요한 것은 인간자아가 상품을 얻기 위해 노력하며 얻는 배움 그 자체와 에고를 털고 힐링되는 영혼이다. 인간자아가 원하는 새 차, 집, 승진, 결혼, 여행, 취업, 돈, 시험합격은 우주에게 영혼이 깨어나 진화할 수 있도록 하는 수단이 된다.

원하는 것은 없고 원하지 않는 것만 많다면 피해자 의식 속에서 잠자는 영혼일 확률이 높고, 반대로 원하는 것이 많다면 치유해야 할 카르마와 배워야 할 교훈도 그 욕망에 비례한다고 할 수 있다.

우리가 원하는 것들은 모두 육체의 편안함, 안전, 즐거움, 만족을 위한 것이기 때문에 석가모니 붓다를 비롯한 깨어난 세이지들은 열망을 에고와 괴로움의 원천이라 한 것이다. 그러나 인간이라는 몸을 '나' 라고 믿는 에고는 그 역할을 하는 것 뿐이다. 에고는 내가 살려 두기 때문에 살아서 존재하며 발가벗고 사는 사람이 없는 것처럼 몸을 가지고 있는 한 에고가 완전히 사라진 이는 없다.

세이지들이 열망을 괴로움의 원인이라고 한 이유는 '나는 현재 부족하기 때문에 불행하고, 가져야 행복해진다.' 는 에고의 믿음으로 열망을 해석하기 때문인데 많은 사람들이 이렇게 세상을 살아가는 것이 사실이다. '~을 가지면 행복하다.'는 마음은 그것이 무엇이든 현재 내 것이 아니므로 나는 결핍상태에 있다는 믿음이다. 그러므로 무언가를 원한다는 것은 모든 것 자체인 우주(하나님, 창조주)와 분리된 상태에 있음을 의미하고, 원하는 것이 있는 한 인생게임(테스트 또는 여행)은 계속 진행될 것이다. 따라서 영혼이 잠들어 있는 인간의 열망은 불가에서 추구하는 열반[77] 그리고 기독교의 천국을 거부하는 선언인 것이다. 그렇다고 갖고 싶고, 되고 싶은 것을 없애야 한다고 열망을 무작정 억누르는 것은 깨달음, 속죄, 의식진화, 영혼의 깨어남 그리고 인간의 정신건강에도 전혀 도움이 되지 않는다.

---

77 涅槃(nirvana): 일체의 번뇌를 해탈한 최고의 경지

원하든 원하지 않든 그 무엇이 되었든 자신의 마음을 있는 그대로 쏟아내 관찰하는 일을 먼저 해야 한다. 부처님 할아버지가 와도 당신에게 '이것은 옳고 저것은 그르다'고 강요할 수 없다. 그냥 자신의 의식수준이 이렇다는 것을 스스로 인지하고 되도록이면 더 나아지는 방향을 선택하면 그만이다.

상위자아는 영혼의 힐링과 의식진화를 위해 불 같은 열망을 일으키기도 한다. 어차피 가지고 있는 육체인데 살아가는 동안 벽 쳐다보고 '옴'만 외치느니 좀 더 효율적으로 몸을 이용하는 것이 낫지 않겠는가?

원하는 그것은 그 자체가 다다라야 할 목표가 아니라 진짜 목표를 이루게 하기 위한 상위자아(영혼)의 치킨 같은 미끼라고 하였다. 꿈의 성취가 삶의 목적이 되어 버리면 그것은 후에 괴로움이 될 에고의 욕심으로 전락해버린다. 아이가 열심히 책을 읽으며 무엇을 느끼고 배웠는지 술술 써내려 간다면 부모 입장에서 치킨 열 마리라도 사주고 싶지 않을까? 인간이 목적이라고 생각하는 그것은 수단이고, 수단이라고 믿고 있는 그것들이 진짜 목적임을 기억하자. 성취한 결과물보다 그 과정에서 얻어진 배움을 잘 씹어 삼켜야 한다. 그렇게 하다 보면 정당한 보상은 자연히 따라오게 될 것이다.

입장 바꿔

테슬라 CEO 일론 머스크(Elon Musk)는 대학시절 1달러로 하루를 살 수 있는가를 직접 실험해 보았다고 한다. 신체 생존만 해결된다면 목표를 향해 모든 것을 다 쏟을 수 있을 거라는 자신의 이론을 증명해보고 싶었는데 그 당시 재산이나 돌봐야 할 가족이 없어 상황은 더 좋을 수 있다는 생각도 들었단다. 그는 월마트에 가서 당시 40센트에 5봉지가 든 라면만 사먹으며 한 달을 살았다. 이 실험으로 먹고 자는 것만 해결된다면 모든 능력과 에너지를 하고 싶은 일에 쏟아 부을 수 있음을 알게 되었고 그 후 실패를 두려워 하지 않게 되었다고 한다.

일론 머스크의 경영방침은 '하고 싶은 것을 하자, 우선 지르고 보자.'라고 한다. 그래서 아이디어가 떠오르면 어떻게 해야 하는지 고민하지 않고 그 분야 전문가에게 우선은 한 번 만들어 보자고 한다. 그와 비슷하게 구글의 경영방침은 '50%만 성공하자'인데, 직원들은 모든 프로젝트를 성공시켜야 한다는 부담이 없기 때문에 실험정신을 발휘하고 창의성을 마음껏 펼칠 수 있다고 한다.

시간제한을 두지 않고 하고 싶은 대로 해보라는 식의 경영은 효율성이 떨어지는 것처럼 보이지만 테슬라와 구글 같은 회사에서 일하며 자신의 역량을 발휘하고 싶어 안달 난 세계의 명석한 인재들은 단순 노동자와 생각체계가 다르다는 것을 글로벌 기업 경영자들은 잘 알고 있을 것이다. 일론 머스크의 '1달러 생활 가능 실험'으로 알 수 있는 것은 생존을 걱정하지 않아도 될 때 에고는 스스로 칼과 방패를 내려놓고 조금 수그러든 상태로 영혼이 그 무한 잠재성을 펼칠 수 있게 비켜 선다는 것이다. 그런데 주목해야 할 것은 그가 이 실험을 하는 동안 대학 기숙사에 살았기 때문에 잠 잘 곳을 걱정하지 않아도 되었다는 점이다. 낮 동안 원활한 활동이 가능한 이유는 밤에 잠을 자면서 뇌의식과 몸을 쉬게 하기 때문이다. 낮에는 오감이 깨어 있으므로 몸을 보호하는데 큰 어려움이 없지만 어두운 밤 잠을 잘 때는 육체를 보호하는 뇌의식의 방어 시스템이 활발히 작동되지 못한다. 신체적 해害에 대한 두려움 없이 잠을 잘 수 있는 편안한 공간은 인간의 삶 뿐 아니라 영혼의 깨어남을 위해서도 절대적이다. 먹고 사는 일, 특히나 몸을 보호하고 밤에 편안히 자면서 신체를 재생할 수 있는 공간에 대해 염려 해야하는 사람들에게 깨달음 추구는 사치 일수 있다. 수도승, 사제, 수녀 등이 영적으로 깨어나 의식성장을 도모하고 대중에게 영적 가르침을 전할 수 있는 이유도 재산은 없을 수 있지만 생존유지 의식주 기본사항은 제공되기 때문일 것이다. 경제가 발전하면서 굶어 죽는 사람들보다 과식이 가져온 병으로 죽는 사람들이 더 많아지기 시작한 지난 몇 십년동안 영혼의 깨어남이 기하급수적으로 증가하고 있는 이유도 생존에 대한 두려움이 현저히 감소했기 때문일 것이다.

수면은 미스테리 영역으로 과학자들은 지금도 인간은 왜 그토록 오랜 시간 의식을 놓은 채 휴식을 취해야 하는지 밝히고자 많은 연구를 하고 있다. (그 만큼의 시간만이라도 에고의 휘둘림에서 벗어나지 않고는 곧 죽을 것 같기 때문이 아닐까?) 잠자는 동안 상위자아는 의식진화 계획을 수정하기도 하고 낮 동안 있었던 일들을 잠재의식에 지장하고 몸을 회복하고 에고의 힐링을 돕기도 한다. 성경을 비롯한 여러 종교 가르침과 프로이트를 시작으로 마음을 연구하는 심리학과 정신분석학에서도 언급되는 꿈은 신의 메시지를 담고 있기도 하고 무의식을 보여주는 기능을 하기도 한다. 이러한 활동이 원활히 이루어지기 위해 밤 동안 편안한 휴식은 깨어난 영혼의 의식진화 여정에 필수적이다.

우리는 모두 고차원 의식으로 진화하는 과정 중에 있음을 알고 있다면, 당신 영혼의 깨어남은 계획된 것이다. 그렇다면 인간자아와 상위자아의 입장을 바꿔 생각해보자. 영혼이 깨어나 본격적으로 의식이 진화하길 원하는 상위자아는 인간자아와 원활히 소통하면서 깨어남을 도와주고 싶을 것이다. 따라서 편안한 집은 당신이 태어나기 전부터 약속받은 권리일 수 밖에 없다.

갓난 아이가 사랑받고 보호받는 것은 당연하다. 아기가 새벽 2시에 배고프다고, 축축한 기저귀를 갈아 달라고 울면 그 누구도 아기에게 "내일 일하러 가야 하는데 배 고파도 참아야지. 넌 왜 이렇게 이기적이니?" 라고 하지 않는다. 아기의 행복은 100% 맞춰줘야 하는 게 당연하다고 믿기 때문이다. 그런데 어른이 행복을 원하면 스스로 그런 마음을 갖는 것에 죄책감을 느끼기도 하고 행복이란 힘들게 얻어지거나 외부에서 만들어져야 하는 것으로 믿어 버리는 사람들도 있다. 영혼의 입장에서 인간의 몸은 하나의 도구 같은 것이고 나이가 들어간다는 것은 그

도구로 하는 작업이 익숙해지는 것 뿐이다. 도구에 묻은 먼지 좀 털어달라고 하는데 욕심이라니 영혼은 에고의 이런 발상이 황당하다. 무엇을 원하는데 죄책감이 들거나 대가를 치러야 하는 것처럼 불편한 마음이 드는 것은 에고이다. 에고는 내가 싫어하는 나의 모습이고 상위자아는 내가 좋아하는 나의 모습이라고 쉽게 구분할 수 있는데 예를 들어 다른 사람의 성공을 보고 질투심이 들었고 그런 자신의 모습이 싫어 바로 죄책감이 느껴진다면 그 마음은 에고이다. '하하하 에고가 질투를 하네.' 하며 아무것도 아닌 듯 웃어 넘겼다면 그것은 상위자아의 마음이다. 깨어나지 않은 사람들은 죄책감에 빠져 있으므로 자신과 죄책을 구분할 수 없고, 질투하는 자신을 거부하고 싶다는 것 조차 알아차리지 못한다. 깨어나기 시작했으므로 이런 감정이 불편하게 느껴지는 자신을 아는 것이다. 죄책감은 마음의 고통을 느끼려고 최선을 다하는 에고 중독 증상이다. 죄책감에서 벗어나기 위해 할 수 있는 일을 하면 되지만 그 일을 하기엔 자존심이 상하거나 힘든 말과 변화된 행동을 해야 하는 것이 싫어 스스로를 벌 주면서 불편한 감정을 느끼는 쪽을 택하는 죄책감은 에고이다. 이러고 있는 줄도 모른다면 잠들어 있는 것이고, 알기는 알지만 여전히 마음이 불편할 때가 있다면 깨어남 초기이기 때문이다.

열망은 배워야 할 교훈이나 치유해야 할 잠재의식이 있기 때문에 올라오는 것인데 융자금 걱정 없이 편안한 집을 원하는 것에 대한 교훈은 '참 자아를 알고 인간의 역할을 이해하는 것'이다. 나의 의식은 인간이라는 육체를 이용해 진화하고 있으며 나의 영혼은 이 의식진화 여정을 경험하고 있음을 미음 깊이 인지하는 것이다.

진정한 앎은 변화됨으로 증명되고 그 변화는 의식(영혼)이 드러나는 일이다. 내가 진짜 영혼이고 생명은 영원하다는 것을 안다면 조바심이 생기지 않는다. 냉장고에 있는 케익은 이미 내 것이므로 언제든 원하면 먹을 수 있는 것처럼 나의 참 본질을 안다면 열망하는 그것이 언제 어떻게 나의 우주에 발현될 지 불안하지 않으며, '안되면 어떡하지?' 하는 의심도 없다. 엄마가 냉장고에 케익을 숨겨 놓았으니 알아도 모르는 척 하다가 케익을 꺼내 주면 깜짝 놀라야지 하는 마음으로 우주를 볼 수 있어야 한다.

그럼 어떤 집을 어떻게 원하면 될까? 끌어당김의 법칙에 의하면 일어날 가능성이 가장 높은 일이 일어나게 된다. 믿는 대로 된다는 의미이며 이를 가정의 법칙이라고 할 수도 있다. 만족스럽지는 않지만 머리속에서 타협이 된 집 또는 이미 말도 안 된다는 불신의 에고가 강하게 자리한 집은- 예를 들어 사자가 뛰노는 정원이 있는 집- 마음이 설레지 않아 감정이 전해질 수 없기 때문에 상상하기를 열심히 해도 우주 에너지와 공명하지 못한다. 우주는 진정성 만을 알아보아 '가짜, ~척하기, 거짓말'에 반응하지 않기 때문이다. 창조에너지는 순수한 사랑 에너지이므로 감사, 평화, 기쁨, 행복처럼 높은 진동수의 에너지가 아니고는 알아볼 수 조차 없다. 그러므로 어떤 집이든 내가 평화롭고 안정되고 사랑을 느끼며 밤에 편안히 쉴 수 있는 집이면 된다.

내가 영혼이라면 어떤 집에서 살고 싶을까? 가장 나 다운 집은 어떤 집일까? 남들에게 자랑하고 싶은 집이거나 스스로 좋은 집에 살 자격이 없다고 믿으며 꿈을 작게 가지는 것도 진실한 영혼의 모습은 아니다. 열망에 대한 거부감이 있거나 어떤 것을 원해야 할지 잘 모를 때 아래와 같은 방법을 취해 상위자아(영혼)와 소통할 수 있다.

팔 다리를 꼬거나 겹치지 않은 상태로 편안히 누워 숨을 들이마시고 내쉬며 3분정도 의식을 비운다. 원하는 집의 위치, 크기, 인테리어, 가구 등을 마음속으로 그려보고 그 집 방에 누워 있는 상상을 한다. 심장에 손을 올리고 "나는 이 집에 살기를 선택합니다." 라고 말한다. 신체 어느 부위에 따끔함이 있거나 답답하고 불편하다면 에고가 원하는 일이다. 반대로 수축되었던 심장이 긴장을 풀면서 혈액이 순환되는 따뜻함이 느껴진다면 영혼이 원하는 곳이다.

양반이 노비를 부리는 명령이 아니라 선장이 목적지를 향해 뱃머리를 돌리고 속도를 내라는 명령을 선원이 따르는 것처럼 상위자아는 같은 곳을 향해 전진하는 당신의 요청에 응할 것이다.

무언가를 원할 때 힘을 잔뜩 준 상태로 간절히 애원하는 것은 자연스럽지 않다. 심장에게 숨쉬기를 간청하지 않고 걸을 때 마다 발에게 '제발...땅에 잘 닿아줘~' 하며 부탁할 필요 없는 것처럼 내가 우주 그 자체이므로 에너지 순환을 막고 있는 에고만 치우면 원하는 경험의 주파수에 닿을 수 있음을 받아들여야 한다.

또한 현재 살고 있는 집이 마음에 들지 않는다면 그 곳에서 배워야 할 것, 치유해야 할 것, 해야할 일이 있는데 하지 않고 있기 때문일 수 있다. 영혼은 인간자아에게 어서 그 카르마를 해결하고 다른 곳으로 가

자는 신호를 보내는 것이다. 그러나 자신이 누구인지, 왜 태어났고, 무엇을 하고 있는 지 모르는 건 뿌리를 모르는 것과 같으므로 잦은 이사는 뿌리 차크라의 불균형 증상 중 하나이다.

게임의 기술

규칙을 알아야 파울을 범하지 않고 경기도 순조롭게 진행되듯 인생이라는 의식진화 게임에서 성공하려면 의식에 관한 원칙을 이해하고 의식에 숨은 에고를 다루는 기술도 연마해야 한다.

아래는 무의식 치유에 도움이 되는 생각전환과 끌어당김의 법칙 테크닉이다.

・ 세타파 뇌파 상태에서 무의식 힐링

잠재의식의 세타파(Theta Wave)는 꿈을 꿀 때의 뇌파 상태이다. 우리는 잠자는 동안 평균 6번의 꿈을 꾸지만 일어나기 직전의 꿈만 기억하게 된다. 그러므로 잠자는 내내 자기 암시 메시지[78]와 솔페지오(Solfeggio)힐링 주파수를 틀어 놓으면 잠재의식 힐링에 도움이 된다.

미국의 의사이자 약초 전문가 조셉 풀리오(Joseph Puleo)박사와 40년 이상의 경험을 가진 소리 치료 선구자 데이비드 헐스(David Hulse) 그리

---

78 〈애벌레의 여정〉블로그에서 여러 종류의 자기 암시 메시지를 PDF파일로 다운 받을 수 있으니 참고하여 A.I 목소리 프로그램 등을 이용해 자신만의 자기 암시 메시지를 만들 수 있다.

고 많은 소리 전문가들이 솔페지오 음계를 철저히 연구하고 〈Healing Codes For The Biological Apocalypse〉에 다음과 같이 설명했다.

396 Hz - 비통한 슬픔을 기쁨으로 전환하며 죄책감과 두려움에서 해방시킨다.

417 Hz - 변화를 촉진하고 부정적 에너지를 말살시킨다.

528 Hz - DNA를 재생하고 긍정적인 에너지를 불러온다.

639 Hz - 사랑, 용서, 연민의 마음을 일으키고 인간관계를 회복시키며 소울 패밀리와 연결을 돕는다.

741 Hz - 영적, 신체적 디톡스에 도움을 주고 세포와 신체기관의 재생을 촉진한다.

852 Hz - 제3의 눈 활성화를 돕고 영적 본질(참 나)로 돌아가게 하며, 주파수를 상승시키고 직관력을 키워준다.

아침에 일어나기 직전 그리고 잠에 빠지려 할 때 뇌파는 세타파에 진입하므로 이때 긍정적인 자기 암시 메시지를 입력해 주는 것이 효과적이다.

• 이상향의 질문:(Lofty Questions: 로프티 퀘스천)

질문으로 확언(자기 암시 메시지)하는 방법을 '로프티 퀘스천'이라고 한다.

영혼은 심장 차크라에 머물며 에너지원을 얻고 7세이하의 세타파 뇌파 상태에서 형성되는 잠재의식은 영혼의 기억이 된다고 하였다. 영혼의 순수함을 이용한 로프티 퀘스천은 어린이 같은 영혼(잠재의식)이 보물찾기처럼 질문에 대한 답을 찾도록 하는 것이다. 예를 들어 '나는 성공한 사업가이다, 나는 자존감이 높다'라고 하는 것이 아니라 "나는 왜 엄청난 성공을 이룬 명망 높은 사업가일까? 나는 어떻게 다른 사람들의 시선에 신경 쓰지 않는 높은 자존감의 숙녀(신사)가 되었을까?"라고 거울을 보면서 자신에게 질문을 하거나 아이(또는 배우자)가 잠들 때와 잠에서 깨어날 무렵 귀에 속삭여 줄 수도 있다. 잠재의식(영혼)은 이를 듣고 이렇게 반응한다. '어... 이상하다. 나는 그거 아닌 거 같은데, 같은 얘기를 계속하네. 내가 원래 친구들의 따돌림에 상관하지 않는 강심장이었나? 그럼 나의 가장 좋은 내가 되어야겠구나. 나는 내가 제일 사랑해줘야지!' 하면서 남들 시선보다 나로서 당당한 사람으로 성장하게 되고, '내가 잘못 알고 있었나? 내가 원래 성실하고 사업수완 좋고 리더십 있는 사람이었나? 하면서 점점 사업에 성공할 수 있는 자질을 갖출 수 있도록 기회를 만들고 필요한 역량을 쌓아가게 되어 결국 그 분야에서 성공한 사업가로 변모하게 된다.

"나는 왜 이렇게 프레젠테이션에 천재적 재능이 있을까?"처럼 질문을 조금 과장되게 하는 것이 효과적이다. 이 테크닉은 상담비로 1 Million 달러를 받은 적도 있다는 마인드 힐러 크리스티 쉘던(Christie M. Sheldon)이 세미나에서 공개한 것이다.

▪ 단정적 말투 피하기

거울을 보며 셀프 최면을 할 때 거부감을 줄이기 위해 단정적인 말투를 피하는 것이다. 자기 암시 메시지는 말이 지닌 파워를 이용해 포기하지 않고 지속하면 잠재의식 힐링에 효과적이지만 상상하는 미래와 현실의 괴리감 때문에 확언을 할수록 짜증이 나고 그렇게 되면 부정적 모멘텀이 커져 주파수를 낮추는 반대효과를 내기도 하므로 저항감을 줄여야 효과를 볼 수 있다. 방법은 '점점 ~가 되어 가고 있다' 라고 부드럽게 말하는 것이다. 예를 들어 '나는 부자이다' 가 아니라 '나는 매일 조금씩 점점 더 경제 흐름을 잘 알게 되고 투자 안목이 높은 부자가 되어 가고 있습니다.' '나는 매일(안 믿기면 '조금씩' 추가) 점점 더 똑똑하고 현명해지고 있습니다.' '나는 매일 조금씩 점점 더 건강해지고 있습니다, 날씬해지고 있습니다, 예뻐지고 있습니다, 멋있어집니다, 키가 자라고 있습니다, 살이 찌고 있습니다, 친절해지고 있습니다, 자신감 넘치는 매력적인 사람이 되어 가고 있습니다' 기타 등등. 특히 잠자리에 들기 전 '잠자는 동안 내 몸은 재생되어 더 건강해지고 정신과 두뇌능력은 향상되며 DNA는 힐링되어 갑니다.' 라고 할 수 있다.

· 글로 쓰기

　말을 하는 것보다 소설처럼 원하는 내용을 제3자의 관점에서 글로 쓰는 것이다. 특히 타인의 웰빙을 빌어줄 때 효과적이다. 그들이 어려운 상황에 있을 때 걱정보다는 잘 헤쳐 나갈 것을 믿어 주는 것이 효과적이다.

　암 투병 중인 어머니를 위해, 'OO(어머니의 이름)는 강한 정신력의 소유자이다. 의사는 OO에게 "정말 기적이에요, 암세포는 발견되지 않았고 모든 세포는 건강하고 정상입니다." 라고 하였다. OO의 회복을 축하하기 위해 제주도로 가족여행을 떠나고 있다.' 라고 적을 수 있다. 방황하는 자녀를 위한 기도로, OOO는 밝게 웃으며 "하고 싶은 일을 찾앉어요. 관련된 과정을 공부해서 제 꿈을 펼칠 거예요." 라고 말했다. OOO는 친절하고 현명하기 때문에 여러 사람들에게 존경받으며 만족스러운 삶을 열정적으로 살고 있다. 장사가 안되거나 취업이 고민인 가족이나 친구들을 위해서도 할 수 있고 당신이 넘사벽 사랑 에너지로 도약하고 싶다면 당신과 마찰이 있는 사람을 위해 기도문을 쓸 수도 있다. 예를 들어 'OOO는 행복한 사람이다, 그/그녀는 안온한 미소를 가진 상냥하고 아름다운 영혼이다, 모든 이들이 그/그녀를 사랑한다.' 고 할 수 있다. 그 사람과 있었던 불쾌한 사건을 시트콤의 줄거리처럼 써보면 상황을 다른 시선으로 바라보는 의식의 전환이 일어난다.

글로 쓰면 저항감이 덜 하고, 자연스럽게 그 모습이 상상되어 소설을 쓰는 것 같은 재미가 있어 높은 주파수를 유지하는데 도움이 된다.

그러나 부정적인 일은 일기로 남기지 않아야 한다. 짜증나고 화나고 외롭고 같은 부정적 감정은 들여다 봐야 하고 쏟아낼 곳을 마련해줘야 풀어지기 때문에 글로 쓰면 마음 힐링이 될 수 있다. 그러나 가지고 있으면 나의 에너지장에 머물게 되므로 쓴 것을 다시 곱씹어 읽지 말고 버려야 한다. 불로 태우면 부정적 에너지도 타버린다는 의견이 있지만 화재 위험 때문에 추천하고 싶지는 않다.

· 기분을 좋게 하기

재미난 일을 하거나 좋아하는 사람과 함께 하면 시간이 빨리 가는 것처럼 느껴지듯 행복, 기쁨의 긍정적 감정은 좁은 진폭의 높은 주파수의 에너지이다. 따라서 기분이 좋아지는 일을 하면 주파수는 높게 유지된다. 한 바탕 웃을 수 있는 코미디 영화를 보거나 밝은 가사를 담은 노래를 하는 것도 좋다. Uni-verse(우주)는 '하나의 노래' 라는 뜻이므로 되도록 긍정적인 말과 노래를 하면 우주의 사랑 주파수와 일치되는 얼라이먼트(alignment)[79]가 이루어진다. 우리는 육체에 갇힌 영혼의 답답함을 조금이나마 풀어 줄 숨구멍 같은 것이 필요한 데, 할 때 즐거운 것보다 하고 난 후 상쾌하고 개운함이 느껴지는 일이 그것이다. 예를 들어 춤을 추며 신성 기하학을 몸으로 표현할 때 우리는 사랑 에너지에 흠뻑 젖게 되고, 산에 오를 때는 힘들지만 정상에 서면 가슴이 탁 트이는 맑은 비움을 느끼게 된다.

기분이 안 좋거나 부정적인 생각과 감정이 들때는 부정적인 모멘텀[80]에 브레이크를 밟아 에너지가 커지는 것을 막아야 한다. 호흡 명상과 걷기 명상을 하거나 여건이 된다면 낮잠을 자는 것도 부정적 모멘텀을 끊는데 도움이 된다.

• Me, Myself, I

나는 오직 나의 인생을 만들 수 있는 크리에이터(My Life Creator) 이다. 일어나는 모든 일, 좋은 일과 나쁜 일, 어려운 일과 쉬운 일 모두 내가 (알고 또는 모르더라도) 그런 경험을 끌어 당겼음을 100% 받아 들인다.

---

79 끌어당김의 법칙으로 의식 성장을 돕는 아브라함 힉스는 자신의 주파수가 우주 에너지(소스 에너지)와 맞춰지는(alignment)것의 중요성을 매우 강조하면서 '기분 좋음(Good Mood)'으로 주파수가 얼라인먼트 된 상태임을 알 수 있다고 하였다.

80 부정적 생각이 꼬리에 꼬리를 물고 커지면서 점점 더 기분 나쁜 상태가 되어 주파수가 떨어지는 일.

좋은 일은 운이 좋아서, 내가 능력이 있어서 일어난 일이고 나쁜 일은 '저 나쁜 XXX가 나를 힘들게 하려고 한 일'이 아니다. 그냥 일어나기 위해 일어난 일이니 기분이 좋은 일은 감사함으로 관심을 주고 불쾌한 경험은 내가 관심을 끊는 순간 사라지게 된다는 것을 알아차려야 한다.

· 시간 정하지 말기

'언제까지, 그날까지'처럼 시간을 정하고 싶은 것이 에고임을 알아보아야 한다. 완벽한 타이밍에 원하는 그 경험이 나의 에너지장에 펼쳐지게 될 것을 믿으라. 지금은 그 일이 당장 이루어져야 유익할 것 같지만 시간이 지난 후 그때 나의 생각대로 되지 않아서 천만다행인 경험들이 누구나(나이가 들어 감에 따라 더 많이) 있다.

· 남 따라 하지 말기, 의존하지 말기

나 자신의 고유함과 진정성을 지키도록 신경 써야 한다. 돈, 사랑, 교육, 음식, 경제관, 철학, 정치학, 종교, 영성 etc. 그 무엇이 되었든 자신만의 가치관과 신념을 만들어야 한다. 자신의 신체를 보호하고 자녀의 건강을 위한 최선의 선택을 한다는 믿음으로 백신을 선택할 수도 있지만 병이 두려워 백신을 맞을 수도 있다. 어떤 믿음을 선택할지는 본인이 정하는 것이다. '어떤 것이 나쁘다, 해롭다'라는 정보를 들었을 때 정말 나쁜 것은 '나쁘다'는 그 편협한 생각을 아무 제재 없이 자신의 것으로 무조건 받아들인 그 믿음이다. 존경하는 멘토가 '그런 건 영적이지 않다, 원하면 안 된다, 하지마라, 세상에 공짜가 어딨냐? 피나게 노력해서 성공해야 그게 진짜 인생이다' 라고 했더라도 그 말에 공명되지 않는다면 '우리는 모두 다른 생각을 가지고 있는 것이 당연하지' 하며 웃어 넘길 수 있어야 한다.

자신의 입장을 강요하고 충고를 받아들이지 않는 것에 기분 상해하는 사람에게 당신의 입장을 구구절절 설명하며 우정을 강조할 필요 없다. 그냥 들어주는 것이 진정한 친구이고, 가족이 해야하는 역할이다. '내 말을 듣지도 않을 거면 왜 상의를 하냐?'며 당신을 그들 입맛에 맞게 변화시키려는 사람은 스스로를 바꾸고 싶은 마음이 투사되어 당신을 바꾸려고 드는 것이다. 하고 싶은 것을 하지 못하는 그들의 삶은 겉으로 보이는 것과는 전혀 다를 것이다. 행복하지 않은 사람의 조언을 따르는 것만큼 멍청한 일은 없다. 그들은 당신을 위해 조언하는 것이 아니라 신세한탄을 하는 것이다.

· 변화는 좋다

모든 것은 매일 점점 더 좋게 변한다. 지금 당장은 그렇게 보이지 않을지라도(땅을 뒤집고 엎어 엉망진창처럼 보이지만 공사가 끝나면 길은 평평하고 넓어지지 않는가?) 결국엔 더 이로운 방향으로 향하고 있다.

환경이 오염되었다면서 깨끗한 과거로 돌아가야 한다는 얘기를 들어본 적 있을 것이다. 그러나 과거의 그 어느 때에도 생명이 지구에 창궐한 이래 환경오염이 없던 시절은 없었다. 그토록 그리워하는 그 과거에도 문제들은 늘상 존재했고 보통은 현재보다 더 심각한 일들이었다. 전염병이 발생해서, 동식물이 멸종해서 (공룡이 지금까지 살아 있다면 우리에게 그리 즐거운 일은 아니다)...

인류 역사상 문제가 없었던 시대는 없었다. 찬란한 문화유산이 살아 있는 통일 신라시대로 돌아가 재래식 화장실을 사용할 것인가? 공장이 없었던 조선시대로 돌아가 한 겨울 짚신을 신을 것인가? 코로나가 생겼지만 천연두를 비롯한 전염병이 창궐하던 때로 돌아가고 싶은가? 과거가 좋았다, 옛날 사람들이 순수하고 아름다웠고 정이 넘쳤다 (모두 그랬나?) 등등.

과거에 포커스를 두는 미디어 프로그램은 현재를 거부하게 하고 '좋았던 과거에 살지 못하는 당신들은 정말 불행하다' 라는 메시지를 담고 있다. 그때의 좋았던 것만 잘라내어 현재에 붙여넣기 할 수 없지 않은가? 되지도 않을 일들을 회상한다고 달라지는 건 없다. 시간이 없다고 불평하지 말고 나아지게 할 수 있는 일들에 소중한 에너지를 투자하라. 감사할 일, 행복할 일, 재미난 일, 좋은 일들은 지금 더 많다. 원하지 않는 변화를 예방하거나 늦추거나 해결하기 위해 할 수 있는 일이 있다면 자신의 역량을 다해 그렇게 하면 된다. 환경오염을 막고 싶다면 먼저 쓰레기를 주워 주변의 모범이 되고, 동물학대가 사라지기 원한다면 나의 반려동물이 불편을 준 적은 없는지 들여다 보는 일을 먼저 하라. '왜 인간들은 이따위로 무개념인지 모르겠다' 며 욕하고 짜증내기 보다는 변화를 위해 노력하는 자신의 성숙한 의식과 성취감에 마음을 써보자. 즐겁기 위해 뭐라도 하는 것이 인생이다.

• Fasting(패스팅:단절)

Break-fast(아침식사)는 Break(깨다)와 Fast(단식)이 합쳐진 단어로 밤새 먹지 않음을 그만 둔다는 뜻이다. 단식 뿐 아니라 하지 않아 굶기는 것을 Fasting이라 하는데 뉴스를 보지 않기로 했다면 'News Fasting'이 될 수 있고 당분간 인스타 그램을 하지 않기로 했다면 'SNS Fasting'이 된다.

종교와 영성에서 금식은 에고를 굶기는 상징이 되기도 한다.

먹는 것 뿐 아니라 지금까지 해오던 행동 예를 들어 게임, 흡연, 넷플릭스 시리즈 몰아보기 등을 하지 않는 패스팅으로 외부자극을 줄일 수 있다. 정보는 오롯이 부정적이거나 긍정적일 수 없으므로 자신의 의도와 상관없이 에고를 키우는 먹이가 될 소지가 있는데 이를 제거함으로 에고는 굶어 힘이 없는 상태가 된다. 이때 내면의 소리는 강해지고 영적 정신적 자아의 주파수는 활성화되어 잡음 없이 우주 에너지와 연결되어 교신이 수월해진다.

Fasting(패스팅) → 자극이 적어 짐 → 에고가 굶게 됨 → 비움 상태 → 내면의 지혜에 집중하게 됨 → 순수하고 진실된 자아의 소리가 강해지고 그 에너지를 느끼게 됨 → 고유한 자신의 고진동 주파수를 유지하게 됨 → 우주 에너지에 깨끗하게 연결됨 → 나의 의식을 성장시키는 이로운 일들이 쉽게 발현 됨 → 능동적인 라이프 크리에이터가 됨

모멘텀

끌어당김의 법칙을 수긍한 후 그 가르침대로 긍정적 생각을 하고 높은 주파수를 유지해서 원하는 경험을 물리세계에 발현시키려 해도 잘 되지 않는 근본적인 이유는 잠재의식의 영향이 크기 때문이라고 정리하였다. 인간은 35세가 되었을 때 의식의 95% 이상을 차지하는 잠재의식에 저장된 기억과 패턴대로 행동하며 살아가므로 무의식(잠재의식)이 바뀌지 않으면 아무리 뇌의식에서 믿음을 가지려 해도 그 효과는 미비할 수 밖에 없다.

깨어나지 못한 사람들은 변화가 두렵고 귀찮고 기타 등등의 이유로 과거에 했던 생각과 행동을 똑같이 반복하다가 죽을 때가 가까이 와서 "지난 날 했던 일이 아니라 못한 것들이 너무 후회된다. 젊었을 때 하고 싶은 것을 마음껏 도전하면서 살아라, 실패를 두려워하지 마라, 남의 이목 신경 쓰지 마라, 아무도 너한테 관심 없다, 사랑하는 사람과 행복하게 살아라." 하며 푸념 같은 유언을 한다. 이 말을 들은 젊은 사람들은 큰 지혜를 얻은 것처럼 "그래, 인생은 참 짧아, 나도 더 늙기 전에 후회 없는 인생을 살기 위해 새로운 도전을 하고 원하는 인생을 설계해야겠어!" 라고 2~3일, 길면 한 달 정도 생각하다가 다시 똑같은 쳇바퀴 패턴으로 돌아가 매일을 반복하다 90세쯤 되어서 "안 해 본 일들이 너무 많아. 후회돼. 사랑하지 않는데 그냥 익숙해서 지지고 볶으면서 살았어. 50은 늙은 나이가 아니었는데 미련했어. 진정한 사랑을 단 몇 달이라도 느껴 보았더라면... 이혼이 뭐가 그렇게 두렵다고..." 라며 한 번 더 하면 진짜 잘 할 거라는 아쉬움을 안고 게임을 종료한다.

후회는 카르마를 만들고 그걸 해결해보겠다고 환생을 선택하지만 망각의 계약서를 파기하지 못하면 같은 삶을 또 반복하게 될 것이다.

호스피스 병동에서 일하던 브로니 웨어(Bronnie Ware)는 죽어가는 사람들의 회고담을 받아 적어 책[81]을 출판하였는데 대부분은 후회의 말들이었다. 책은 베스트 셀러가 되었고 많은 사람들이 그들의 조언을 받아들여 버킷 리스트 계획을 세우는 것이 트렌드가 되기도 했다.

인생은 진정 나 답게 살아야 내 것이라고 할 수 있다. 그리고 행복은 외부에서 성취되는 것이 아니라 지금 이 순간과 하나(Oneness)되는 내면의 평화가 진정한 행복이다.

물론 그렇다.

외부의 환경에서 얻어진 행복감은 시간이 지나면 금세 수그러들기 마련이다. 그러나 사랑하는 사람과 맛있는 음식을 먹고, 좋은 집과 차를 산 기쁨이 오래 지속되지 않는다 하더라도 기분이 좋은데 이것이 행복이 아니라고 할 수는 없을 것이다. 모든 것이 멈추고 사라짐과 동시에 그 모든 것과 하나되는 신성의 환희, 삼매상태의 본질만이 진짜이고 물질적으로 왔다 가는 경험은 궁극의 것이 아니라 중요하지 않다고 한다면 상위자아(영혼)는 인간이 하고 있는 의식진화 여정 따위는 처음부

---

81 〈죽어가는 사람들이 가장 후회하는 다섯가지:The Top Five Regrets of the Dying〉 1. 자신에게 진실된 삶을 살지 못하고 타인의 기대대로 살았던 것. 2. 지나치게 일만 했던 것 3. 용기가 없어 마음을 표현하지 못한 일 4. 친구들과 자주 만나지 못한 것 5. 행복한 일들을 많이 하지 못한 것

터 시작할 필요 없이 에너지체로 텅 빈 우주에서 'I am' 주파수를 계속 자신에게 보내고 인지하면 그 뿐일 것이다.

이렇게 몸을 가지고 태어난 이유는 사는 동안 그것이 응당 육체와 함께 사라질 필멸의 것이라 할지라도 목표를 성취하고 연인, 부모 자식, 친구 등의 인간관계를 경험하고 다른 생명과 여러 형태의 사랑 에너지를 교환하면서 자신의 판단과 의지대로 근원 에너지의 주파수를 발현하기 위함이다. 우주(이세상)는 우리를 위해 만들어진 무한한 가능성(양자 역학에서 파동의 형태)의 에너지 장(Energetic Field)이다. 우리는 눈에 보이지 않는 소스 에너지(절대의식, 창조주 etc)를 이 세상(에너지장, 우주)에 표출하는 역할을 하고 있으며 이 사실을 알고 있다면 당신의 영혼은 깨어나고 있다.

매일의 삶은 일어날 가능성이 가장 높은 일들이 실제로 일어나는 과정들의 연속이다.[82] "주말 데이트에 뭐할까?" 라는 사안에 대해 '영화를 보자'라는 제안이 나왔다면 어떤 영화라는 옵션으로 범위가 좁혀지면서 영화를 보게 될 가능성이 높아지고 이 일이 현실로 발현되어 간다. 인생은 가능성이라는 그릇에 어떤 생각을 얼마만큼 담을지에 따라 결정되어 간다.

---

82 당연하다. 당연하기 때문에 깊이 생각하지 못하고 정확히 이해하지 못하는 것은 일반인이고 당연한 것을 다르게 바라보고 자연(우주)의 원리(신비)를 알아낸 사람은 천재이다. 예를 들어 뉴턴이 사과나무 아래서 중력을 알아낸 일, 아르키메데스의 유레카 등.

생각보다 빨리 목적을 이루게 하는 에너지는 감정이다. '연애를 하면 어떨까?' 하는 생각보다 연인들의 환한 얼굴을 보며 느낀 부러움이 더 적극적으로 애인을 찾게 한다. 이렇게 생각보다는 감정이 어떤 일을 현실화 시키는데 훨씬 빠른 영향을 미치는데 이런 현상을 가속도라는 뜻의 모멘텀(momentum) 이라고 한다.

작고한 영성 멘토 Dr. 웨인 다이어(Wayne Dyer)가 이런 얘기를 한 적이 있다. 소위 깨어난 영혼이라는 뉴 에이지 팔로워들이 인생을 사는 방법은 세가지가 있는데 첫째는 생각으로 자신이 원하는 것을 얻겠다며 '햄버거, 햄버거, 햄버거...'를 주문 외우듯이 앉아서 생각하고 햄버거 먹는 상상을 하는 사람이다. 둘째는 상위자아의 뜻을 따르겠다며 공시성, 연속번호 etc를 찾고 집착하는 사람들이다. 이들은 '오늘 노란 치마를 입었는데 맥도날드 삐에로가 노란 바지를 입었네. 상위자아가 내게 주는 신호이니 햄버거를 먹어야지.' 하면서 자신의 판단을 합리화 한다. 셋째는 햄버거가 먹고 싶으니 엉덩이를 일으켜 두 발로 맛있는 햄버거 집을 찾아 가서 바로 먹는 사람이다.

이는 비유이고 당연한 일 같지만 일상의 여러 방면에서 행동으로 바로 옮기면 될 일을 두려워서 또는 힘들어 하지 않고 공상과 하늘의 사인을 기다리는데 많은 시간을 허비하고 있는 건 아닌지 생각해 볼 필요가 있다.

모멘텀의 크기

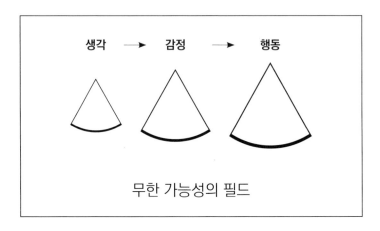

현실화 발현에 가장 큰 모멘텀을 만드는 것은 행동(action)이다. 어떤 일을 굉장히 빠른 속도로 정교하고 완벽하게 하는 사람을 달인이라고 한다. 이들은 같은 일을 셀 수 없이 많이 반복해서 그러한 경지에 이르렀고 어느 시점부터는 크게 신경 쓰지 않아도 자연스럽게 그 일을 잘할 수 있게 되었다고 증언한다. 처음엔 힘들고 느리게 진행되어 지루했지만 탄력을 받기 시작하면 발전단계가 급격히 빨라져 달인의 경지에 이르게 되는데 모멘텀이 붙기 때문이다. 그러므로 사랑하는 사람을 만나는 상상을 하면서 행복한 감정을 느끼는 것보다 원하는 이상형에게 어울리는 사람으로 변화하는 자기계발이 더 큰 모멘텀으로 작용하고, 해외여행 가는 상상을 하는 것보다 여행사 웹사이트를 수시로 방문해 특가를 유심히 관찰하는 것이 더 큰 모멘텀이 된다.

내가 주체가 되어야 성공했을 때 그 소유권을 당당히 주장할 수 있는 것이고 그렇게 작은 일이라도 행동으로 옮기면 우주 에너지는 "이번엔 진짜 마음 단단히 먹었나 보네" 하며 그 계획을 이룰 탄탄한 에너지장을 만들고 모멘텀을 키워줄 긍정적 에너지를 끌어 들인다.

'이렇게 저렇게 환경이나 조건이 만족되면 하겠다' 거나 '하고는 싶은데 자신감이 없어 누군가 해보라고 독려해주고 이끌어 주었으면' 하고 바라는 것도 피해자 의식으로 세상을 살아간다는 증거이다. 이 지구 땅에서 시험을 치르면서 우리는 성공보다 실패를 더 많이 경험하게 되는데 무언가를 잘 배우려면 실패만큼 좋은 게 없기 때문이다. 하다가 멈추면 실패로 끝나지만 꾸준히 계속 하면 그건 연습이 된다.

선택과 마무리

우리는 언제나 둘 중 하나를 선택하며 살아간다. 아침에 일어날지 말지를 선택하고 커피를 마실지 안 마실지를 선택하고... 인생은 선택의 연속으로 만들어진다. 세상이 뭔가 잘못됐다는 의구심에 영성을 알게 되었든, 끌어당김의 법칙을 슬쩍 보았더니 말이 되어 한번 잘 살아 보고 싶었든, 양자역학에 관심을 갖게 되었든, 삶과 죽음의 종교가 궁금했든, 타로나 사주에 꽂히게 됐든, 우울한 인생때문에 답을 찾다가 이 길에 들어서게 되었든, 음모론을 파다가 영성을 알게 되었든, 우리는

모두 변화를 원하기 때문에 영혼의 깨어남 여정을 선택했다.[83]

내가 선택한 결과들의 펼쳐짐이라고 할 수 있는 인생이 마음에 들지 않는다면 더 나은 선택, 지금까지와는 다른 결정을 할 때가 온 것이다. 변화를 원하는 현실 자각이 일어났다면 기존의 것을 없애는 작업이 다음 수순이다. 가득 찬 잔에는 새 물(또는 술. 받고 싶은 게 무엇이든)을 받을 수 없는 것처럼 새롭게 업그레이드 된 경험을 하고 싶다면 제일 먼저 문제를 정리하고 마무리하는 일을 해야 한다.

건강한 몸을 원하면 새로운 다이어트 방법을 도입하기 전에 지금까지 어떻게 신체를 사용하였는지, 식습관은 어떠했는지, 다이어트를 하는 의도가 정확히 무엇인지, 몸을 바라보는 자신의 관점은 어떤지를 분석하고 도움이 되지 않는 것을 말끔히 제거하는 일을 먼저 한 후 다이어트 방법과 운동계획을 정하고 실천해야 한다.

우주는 1주일에 20kg를 감량 시켜주지는 않겠지만 몸에 가장 잘 맞는 식단과 운동방법으로 안내하고 오프트랙 되지 않도록 도움되는 사람들을 만나게 하고 좋은 책과 동영상을 볼 수 있게 해줄 것이다. 끌어당김의 법칙을 이용하는 것은 작은 노력으로 가장 효과적인 결과에 빠르게 도달할 수 있도록 길을 안내하고 싶어하는 우주 에너지(상위자아)에게 그 일을 할 수 있는 기회를 주는 것이다. 우리가 해야할 일은 우주 에너지가 들어갈 수 있도록 자리를 청소하는 것이다.

---

83 그렇다. 당신의 영혼은 이미 깨어나고 있다. 영화〈매트릭스〉의 사이퍼(Cypher)처럼 다시 잠들고 싶을 수도 있지만 이미 늦었다.

깨어나는 영혼이라면 두가지 중 하나의 방법으로 세상을 살아갈 수
있다.

> 첫째는 일어나는 일들, 현재의 생각과 감정을 쉬지 않고 주기적으로 알
> 아차리는 것이다.
> 둘째는 환경, 감정, 생각, 경험을 자발적으로 선택하고 있음을 아는 것
> 이다.

잠을 설치듯 깨어나려고 하는 이들에게는 주변과 내면에서 일어나는
일들을 알아차림이 강조되지만 깨어남이 어느 정도 진행된 이들에게는
그렇지 않다. 선택은 알아차림 보다 우선권을 부여 받는다. 인간은 의
식진화의 주체이고 우주는 나의 의식이 거울처럼 투영됨으로써 존재한
다. 따라서 만들어진 것, 일어난 것을 아는 것보다 직접 만들어가는 주
체가 우주를 보다 창조적으로 만들 수 있기 때문이다. 모든 것은 우리
의 선택에 달려 있다. 병을 대처하는 방법도 마찬가지인데 상해가 아
닌 이상 질병을 발견하고 하루 이틀 치료를 늦추어도 크게 악화되지 않
는 것이 일반적이다. 이때 먼저 해야할 일은 왜 이런 병에 걸렸는지 생
각해보고 이유를 알아내는 것이고, 고치겠다는 확고한 결심이 섰을 때
그 방법을 찾는 것이 바른 순서이다. 건강검진 후 의사가 약을 먹으라
고 한다고 순순히 따르기 보다 병이 나에게 온 연유, 그 병이 나의 신체
에서 분리되어야 하는 타당한 이유를 한 시간이라도 생각해보라. 이러
한 정리과정을 거친 후 도움을 요청하면 가장 현명하고 효과적인 치료

방법을 알게 될 것이다. 에너지장이 먼저 힐링되기 시작해야 육체의 병도 잘 낫고 같은 병이 재발되는 것도 막을 수 있다.

의지로 관계를 끝내지 못하고 비겁하게 외도를 저지르고 이별하게 되면 새로 시작한 만남도 오래가지 못하는 경우가 많은데 감정, 정신, 육체적으로 끝맺음을 하지 못한 상태에서 다른 에너지와 결합되었기 때문이다. 대체로 자신과 비슷한 주파수 영역대에 있는 사람을 만날 확률이 높아 각자 배우자(연인)가 있는 상태에서 누구가를 찾으면 본인과 비슷한 의식의 사람을 만나게 되고, 에너지 차원에서는 마치 과거의 연인을 등에 업고 4명이 함께 데이트를 하는 것과 같은 꼴이 된다.

새로운 사랑을 얻었다 하더라도 여러 사람들의 감정과 생각으로 에너지장이 혼란스럽게 오염되어 있기 때문에 관계가 지속되지 못하거나 이전에 발생했던 문제를 새로운 사람과 다시 겪기도 한다. 그 원인이 무엇이든 이별을 원한다면 그것은 내가 혼자 있고 싶어서 또는 다른 사랑을 하고 싶은 나의 결정이지 상대의 잘못이 아니다. 무엇(또는 누군가)이 싫어서 도피하듯 떠나면 싫었던 그것보다 몇 갑절 더 나쁘고 싫고 어려운 것이 당신을 맞이하게 되므로 이런 사태를 대면하고 싶지 않다면 상대를 탓하지 말아야 한다. 있는 그대로 자신을 먼저 받아들이라. 혼자 있어도 만족스럽고 부족함이 없어야 한다. '나도 사랑받고 싶다' 며 내게 사랑을 줄 사람을 보험 가입하듯 찾지 마라. 당신에게 끌리는 그 사람도 당신처럼 사랑을 받기만 하고 싶은 본색을 곧 드러낼 것이다. 받으려 하지도 주려 하지도 말고 더 큰 사랑을 창조하기 위해 사랑하라.

우주에게 무언가를 달라고 하기 전에 혹시 내 잔이 차 있어서 받지 못하고 있는 건 아닌지 생각해 보는 것도 필요하다. 승진을 원하지만 그렇게 되면 바빠지게 되고 가족에게 소홀할 수 있고, 동료들이 혹시 질투할 지도 모르고, 책임감이 커지고 기타 등등. 이런 잠재의식의 걱정도 에너지 차원에서는 꽉 찬 잔이 된다.

원하는 것을 얻는 것보다 더 중요한 것은 얻은 것을 지키는 일이고 그 다음엔 누린 것을 더 크게 발전시켜 다른 사람들에게 베푸는 것임을 기억하자. 붙들고 있는 것은 우주의 이치에 역행하는 일이다. 우주 에너지는 순환되어야 하며, 그 역할을 인지하는 사람에게만 좋은 운運(흐름)을 누릴 자격이 주어진다.

33.3%

'사람을 만나면 피곤해, 사람들 많은 곳에 있었더니 에너지를 빼앗겨서 힘이 없어.' 이런 생각 해본 적 있는가?

특정인과 같은 공간에 있는 동안 그리고 헤어지고 난 후에도 개운치 않고 무겁게 짓눌린 느낌이 들 때가 있는데 그들이 에너지 뱀파이어 라서 그렇다고 하기도 한다. 그러나 내가 틈을 열어 놓지 않는 이상 그 누구도 나의 에너지장에 들어와 에너지를 빼앗거나 오염시킬 수 없다. 무의식적으로 에너지장을 열어 놓은 것을 망각할 수는 있으나 나의 허락 없이 이 같은 일은 불가능하다. 내 것을 뺏길 수도 있다는 마음은 피해자 의식에서 비롯된 것인데 이때 에너지장은 더 크게 열리고 금이 간 항아리에 담긴 간장처럼 에너지는 줄줄 새어 나간다.

누군가와 함께 한 시간이 낭비처럼 느껴졌다면 자신이 맡은 역할을 제대로 인지하지 못했을 가능성이 높다. 상대방의 하소연이나 자랑을 듣느라고 기가 빨리는 것이 아니다. 그 날 그 사람에게 내가 힐러 역할을 하고 있음을 모르기 때문이다. 영혼의 입장에서 시간은 무한하므로 낭비될 수 없고 모든 일은 일어나기 위해 일어난 사건들이다. 우리는 매일의 삶 속에서 깨닫고 배우고 가르치기도 하고 치유받고 치유하는 역할을 하면서 살아가고 있다.

호주에 살 때 온라인으로 은행계좌를 개설하면서 오류가 발생해 계좌가 4개나 생기게 되었다. 할 수 없이 콜 센터에 전화를 해야 했고 연결되길 기다리면서 '오늘 바쁜데 왜 이런 귀찮은 일이 생겼을까?' 그 이유를 알아차리려고 숨을 들이마시고 내쉬며 지금 순간에 의식을 집중했다. 전화를 받은 직원은 친절하게 일을 해결해주었고 전화를 끊으며 "목소리가 예쁘네요. 당신 목소리를 들으니 마음이 편안해지고 기분이 좋아지네요. 친절하게 잘 해결해줘서 고마워요."라고 말했다. 은행직원은 "칭찬 정말 감사합니다." 하며 소리내 웃었고 이 말을 해주기 위해서 이런 일이 생겼다는 것을 직감으로 알았다. 그녀는 어쩌면 남자친구와 싸우고 우울했을 수도 있고 가수가 되고 싶었는데 용기가 없었을 수도 있을 것이다. 어쩌면 작은 칭찬으로 기분이 좋아진 그녀는 다른 고객을 더 상냥하게 응대해줬을 것이고 그녀의 친절함에 기분이 좋아진 사람들은 다시 그 주변인들에게 상냥한 미소를 보일 것이다. 이렇게 많은 사람들이 긍정적인 고주파수의 에너지를 발산하면 그 에너지는 다시 더 크게 번져 나가 지구 전체의 주파수를 상승시키는 도미노 효과를 낸다.

오프라 윈프리는 택시기사가 불친절하면 과할 정도로 많은 팁을 준다고 하는데, 기분이 좋아져 다음 손님에게는 친절히 대해 주길 기도하는 마음이라고 한다. 내 가족이 행복하길 원한다면 모든 이에게 친절하라. 우리는 모두 연결되어 있으니까...

지인이 팔, 다리가 부러지는 교통사고를 당하게 되었다. 퇴원후에도 한 동안 집에 있어야 했고 일을 제대로 할 수 없게 되어 회사 프로젝트에 타격을 주게 되었다. 그는 "어쩔 수 없는 일이었는데 일이 많아진 동료들의 불평에 서운함이 들었어요. 승진 기회를 놓치게 되어 화가 나고 불공평한 세상이 원망스럽습니다."라고 했다. 시간이 많아진 그는 자신의 생각을 관찰하기 시작했고 관심을 가지고 지켜보았더니 가족의 감정도 느낄 수 있게 되었는데 아이의 눈이 분노와 슬픔으로 가득 차 있음을 알게 되었다. 그는 무슨 일 있느냐고 다그치기 보다 대수롭지 않은 듯 아이를 대하며 심심한 아빠와 놀아달라고 장난을 치기도 했다. 아이는 아빠의 관심에 한 번씩 피식 웃다가 지나가듯 한마디씩 툭툭 던지며 입을 열기 시작했다. 알고 보니 아이는 극단적인 생각까지 하며 혼란스러운 사춘기를 보내고 있었고 아빠와 마음을 터놓으며 대화를 하면서 아빠의 사랑, 위로, 믿음으로 힘든 시기를 잘 넘기었다.

크고 짙은 그림자의 반대편에는 창대한 빛이 있기 마련이다. 모든 일에는 긍정과 부정 극성의 일이 동시에 일어나지만 기분 나쁜 생각과 불편한 감정에만 주의를 기울이게 되므로 부정적인 것만 잘 보이게 된다. 아주 작더라도 분명 긍정적 측면도 있으니 이를 알아볼 수 있어야 한다.

처한 환경에서 주어진 역할을 하지 못하면 인생이 꼬였다고 믿게 되지만 사실 배워야 할(또는 가르쳐야 할) 일을 제때 하지 못하면 그 일을 완성할 때까지 비슷한 상황에 다시 놓이게 되는 것이다.

또한 살면서 항상 좋은 역할만 하려고 하지 마라. 누군가 잘못된 길을 가고 있다면 받아들이든 말든 얘기를 해야 할 때도 있다. 지금은 아니어도 언젠가 도움이 될 수도 있고 나의 의도는 A에게 한 말인데, 상위자아는 그의 딸인 B에게 에너지 변환을 일으키기 위해 그런 말을 하게 한 것일 수도 있는 일이다. 그러나 상대가 내 말을 안 듣는 것이 불쾌하다면 그 말은 자기자신이 들어야 할 말이다.

33.3의 원리

소위 스스로를 깨어났다고 말하는 사람들 중에는 밝고, 행복이 넘치는 긍정적인 사람들과 좋은 에너지만 가까이 하고 부정적인 사람들을 의도적으로 멀리해야 한다고 주장하는 이들이 있다. 이렇게 에너지장 보호에 지나치게 예민한 것은 아이가 다칠까 봐 집 밖으로 나가지도 못하게 과잉 보호하는 부모 같은 에고의 작용이다. 자신의 에너지장은 몇몇 사람의 말 한마디에도 쉽게 무너지고 피해를 당할 만큼 불안한 상태라고 믿는 에고의 판단에 손을 들어주고 있는 것이다. 주체적이고 능동적으로 인생을 만들어가는 깨어난 영혼이라면 다음과 같은 방법으로 인간관계를 만들어 볼 수 있다. 만나는 사람들의 33.3%를 아직 깨어나지 못해 부정적인 사고방식과 피해자 의식으로 살아가는 사람들에게 분배하는 것이다. 이들은 가족일 수도 있고 식당 직원, 같은 지하철을 탄 승객, 직장 동료일수도 있다. 불평불만이 많고 눈에 보이는 가스라이팅을 시도하고 심기를 거스르게 하는 부정적 에너지 분출자라고 느낄 수도 있다. 이들에게 따뜻한 말을 건네며 위로하고 아이가 작은 실수를 저지른 것처럼 미소를 지으며 용서하는 것이다.

또 다른 33.3%의 사람들은 나와 비슷한 의식수준의 사람들에게 할애한다. 편하게 만나 가벼운 대화를 하면서 지식을 공유하고 서로의 긍정적 에너지장을 돈독하게 해줄 수 있다.

나머지 33.3%의 사람들은 나보다 높은 수준의 의식과 사랑 에너지장이 무지개 떡처럼 두터운 사람들과 보내는 시간에 할애한다. 직접 만날 수 없다면 이들의 강의를 듣거나 의식성장을 도와주는 책을 읽으면서 시간의 33.3%를 높은 진동 주파수 영역에 있는 멘토의 에너지장에 접속하는 것이다. 한 달을 기준으로 7일을 낮은 에너지 주파수의 사람들, 7일을 나와 비슷한 에너지장의 사람들에게 할애하고 나머지 기간은 혼자만의 시간을 갖거나 높은 에너지 주파수의 사람들에게서 얻은 정보를 활용해 계획적으로 의식을 성장시키는 것이다. 이렇게 시간을 분배하지 않더라도 낮은 주파수의 사람들을 만나게 되면 시간낭비로 느끼기 보다 '내가 이 사람의 에너지(기, 빛,영혼, 의식 등등) 정화를 돕고 있구나' 하며 여유로운 마음가짐을 시도해 볼 수 있다.

영혼과 에너지 치유를 돕는 것이 가장 큰 보시이다. 유명배우의 카메오 출연은 영화 관객에게 신선한 즐거움을 주는 것처럼 낮은 주파수 영역에서 어둡고 침울한 에너지를 풍기는 사람을 만나더라도 그들의 영화에 출연해 내가 맡은 카메오 역할을 감칠맛 나게 하겠다고 다짐해보자. 영화는 지지부진한 전개로 답답할지라도 천상세계에서 보았을 때 당신의 연기는 '100억자리 1분' 이 될 것이다.

Dr.웨인 다이어는 "다른 사람들이 나를 대하는 태도는 그들의 카르마(업보)이지만 그들의 언행에 반응하는 나의 태도는 나의 카르마가 된다" 고 하였다. 그러니 다른 사람들의 불친절함에 반응해 자신의 에너지를 오염시키고 낭비하는 바보가 되지 마라.

2부

사랑은
셀프 서비스입니다.

상처 입은 힐러
(Wounded Healer)

상처 받은 후 스스로를 치유한 자만에게만 진정한 힐러가 될 자격이 주어진다. 의사도, 목사님도, 스님도, 신부님도, 사주 역학자, 타로 리더, 영성 멘토, 김창옥 교수님도 당신을 치유할 수 없다. 우리는 모두 자신을 치유할 수 있을 뿐이다.

소금 맞은 지렁이처럼 괴로워 하는 일은 그만하고 이제 스스로를 치유하는 힐러가 될 타이밍이 왔음을 알아보라. 오직 나 자신만이 나의 힐러가 될 수 있다.

아니에요

"그 옷 참 잘 어울린다. 패션 센스가 탁월해! 너무 예쁘네"
"이거? 3년전에 아울렛 떨이할 때 만원 주고 산 싸구려야, 여기 안쪽에 김치 국물 묻은 건데 안 보여?"

"오늘 프레젠테이션 인상적이었어. 준비한 자료를 보니 시간을 많이 들였던데 성공적으로 발표한 거 축하해."

"그래프 색깔 이상하지 않았어? 초반에 눈동자 떨리고 더듬는 거 못 봤어? 사람들이 목소리가 너무 강압적이라고 느끼지 않을까?"

칭찬을 받아들이지 못하는 것도 모자라 강아지가 숨겨둔 뼈다귀를 파헤치듯 보이지도 않는 결점을 열심히 끄집어내 '나는 부족한 사람이다.' 라며 스스로 자신의 심장을 찔러 느끼는 익숙한 아픔에서 안정감을 찾으며 살고 있지 않은가? 이는 겸손이 아니다. 칭찬을 받는 것도 하는 것도 어색한 것은 어릴 때 칭찬받은 적이 없어 익숙하지 않기 때문일 것이다.

칭찬과 찬사를 들을 때 '그게 아니고... 제가 뭘 했다고... 이 까짓 것 아무것도 아니에요...' 라는 말이 무의식적으로 자동 발사되는 것은 잘못된 믿음이 축적된 결과이거나 다른 사람들이 그렇게 하니 마땅히 그래야 한다고 믿기 때문인데 이는 내가 선택한 고유 믿음이 아니므로 우주 에너지에 부합되지 않고 에너지장을 더럽히기만 한다.

선행을 하면 뿌듯하고 보람도 있어 기분이 좋아지는 것처럼 호의와 찬사는 때로 받는 사람이 아니라 주는 사람에게 더 긍정적인 영향을 끼치기도 한다. 칭찬과 호의를 받는 일은 상대에게 좋은 일을 할 기회를 준 것이니 잘 받아주는 것도 선덕이다. 칭찬을 받으면 "감사합니다. 알아봐 주시니 참 기분이 좋네요." 라고 해보자.

> 작곡에도 뛰어난 재능이 있는 싱어송라이터 H는 대중에게 인지도를 키우며 성장하다 어린 나이에 큰 상을 받았지만 그 후로 몇 년째 슬

럼프에 빠져 있다. H는 시상식장에서 선배 가수에게 돌아가야 할 상을 그가 뺐었다는 생각에 불편하다 못해 죄를 지은 기분이었고 극히 긴장한 나머지 농담으로 상황을 모면하려다 다소 엉뚱한 수상소감을 하게 되었다. 이를 본 시청자들은 H를 건방지다며 강하게 질타했다. 이 사건으로 무대위에 올라가 시선이 집중되는 것은 트라우마가 되어 수상소감을 하는 것은 죽기보다 싫은 일이라고 믿게 되었다.

다른 사람들이 H의 능력을 아무리 인정해줘도 스스로 부족하다고 믿어왔던 그는 자기자신을 사랑하지 못함을 지나친 겸손으로 감추고 있었는데 무방비 상태로 시상식이라는 통제할 수 없는 외부자극에 놓이자 억눌렸던 잠재의식은 폭발하듯 그 모습을 드러내게 된 것이다.

뇌는 입력된 정보를 경험으로 처리하면 그 할 일이 끝나지만 의식은 그 경험으로부터 표출된 결과가 좋은지 싫은지를 결정하여 앞으로의 인생을 설계하는 자료로 사용한다. 지구가 우주안에 들어있는 것처럼 인간의 뇌 안에 의식이 있는 것이 아니라 의식(소스에너지 필드) 안에 뇌가 포함되고 보이지 않는 그물망 같은 선으로 연결된 것이다.

강력한 감정이 담긴 경험-예를 들어 목소리를 높여 싸운 일, 흥분하고 안타까워하며 관람한 야구경기-은 의식의 95%이상을 차지하는 잠재의식에 저장되고 우리는 이 메모리를 통해 어떤 일을 '무의식적으로' 알게 되거나 하게 되는데 잠재의식은 철저히 객관적 입장으로 우리의 생각을 그대로 투영해주는 거울처럼 행동하기 때문이다.

무대에 올라가 관심이 집중되던 일 때문에 트라우마를 겪은 H에게 잠재의식은 이렇게 말했을 것이다. "지금까지 해왔던 일이 있으니 갑자기 인기가 사라질 수는 없지만 이제부터 좋은 노래는 다른 가수에게 주고 너는 그저 그런 노래만 하면 되는 거야. 앞으로 다시는 관심을 독차지 하며 불편한 마음으로 살지 않게 해줄게." H는 스스로 죽도록 하기 싫은 일을 하지 못하게 만들고 있는 것이다.

인생에는 세 번의 큰 기회가 있다고 한다. 기회의 횟수보다 더 중요한 것은 그 기회를 내 것으로 당당히 받아들이는 믿음이다. "아니에요 ~ 제가 뭘...." 이라며 사양한다면 당신에게 찾아온 그 기회는 "싫음 말어, 너 아니어도 원하는 사람들 많거든..." 이라고 대꾸할 것이다.

'아니' 라고 하지 말고 우선은 무조건 감사해보라.

모자라고 부족하다는 믿음은 사랑을 받아들이거나 지키지 못하게 하기도 한다. 세기의 섹시 아이콘 마릴린 먼로 (Marilyn Monroe)는 어릴 때 부모가 이혼하며 버림받아 위탁 돌봄[84]을 전전하며 자랐다. 그녀는 세 번 결혼하고 이혼했는데 결혼식 당일 이미 이혼할 것을 알고 있었다고 말하기도 했다. 속옷을 입지 않고 가슴을 드러낸 채 드레스를 펄럭이는 사진이 신문과 잡지에 실린 후 그녀의 심리 상담사는 마릴린 먼로에게 왜 그런 행동을 했는지 물었고 그녀는 "세상 사람들 모두가 나를 사

---

84 Foster Care: 입양과 달리 정부의 지원금을 받아 가정에서 아이를 키워 줌

랑해야 해요. 어디에도 내 자리가 없는 건 견딜 수 없어요. 평생 가족도
내 편도 없었어요. 난 그 누구에게도 소속될 수 없어요. 그러니 모든 사
람들의 연인이 되어 사랑받아야 해요." 라고 대답했다. 대중이 그녀의
관능미를 좋아한다는 것을 알고 있었기 때문에 육체를 이용해 사랑을
확인 받고 싶어 했던 것이다. 많은 사람들이 그녀를 사랑했던 건 사실
이지만 정작 그녀는 자신을 사랑하지 못했기 때문에 항상 사랑에 굶주
렸다. 그녀는 자신이 부족해서 부모가 버렸다고 믿었지만, 그녀의 부모
는 단순히 이기적인 사람들이었을 뿐 그녀가 사랑받을 자격 없는 모자
란 아이라서 버린 것은 아니다. 아이는 부모가 나쁜 사람임을 인정하기
보다 자신에게 '문제가 있어서' 라고 믿는데 부모가 악하다면 그 부모
에게서 나온 자신도 본질적으로 악한 사람이라고 단정할 수 밖에 없기
때문이다.

내면의 아이

　온 몸에 심한 아토피가 있는 5살난 아이를 치유하던 힐러는 아이에
게 이렇게 물었다. "만약 아토피가 너의 친구라면 왜 너한테 왔을까?"
곰곰이 생각하던 아이는 "내가 이렇게 팔을 양쪽으로 펼치면 엄마가
크림을 발라줘요. 친구는 그래서 행복해요."
　갓난 아기 동생을 목욕시키고 정성스레 로션을 발라주는 엄마의 손
길이 부럽고 동생에게 질투가 났던 아이의 마음은 사랑과 관심을 확인

하고 싶어 아토피를 만들어 낸 것은 아닐까? 몸에 상처가 나면 관심을 쏟아 치료하는 것을 아는 의식은 사랑과 관심이 필요할 때 피부를 예민하고 약하게 해서 따뜻한 마음을 전해 받고 싶어한다. 우리에게 필요한 건 돈이나 행운이 아니라 사랑과 힐링이다.

아이는(알게 모르게 어른들도) 보통 네 가지 방법 중 하나를 선택해 사랑받고 있음을 확인하거나 사랑받을 명분을 찾는다.

1. 한 분야에 뛰어난 사람이 되어 인정받는다.

공부를 잘하거나 운동에 두각을 드러내기도 하고, 음악과 미술에 뛰어난 재능을 보인다.

잘하는 것이 있어야만 중요한 사람으로 인정받는다는 관념이 각인되면 외부환경에 집착하게 된다. 이득이 없다면 무시해도 된다는 결과 지향적 판단기준이 명확해지고 타협이나 이해를 거부하는 외골수가 되기 쉽다.

2. 보호받음으로 사랑을 확인한다.

병에 걸려 아팠더니 부모님과 가족이 정성을 쏟아 돌봐 준다. 의사와 간호사가 안타까운 눈빛으로 관심을 주니 아이는 행복을 느낀다. 자녀가 여럿인 가정에서 태어났거나 학업, 운동, 외모 등에서 월등한 면모를 보이는 형제, 자매가 있는 경우가 많다.

Y[85]는 아기였을 때 곧 죽을 거라는 얘기를 들을 만큼 매우 허약했다. 2살 터울로 태어난 남동생을 귀하게 여기는 어머니에게 사랑받기 위해 Y는 스스로 병을 만들어야 했을지도 모른다. 몸이 약해 누워 있는 시간이 많았던 Y는 학교에 들어가면서부터 건강하고 활동적인 아이로 변했다. 친구가 많아 항상 바쁘고 즐거운 학창시절을 보내던 그녀는 어린 나이에 연애결혼을 했다. 첫째 아이가 학교에 들어가자 점점 몸이 아프기 시작하더니 특정 병명 없이 어릴 때부터 몸이 약했다면서 누워 있기 일쑤였다. 집안 일은 아파서 하지 못했지만 고스톱을 치러 나가는 동안은 몇 날 며칠 밤을 새워도 피곤하지 않은 듯 보였다. 돈을 모두 잃고 집에 돌아오면 그녀는 다시 환자가 되었다. 무의식에 저장되어 있는 '사람들은 환자에게 관용을 베풀고 쉽게 용서한다.' 는 경험적 판단을 필요할 때마다 꺼내 이용한 것이다. 남동생에게 빼앗긴 엄마의 사랑이 그리웠던 2살배기 아기의 애정결핍은 평생 자신의 몸과 마음을 병들게 했고 그녀의 어린 자녀들을 고통속에 살게 했다. 성장한 아이들과 남편은 진실하지 못한 그녀를 외면하고 무시하기에 이르렀다. Y는 너무 썩어버린 마음을 들여다 볼 용기가 없어 점점 더 육체와 외부환경에 집착했다. 가족조차도 자신을 사랑하지 않는다고 느낀 그녀는 선택받은 자녀라는 종교의 달콤함에 빠지게 된다.

---

85 그녀는 전쟁으로 잃은 인구를 만회라도 하듯 많은 아이들이 한꺼번에 태어나 제대로 된 교육과 케어를 받지 못한 한국의 베이비붐 세대이다.

사이비 종교에 빠지는 수순은 대략 이러하다. 당신에게 문제가 있는지, 심리적으로 힘든지를 교묘하게 물으며 접근한다. '사는 게 어렵지 않느냐, 몸이 아프지 않느냐...' 며 당신의 이야기를 잘 들어주는데 누군가 내 말에 귀 기울여 주는 것이 얼마나 큰 위안인지 잘 알고 있기 때문이다. 당신을 위로하고 동정하면서 당신은 잘못한 것이 하나도 없다, 세상 사람들은 악하고 여호와를 모르기 때문이라고 한다. 그리고 당신은 여호와의 선택받은 자녀이므로 그들이 당신을 찾아올 수 있었다고 한다. 교회에 가기 시작하면 모든 것을 내줄 것처럼 하던 사람들은 세상에 미련을 두지 말라면서 하나님의 성전에 복을 쌓으라고 한다. 이런저런 명분을 붙여 돈을 많이 낸 사람들은 치켜세우고 헌금이 적은 사람들에게는 죄책감을 느끼게 만든다. 믿음이 부족하다는 식으로... 그리고 믿음을 증명하기 위해 전도해야 하는데 말하자면, 돈을 내든지 돈을 낼 다른 사람들을 불러 오든지 결정하라는 거다.

사랑은 우리를 살아있게 하는 본질의 에너지이기 때문에 우리의 잠재의식은 사랑을 느끼기 위해 무슨 짓이라도 한다. 이런 방식으로 사랑을 확인하게 되면 어른이 되어서도 아픈 곳이 많다. 자신을 있는 그대로 사랑하지 못하면 그 누구도 사랑할 수 없고 그 누구의 사랑도 수용할 수 없다. 참 자아를 알지 못하므로 사랑을 알 수 없기 때문이다.

3. 보살필 상대를 찾아 사랑을 주는 것으로 자신의 존재를 확인한다.

맞벌이하는 부모님을 대신해 집안 일을 하고 동생들을 보살폈더니 부모님이 대견해 하며 기뻐하셨고 이런 경험을 통해 스스로의 가치를 인정하고 만족감을 느끼게 된 아이를 예로 들 수 있다. 자신을 희생하는 것으로 사랑을 확인한 아이는 어른이 되어 도움이 필요한 배우자를 만나게 될 확률이 높다. 예를 들어 알코올 중독 남편을 돌보는 일을 자처하며 '이 사람은 내가 없으면 안 된다'고 믿는다.

4. 말썽쟁이가 되어 사랑을 확인한다.

보통 문제아로 분류되는 청소년에 해당한다. 문제를 일으켰더니 관심을 받게 되는 경우, 학교에서 이목이 집중되고 사람들이 나를 알아보는 것을 사랑이라고 착각하는 잠재의식은 조금씩 더 큰 문제를 일으킨다. 겉으로는 관심을 거부하고 싫은 것처럼 행동한다. 때로 좋은 선생님을 만나게 되면(이미 문제가 있는 가정의 부모가 변하는 경우는 드물기 때문에 가족의 도움을 받기는 어렵다) 문제를 바로 잡으려고 노력하더라도 의도와 달리 일이 어그러지는데 의식보다 무의식의 힘이 더 큰 탓이다. '문제 만들기'는 하나의 패턴으로 자리잡아 성인이 되어서도 특별한 이유 없이 반사회적 행동으로 이목을 끌게 된다. 차량의 머플러를 개조해 지나친 소음을 만드는 것도 관심을 끌고 싶은 잠재의식의 영향이다.

1번은 맞는 방법이고 나머지는 모두 틀렸다고 생각하는가? 그렇지 않다. 많은 사람들로부터 사랑받고, 물질적으로도 풍요롭고, 외모도 출중한 셀럽(celeb)이 자살하고 마약과 알코올 중독 같은 현실도피증을 앓고 있음이 이를 증명한다. 무언가를 잘하기 때문에, 돈이 많아서, 능력이 좋아서, 외모가 탁월해서...같은 외부조건이 나의 정체성과 존재의 이유가 된다면 그 허울(페르소나)이 사라지면 나는 더이상 사랑받지 못한다는 이치이므로 이들은 언제든 버림 받을 수도 있다는 두려움을 안고 살게 된다. 치유되지 않은 어린시절의 상처는 생활패턴으로 자리잡고 차츰 성격과 인격이 되어가고 무의식적으로 자신의 상처를 그대로 자녀에게 물려주기도 한다. 정신병과 자살이 유전처럼 가족내 전해지는 것도 이러한 이유 때문이다.

고민을 털어 놓으며 이야기를 하면 마음이 힐링된다고 느낄 수 있는데 누군가 관심을 갖고 내 말을 들어주는 것에 기분이 좋아지기 때문이다. 그러나 상담하면서 하는 이야기는 사건 진술서가 아니기 때문에 나에게 유리한 쪽으로 살이 더해지고 빠지면서 중요한 부분을 감추게 되는 부작용이 있다. 치과에 가서 이가 아프다고 열심히 얘기하고 고치지 않으면 아무 소용없는 것처럼 상담을 필요이상 하는 것은 치유에 도움이 되지 않는다. 과거의 그 사건은 참고자료가 될 뿐이다. 용서를 치유의 목적으로 삼은 후 자신을 포함하여 관련된 모든 사람들의 입장에서 객관적으로 분석해보는 빛에너지 치유방법을 쓸 수 있지만 내 얘기를 들어줄 사람들을 찾아다니며 에고의 관심병을 키우지 않도록 유의해야 한다.

모델 출신 아내와 영재소리를 듣는 아들을 둔 성공한 사업가 F는 가끔 기억을 잃을 정도로 술을 과하게 마시고 기분 전환으로만 한 번씩 마약을 하지만[86] 중독은 아니기 때문에 괜찮다고 믿고 있다. 가족은 모두 각자 생활하는데 익숙해져 있고 대외적인 일이 아니고는 얼굴을 마주하고 함께 식사하는 일도 없는 쇼윈도 패밀리로 전락한지 이미 오래다.

그는 우연한 기회에 최면 전문가를 만나게 되어 호기심에 최면치유를 받게 되었고 세션 중 형을 편애했던 아버지가 떠올랐다. 형과 같은 방을 사용했는데 어느 날 형 침대의 매트리스만 교체하는 아버지를 보게 되었다. 아버지는 애써 F의 서운한 눈을 피하며 "왜 이렇게 집에 빨리 왔냐?"고 호통을 치셨다. 아버지는 사과 한 개를 주어도 더 크고 깨끗한 것을 골라 형에게 주었다. 그는 아버지를 미워할 수 없어 자신에게 문제가 있기 때문에 사랑받지 못한 것이라는 이유 있는 미움을 선택한 것이다.

아이는 자신의 생존을 책임지고 있는 부모를 완벽한 절대자로 믿어 부모가 나를 사랑하지 않는 것은 나에게 문제가 있기 때문이라는 자기

---

86 매일 술을 마시지 않더라도 알코올을 입에 대면 의지대로 멈출 수 없다면 중독이다. 이를 Binge Drinking(빈지 드링킹)이라고 한다. 상대적으로 중독성이 약하고 자연에서 추출된 코카인, 대마초 등을 기분 전환용으로 가볍게 사용한다는 의미에서 Recreational drug use(레크레이션 마약) 라고 한다.

방어기제를 만든다. 부모에게 오류가 있다는 것을 인정하면 자신의 생존 자체가 위태로울 수 있기 때문에 부모를 완벽하고 좋은 사람이라고 믿어야 한다. 아무 이유 없이 누군가 나를 미워한다는 것은 견딜 수 없는 일이므로 잠재의식은 타당한 이유를 현실에 발현시켜 그 미움을 합리화하기도 한다.

F의 잠재의식에는 '알코올과 마약문제를 미워하는 것이지, 나를 미워하는 건 아니야. 이런 문제만 없으면 모두가 나를 사랑할 거야, 못 끊는 것이 문제야' 라는 믿음이 있다. 그러나 현실은 사랑을 느낄 수 없기 때문에 이유 있는 미움이 필요하므로 알코올과 마약문제는 계속 되어야 한다. 모든 것이 완벽한대도 사랑받지 못하는 건 상상할 수 없이 큰 두려움이므로 이 문제를 버리거나 고치지 못하고 보물처럼 안고 살아간다.

F는 힐링하면서 선언하듯 이렇게 말했다. "나는 이제 아무것도 할 수 없었던 8살 아이가 아닙니다. 그때는 이미 지나갔어요. 지금을 살고 있는 내가 바로 나입니다. 나는 내가 사랑해주겠어요. 남자로서 사랑이 어쩌고 하는 게 부끄럽지만 우리는 모두 사랑이 필요하고 그건 약함이 아니란 걸 깨닫게 되었어요. 벗어나려는 거친 밧줄을 안간힘을 다해 맨손으로 움켜 잡고 있었더니 내 손만 다 까진 것 같네요. 그냥 놓아주면 둘 다 편했을 것을... 아버지에게는 나름의 사정이 있었겠죠. 그건 아버지가 해결해야 할 카르마 일 것입니다."

 # 나는 내가 너무 싫다.

 음양을 얘기할 때 양은 밝고 따뜻한 좋은 것이고 음은 어둡고 음습하고 침울한 것이라는 고정관념이 의식을 지배하는 일이 흔하지만 밝고 따뜻함은 어둠과 차가움 없이 그 하나로 존재할 수 없다. 어둠이 없으면 빛이 밝다는 것을 어떻게 인지할 수 있겠는가?

동그란 원 안에 흑과 백이 반달처럼 갈라진 것이 아니라 서로에게 밀리고 또 받아들이는 곡선으로 화합되고 다시 음 안에는 온전한 양이 있고 양 안에 음의 모습도 부족함 없이 보름달처럼 차 있다. 음과 양은 분리된 두 개가 아닌 하나이다. 이렇게 세상을 흑백으로 분리하지 않고 바라보는 것이 비이원성(Non-Duality)지각이다.

음 에너지의 물 원소는 송과선 차크라와 수용적인 천골 차크라에 관여하는 여성성의 에너지이므로 여자는 일반적으로 남자보다 강한 음 에너지 기운을 타고 태어나고 잠재의식에 접근하는 최면 힐링에 더 긍정적인 효과를 내고는 한다.

최면세션을 받지 않아도 EQ감성지수 또는SQ 영성지수가 높거나 상위자아가 잠재의식 힐링을 계획했다면 다른 사람들의 이야기를 접하는 것만으로도 억압된 무의식 속 상처입은 내면의 아이가 수면위로 떠올라 서서히 셀프 힐링이 되기도 한다.

아래는 한 여성이 6개월에 걸쳐 조금씩 의식의 수면으로 올라오는 잠재의식을 자가분석하고 힐링하며 남긴 일기이다.

태어나는 순간부터 단지 여자이기 때문에 가족에게 사랑보다는 실망이었던 둘째 딸이었죠. 최면을 통해 과거로 돌아가니 한 살 아래 남동생이 태어난 후에는 그나마 남아있던 애기라는 귀여움마저 사라진 듯 보였습니다. 부모님에게 나는 기저귀를 차고 오리처럼 뒤뚱거리며 걷는 귀여운 아기가 아니었어요. 남자가 귀한 집안에서 아들인 남동생은 집안의 중심이었죠. 언니는 피부가 하얗고 애교가 많은 성격이었고 나보다 6살이 많았어요. 엄마는 나이 차이를 두고 태어난 아이는 아들일 확률이 100%라는 친구의 말을 믿었기 때문에 당연히 내가 아들이라고 생각했고 기대를 많이 한 만큼 실망도 컸다고 했어요. 계획 없던 임신에 관심도 주지 않았는데 아들로 나와 그 기쁨을 이루 말할 수 없었다고 '우리 귀한 아들' 이라며 남동생 얼굴을 쓰담으며 얘기하는 걸 자주 들었죠. 언니는 노래하고 춤을 추면서 사람들 앞에 나서는 걸 좋아했어요. 태어나면서 부터 사랑받고 자랐으니 관심이 집중되는 게 익숙했던 것 같아요. 엄마는 나를 보며 왜 언니처럼 노래하지 못하냐며 눈을 흘겼어요. 언니는 머리를 파마해 주고 리본으로 예쁘게 묶어 주고 손톱에 매니큐어를 발라 주기도 하고 핑크색 원피스를 입혀줬어요. 내 머리는 언제나 짧았고 남동생이 나보다 덩치가 커지면서 남동생이 입던 옷을 입기 시작했죠. 나는 예뻐야 사랑받는다는 생각을 강하게 했지만 그건 우리 가족이 내게 원하는 역할은 아니었어요. 가족은 눈에 띄지 않는 구석에 처박힌 빗자루 같은 나를 원했던 것 같아요. 엄마 아빠에게 잘 보이려고 집 안을 청소하고 초등학교에 들어가면서 양말과 속옷을 꿰매 입는 법을 스스로 터득했어요. 바늘에 찔리는 일도 많았지만 옷을 사달라고 할 수 없었어요. 무언가를 요구하다 거절당하는 기분을 되도록이면 느끼고 싶지 않았거든요.

부모님은 사이가 좋지 않아 목소리를 높여 싸우는 일이 많았죠. 싸움소리를 들을 때 심장이 콩닥콩닥 뛰는 공포를 느꼈어요. 크게 싸움을 하고 다음날 엄마는 분이 안 풀리는지 화를 내고 눈을 흘기며, "남의 집 애들은 부모가 싸우면, 울면서 말린다는데 너는 할 줄 아는 게 아무것도 없니?" 라고 했어요. '부모님이 싸우는 게 나 때문이구나' 하고 죄책감에 주눅들어 있는 어린 나를 명상 중 보았어요. 그리고 내가 왜 그렇게 눈화장에 집착하는지도 알게 되었어요. 사람들은 입보다 눈으로 더 많은 얘기를 할 수 있기 때문이에요.

중학교에 가면서부터 성격이 바뀌었어요. 위축되고 잉여 인간 같은 힘없는 내가 싫었던 것 같아요. 어디를 가나 참견을 하고 큰 목소리로 떠들어 사람들의 이목을 끌고 싶어 했어요. 집에서 받지 못한 관심을 밖에서 받고 싶었나 봐요. 고등학교 때는 과도하게 밝은 성격으로 인기있는 아이였어요. 그런데 강하게 보이고 싶었는지 어느 날 집에 가는 버스안에서 욕을 섞어가며 크게 떠들었는데 친구들은 그런 나를 따돌리기 시작했어요. 나는 주위에 사람들이 많았으면 좋겠는데 말을 많이 하고 과장되게 표현할수록 친구들은 더 멀어졌어요. 맘대로 인간관계가 이루어지지 않았고 내가 누구인지 소속감도 정체성도 없는 걸 다시 느껴야 했어요. 기댈 사람도 없었고 누구에게 도움을 청해야 하는지도 몰랐어요. 불안하고 답답해서 가슴을 째고 얼음 덩어리를 쏟아 붓고 싶었어요. 뭘 어떻게 해야 하는지 몰랐던 것 같아요. 따돌림 때문에 위축되어 학교에 가는 게 싫어서 자퇴를 했어요. 눈치가 보이고 구박이 심해서 집에 있을 수도 없었어요. 여기저기 길거리를 전전하다가 갈 곳이 없어 결국 사창가에서 몸을 팔았어요. 화장을 하고 마네킹처럼 앉아 있으면 남자들이 곁눈질로 쳐다보고 휘파람을 불기도 했는데 그런 관심이 좋았어요. 누군가 나의 존재를 알아주니 살아 있다는 느낌이 들었던 것 같아요. 나이가 들어 그곳에서 나와야 했고 그 다음엔 술집이나 식당에서 서빙을 하며 살았죠. 일하는 곳에서 다툼이 일어나거나 의견충돌을 목격하면 어떡해서든 풀어주려고 애를 쓰고 관심을 가지곤 했는데 돌아오는 건 "남의 일에 왜 그렇게 참견이냐? 너나 잘해라." 하는 야유 뿐이었어요. 그 때마다 속상했고 '내가 왜 이러지?' 했지만 여전히 눈치를 보고 주변 사람들의 감정에 따라 내 기분도 달라지곤 했어요. 그러면서도 날 좋아한다는 사람에게는 함부로 대했어요. 사랑받을 자격이 없다는 생각이 잠재의식 깊이 자리잡아 사랑받는 감정이 익숙하지 않아 거부하는 경우가 흔하다는 힐러의 말을 듣고 위안이 되었지만 그 때문에 슬프기도 했어요. 얼마나 많은 사람들이 나처럼 사랑받을 자격 없는 아이라는 잘못된 믿음 때문에 힘들게 살고 있을까......

진심으로 널 사랑해주었던 사람이 있었어요. 좋았던 날도 있었지만 기분 내키는 대로 하면서 변덕을 부려 그를 힘들게 했죠. 그가 떠난다고 하면, 화를 내고 욕을 했어요. 그리곤 얼마 지나지 않아 미안하다고 했죠. 그 다음엔 죄책감을 느끼게 해서 옆에 두려고 약점을 건드렸고 그래도 안 되면 진짜 사랑한다고 매달렸어요. 그런데 어느 날 이 방법이 더이상 먹히지 않았고 그는 진짜 나를 떠났어요. 내 과거를 모르는데도 내가 싫어 떠났다는 게 어찌나 분통이 터졌는지 몰라요. 지금 생각하면 그때 나의 의식이 얼마나 낮았는지 창피하기도 해요. 깊은 상처를 간직한 과거의 나는 사랑을 받거나 내게 없는 사랑을 상대에게 줄 수 있는 의식 수준이 아니었다는 걸 지금은 알아요. 애인과 헤어지고 난 후 행복한 커플을 보면 질투가 나서 친한 친구의 애인을 몰래 꼬셔서 만났어요. 둘을 헤어지게 하고 얼마 지나지 않아 자가면역질환에 걸렸어요. 이 병은 내가 나에게 준 형벌이예요. 친구의 마음을 아프게 한 것에 심한 죄책감을 느꼈고 이것은 하나의 에너지로 면역체계에 영향을 주어 나를 공격하는 형태로 발현된 것이라고 상위자아가 알려줬어요. 잠자리에 들면서 나의 마음을 들여다 보겠다 다짐하고 잠에서 깨어날 무렵 가만히 누워 있으면 잠재의식이 꿈처럼 보이고 이와 구분되는 상위자아의 음성도 느낄 수 있어요.

부모님, 언니, 남동생 모두를 향한 분노, 원망, 미움때문에 괴로웠던 거예요. 가족을 미워할 수 밖에 없는 마음을 가진 나 자신이 싫었던 거죠. 그 증오심에 대한 죄책감이 너무 커지자 의식은 친구의 애인을 유혹하게 해서 죄책감을 그 사람에게 던지고 싶었던 것 같아요. 그리고는 그 대가를 자가 면역 질환으로 치르게 해서 안도감을 얻은 거였어요.

죄를 짓고 들통나기 전에는 불안하지만 모든 것이 탄로나서 감옥이라도 보내지면 오히려 마음이 편한 것과 같은 이치라는 얘기를 들었어요. 맞는 말 같아요. 이 사실을 받아들이면서 기가 막히고 황당해서 얼마나 울고 웃었는지 몰라요. 내 마음을 들어주고 토닥여줄 사람이 있다면 치유에 도움이 되겠지만 친구의 애인을 유혹한 나에게 남아 있는 친구는 없어요. 가족도 친구도 없고 사회생활도 잘 하지 못하는 내가 자살하지 않는 게 되려 이상한 일 같아 보이네요. 명상을 하면서 전생처럼 보이는 일들을 보았는데 이런 경험을 이미 몇 번 했더군요. 갈수록 더 어려운 환경을 만나고 있는 것 같아요. 이번에는 피하지 않겠어요. 나는 나를 있는 그대로 사랑하는 법을 배우고 있어요. 지금 내 모습 그대로 사랑할 거예요. 나는 죄인이 아니고 피해자도 아니에요. 그리고 인생이 영혼의 경험이라는 것도 신(God)이 무엇인지도 알아요. 더 정확히 말하면, 나는 신이 되어가는 과정에 있습니다. 그래서 나를 아는 건 신을 아는 것과 같고 나를 사랑하는 건 신을 사랑하는 거죠. 나와 신(God), 그리고 우주(Universe)는 모두 하나예요. 우리는 모두 사랑이에요. 이렇게 글을 쓰면서 하나씩 내려놓아요. '과거의 나는 그저 경험일 뿐이다'를 하루에도 몇 번씩 되내 입니다. 지금의 내가 과거의 나를 어떻게 할 수 있는 것은 사실 없지 않은가?

어쩔 때는 나 자신을 용서하고, 때로는 상대방을 먼저 용서해요. 지금도 화가 나고, 눈물이 흐를 때가 자주 있어요. 할 수 있는 데까지 해 볼 거예요. 원망만 했는데 별로 나아지는 것도 없고, 나 같은 하류인간이 뭐가 대단해서 '신이 어쩌고 하나?' 하는 생각도 들지만 선거 운동하면서 들어달라고 하는 것도 아닌데 뭐 어떤 가요. 내가 나를 사랑해야 다른 사람들도 나를 사랑할 수 있어요. 그래야 그 사랑을 받을 수 있고 다시 사랑을 줄 수도 있게 돼요. 한탄스러움과 분노의 마음이 생기면 음악을 틀어 놓고 춤을 춥니다. 그럼 기분이 나아지죠. 어두운 방구석에 처박혀 우는 건 도움이 안 돼요. 바뀌는 건 없고 기분만 더 다운되는 시간 낭비예요.

문제의 원인을 찾고, 내면의 아이를 발견하는 이유는 트라우마가 되었던 원인을 제거하고 힐링하기 위함이다. 위 사례처럼 자신의 아픈 상처를 되도록 객관적 입장에서 글로 쓰면서 정리해 볼 수 있다. 과거의 상처를 담은 어두운 에너지를 갖고 있을 필요 없으니 분석이 끝나면 힐링에 집중하기 위해 글은 보관하지 말고 찢어 버려야 하고 원망하는 마음이 든다면 그 생각에 빠지지 말고 '원망하는 것은 과거에 계속 살겠다는 마음이다. 나는 잘 살겠다, 치유하겠다' 라고 다짐해보자. 그 누구도 자신의 의식수준 이상으로는 생각하거나 행동할 수 없다. 과거의 나도 그 보다 나은 선택을 할 수 있는 의식이었다면 그렇게 하지 않았을 것이고 상대방도 마찬가지이다. 우리가 과거를 용서해야 하는 이유이다.

돌아가면 그 뿐

> " 길을 잘못 들었다고 주저앉아 신세한탄 하지 마라.
> 새로운 길을 다시 찾아 돌아가면 그 뿐이다. "
>
> 에드거 캐이시

거식증(Anorexia: 먹는 것을 거부)에 걸린 A는 앙상한 뼈만 남았다. 영양실조로 머리카락은 점점 빠지는데 추위로부터 몸을 보호하느라 팔 다리에는 털이 나기 시작하고 가슴의 지방까지 빠져 여자의 몸이라고 볼 수 없었다.

A는 치유를 결심하고 최면세션을 받기로 했다. 힐러는 그녀의 잠재의식에게 무엇이 거식증을 일으키게 되었는지 그 원인이 되는 경험으로 데려가 달라고 부탁했지만 그녀는 기억을 떠올리는 것을 거부해 최면은 실패했다. 몇 번의 상담 끝에 용기를 내어 다시 세션을 받게 되었고 최면 중 그녀는 학교에서 돌아와 문 앞에 서 있는 13살의 자신을 만나게 되었다. 그리고 확장된 동공으로 포르노를 보며 헉헉대는 아버지를 창문 너머로 보게 된다.

충격에 빠진 어린 A는 자기자신에게 이렇게 말했다.

"아빠가 저 여자를 보는 것처럼 남자들이 나를 보게 하지 않을 거야. 난 절대 저런 모습의 여자가 되지 않을 거야."

B는 먹고 난 후 토해 버리는 블리미아(bulimia)거식증에 걸려 힘들어하다 치유를 시작했다. 최면 중 B는 이혼한 부모님 사이에서 아빠와 주말을 보내고 엄마 집으로 돌아온 차 안에 앉은 어린 자신을 보았다. 운전석의 아빠는 밖에서 쓰레기를 버리는 엄마를 보며 이렇게 말했다.

"살이 뒤룩뒤룩 삐져나온 역겨운 저 코끼리 허벅지를 매일 보지 않고 살아도 되니 얼마나 다행인지 몰라."

A와 B가 왜 먹는 것을 두려워 하게 됐는지 공감하는가? 심각하고 복잡한 문제로 보이는가? 데미지가 너무 커서 복구불능처럼 보이는가? 그들 부모의 잘못 같은가?

문제가 밖으로 드러나면 크게 보일 수 있지만 그 증상이 보이기 때문에 무언가 잘못되었음을 인지할 수 있고 당사자가 문제와 해결책이 모두 자신의 내면에 있음을 진심으로 받아들인다면 어렵지 않게 치유될 수 있다.

산업화, 기계화를 통한 성장과 발전이 중요한 시대에 살고 있는 우리는 감정을 돈 버는 일과 거리가 먼 쓸데없는 것, 나약하고 신뢰하지 못할 특성으로 여기는 경향이 강하다. A.I의 눈부신 성장에 놀라워하고 그들의 차가운 판단력을 소재로 한 영화를 보며 등골이 오싹하기도 하지만, 그 누구도 A.I처럼 감정이 배제되어 철저히 이해 타산적인 소시오패스 인간을 정상이라 하거나 닮고 싶어 하지 않는다. 그럼에도 감정이 풍부한 사람이라는 말은 힘들 때 위로 받기 좋은 사람 정도일 뿐, 대다수의 우리는 냉철하고 이성적임을 칭찬으로 여긴다. 감정이 다쳤다고 하기에는 자존심이 상해 감정을 억누르며 자신을 이성적인 사람이라 착각하는 일도 흔하다.

세상에 갓 태어나 울고 웃는 감정에 충실해 왔던 아이는 나이가 들어가면서 이성을 배우는 과정을 거치게 된다. 어쩌면 이성을 강조하는 사회적 인식때문에 우리 내면의 아이는 너무 빨리 감정을 억누르도록 강요 받아 온 것은 아닐까?

현대의 우리는 습관적으로 술을 마시거나 인터넷 포털을 훑어보고 게임을 하며 많은 시간을 보내면서 스스로에게 감정을 느낄 시간을 허용하지 않는다. 바쁘다는 말은 '나는 이 사회에 가치 있는 존재'라는 함축적 표현이 되었지만 나 자신에게는 소홀하다는 의미를 담고 있기도 하다. 느끼지 못하면 치유할 수 없고 느끼려면 자신의 감정과 생각을 바라 볼 시간이 있어야 한다.

치유할 것이 없다고? 치유, 위로, 사랑이 필요함을 너무 오래 억눌러 인지조차 하지 못하고 있는 것은 아닐까?

진실은 우리를 화나고 불편하게 만든다. 진실 앞에서 우리는 익숙한 거짓의 옷이 찢기고 대낮에 광장 앞에서 발가벗겨진 수치심을 느낀다. 하기 싫은 일을 노예처럼 하고, 자식을 소유물로 여기며 컨트롤 하는 것이 사랑이라 믿는 부모, 식어버린 결혼생활을 회복하려는 노력은 자존심 상하고 다만 아이들과 돈 때문에 한 집을 공유한다는 부부가 정상이라는 이 세상에 당당히 물음표를 던져라.

눈이 부셔 힘들지만 그래도 두 눈을 뜨고 진실을 보겠다는 당신은 깨어나는 영혼이다. '남들도 다 그렇게 사니까...' 라는 말을 더이상은 용납할 수 없어 억누르던 생각과 감정을 놓아 버렸더니 우울증[87]이라고 혀를 차겠지만, 불쌍한 사람은 자신을 속이고 살면서 그런 줄도 모르는 눈 감은 그들이다.

피플 플리저

피플 플리저(People Pleaser) : 가족, 동료, 친구 등 주변 사람들을 만족시켜야 한다는 의무감에 빠진 사람.

화목한 가정을 이루고 편안하게 사는 것 처럼 보이는 중년의 여인이 최면 힐러를 찾아와 입을 열었다.

---

87 Depression(우울증): De는 ~에서 떨어진, 분리된 이라는 접두사이고 pression은 누르다 (pressure:압력, 억압)에서 파생된 단어이다. 감정을 억누르던 일을 멈추면 우울증이라고 꼬리표를 달지만 자신의 감정을 밖으로 표현하였기 때문에 치유 가능성은 높다. Repression(감정 정체): Re는 '다시 또는 반복' 이라는 접두사로 지속적으로 감정 억누름을 반복하는 것이다. Suppression(감정 억압): Su는 '초과, 과도한' 의 접두사로 무리하게 모든 감정을 강하게 억누르는 상태이다.

"말기 암 환자가 부러워요. 마음 편히 죽을 수 있잖아요. 나는 사람들에게 미안해서 자살할 수 없어요. 엄마는 집을 나가고 6개월 후 자살했어요. 아마도 나는 유전적으로 우울증을 갖고 있는 것 같아요. 그 누구도 날 도와줄 수 없어요. 나는 사는 게, 숨 쉬는 게 왜 이렇게 힘이 드는지 모르겠어요. 나도 그 이유를 모르는데 누가 날 도울 수 있겠어요?"

M은 최면 세션을 통해 잠재의식에 묻혀 있는 마음의 상처를 찾아간다.

"할머니가 나를 노려 보고 있어요."

"지 애미하고 똑같이 생겨서 하는 짓도 똑같아. 내 아들 잡아 먹을 년!

최면에서 돌아온 M은 감정으로 기억된 메모리를 끄집어 내어 지난 사건들을 묘사하며 자신이 왜 그런 행동을 했는지 스스로 분석할 수 있게 되었다.

"아빠는 엄마와 닮은 나를 쳐다보는 것도 힘들어했어요. 날 사랑할 수 없었을 거예요. 그 누구도 날 사랑하지 않아요. 난 착한 아이가 되어야 했어요. 내 의견을 내세우거나 싫다고 말하지 못해요. 내가 무엇을 좋아하고 싫어하는 건 중요하지 않았어요. 지금까지 그 누구도 사랑하지 못했어요. 내가 사랑하는 사람은 날 사랑하지 않는다고 믿었어요. 나를 좋아한다고 하면 누구든 만나서 쉽게 잠자리를 했어요. 친구들은 왜 그런 남자를 만나느냐고 했지만 나를 원하는 사람이 있다면 그게 10분이어도 좋았어요. 섹스를 통해 사랑받고 있음을 확인했던 것 같아요. 미안한 마음에 잠자리를 하기도 했어요. 상처를 주기 싫었거든요."

M은 착하게 살아야 한다는 강한 믿음이 있었다. 그녀는 자신의 감정을 느끼는 것을 두려워하기 때문에 '내 감정은 중요하지 않다'는 자기방어 프로그램을 만들어 자신을 지켰던 것이다. 다른 이들의 감정을 필요 이상으로 크게 확대하고 중시했는데 그렇게 함으로써 자신의 감정을 억누를 수 있었다. 타인의 감정을 보호하기 위해 자신의 감정을 억누르며 살아온 그녀는 우울함을 밖으로 표현하지 않았지만 안에서 썩어가는 자신을 간신히 붙들며 공허한 웃음으로 사는 감정정체 (Repression)와 감정억압 (Suppression)을 앓고 있었다. 감정정체는 오래도록 감정을 습관적으로 억눌러 더이상 감정을 느끼지 못하는 것이고, 감정억압은 감정이 올라오는 것을 알고 있지만 인위적으로 과도하게 억누르는 것이다.

M은 과거를 부인하거나 상대를 비난하는 대신 더 행복한 삶을 살아가기 위해 할 수 있는 일들을 찾아보겠다면서 스스로를 힐링하기 시작했다.

> "아기였을 때, 할머니는 날 사랑스러워 했을 거예요. 달콤한 냄새가 나는 순수한 아기를 미워할 수는 없었을 거예요. 그 사랑만을 기억하고 나머지는 모두 잊겠어요. 내가 선택한 용서의 방법이에요. 할머니를 이해할 수 있어요. 당신 아들이 불행한 것에 속상하셨겠죠. 하지만 왜 내게 그 화풀이를 했는지 따지지 않겠어요. 그렇게 책임 공방을 하려 들면 이번생의 시간을 전부 써도 모자를 테니까요. 지

나간 일이니 잊겠어요. 나는 내가 제일 많이 사랑해 주는 게 맞는 것 같아요."

모든 것은 우리의 선택이다. 누군가를 실망시키지 않기 위해, 논쟁을 피하기 위해 어쩔 수 없이 하는 말과 행동일지라도 결국엔 내가 선택한 것이니 그 결과에 대한 책임도 나에게 있다. 원망하지 않겠다는 다짐은 힐링의 첫 번째 원칙이 되어야 한다. 상처의 원인을 찾되 '~때문에'라고 비난하거나 책임을 묻는 일은 내가 할 일이 아니다. 지금은 이해되지 않더라도 언젠가 그 이유를 알게 될 거라는 믿음을 가져 보자.

이번엔 M의 남편 K가 힐러를 찾아왔다.

K: "나는 최면 따위는 믿지 않아요. 와이프의 간곡한 부탁으로 오긴 했지만, 남에게 집안문제를 상의하는 건 내 방식이 아니죠. 와이프는 어린아이처럼 순진해서 내가 보호해줘야 합니다. 문제가 없는 사람이 어디 있습니까? 이 정도를 문제라고 생각하지 않아요. 매일 행복한 사람은 없어요. 일 열심히 하고 늙어서 병원에 적게 다니고 고생 덜하다 죽으면 그게 축복이죠. 당신은 절대 날 도와줄 수 없어요."

힐러: "당신이 그렇게 생각한다면 그 생각을 바꾸려고 하지는 않겠어요. 그 선택을 존중합니다."

K: "하지만 최면으로 담배를 끊은 친구가 있어 무언가를 찾을 수 있지 않을까 궁금하긴 해요. 그래도 잠재의식이나 무의식은 믿지 않습니다."

힐러: "네 알겠어요. 도움을 원하지 않는다면 도울 방법은 없겠지요."

K는 신체적으로 문제가 없는데도 불구하고 젊었을 때부터 잠자리에서 '안되면 어떡하지?' 라는 생각이 들면 그 날은 영락없이 되지 않았다. 연인과는 감정적으로 얽혀 있다 보니 강박의 강도는 더 컸기 때문에 교감보다는 즉흥적인 한 번의 관계를 추구했다고 한다. 결혼 후에도 관계보다는 스스로 해결하는 걸 선호했으므로 이 부부는 섹스리스 커플이 되었다. K는 와이프를 딸처럼 귀여워 해주었지만 피플 플리저M에게 섹스는 사랑하지 않는 미안함에 대한 배상이므로 줘야만 하는 의무였는데 그가 관계를 거부하니 M은 자신의 역할을 하지 못하게 되어 우울증이 더 심해졌다.

이들은 자신이 느끼고 싶은 사랑의 형태를 상대방에게 전해주려는 역전 전이로 표현하고 있던 것이다.

몇 달 후 다시 찾아온 K는 40년을 혼자 살고 있는 어머니 이야기를 하기 시작했다.

"아버지는 내가 태어나기도 전에 이미 대학에서 강의를 하셨고 어

202

머니는 여자로서는 드문 물리학 박사로 나중에 대학 교수가 되셨어요. 어머니는 조용히 생각하고 연구하는 걸 좋아하셨어요. 어릴 때 살던 집은 가까운 마을에서 차로 30분 가량 떨어진 외딴 곳에 있어서 같이 놀 친구가 없어 늘 심심하고 외로웠죠."

K는 최면을 통해 어린시절 인상적인 기억이 만들어진 때로 돌아가 엄마에게 '혼자 노는 게 싫으니 놀아달라'고 조르는 자신을 보게 된다.

엄마는 "나처럼 똑똑하고 지능이 뛰어난 사람이 유치하게 너와 놀 시간이 어디 있겠니? 지금 내가 하고 있는 일이 인류에 얼마나 큰 기여를 하게 될 건지 알기나 하는 거니? 너도 애기들이나 가지고 노는 장난감은 버리고 책을 읽어!"

힐러가 당신은 이런 사건이 있었기 때문에 지금 이렇게 된 거라고 설득을 해서는 온전한 치유가 일어날 수 없다. 스스로 자신의 상태를 받아들이고 이해해야 힐링이 되므로 한 번쯤 주체적으로 정신과 마음을 분석해 보아야 한다.

K 또한 세션에서 보았던 어린시절의 사건을 계기로 수면 위로 떠오른 무의식을 퍼즐처럼 맞추어 갈 수 있게 되었다.

"아버지가 돌아가시고 몇 년 후 어머니는 어떤 남자를 집에 데려왔어요."

최면 중 K는 엄마의 재혼을 결사 반대하며 친구에게 "난 엄마가 다른 남자와 잠자리에 드는 걸 용납할 수 없어, 엄마라면 당연히 자식을 위해 희생하는 게 최우선이 되어야 하는 거 아니야?" 라고 말하는 자신을 발견하게 된다.

우리는 무엇이 정당한 것인지, 옳은 일인지, 사랑인지, 집착인지를 알아보지 못했던 자신의 과거를 용서해야 한다. 초등학교 1학년이 고등 교육 수학을 풀 수 없는 것처럼 우리는 모두 자신의 의식수준 이상의 것을 알 수 없다. 초등학생이 미적분 문제를 풀지 못한 것을 수치스러워 하지 않는 것처럼 우리는 낮은 의식수준에 있던 자신의 과거를 부끄러워 할 필요가 없다. 하지만 충분히 부끄러워하고 죄책감에 괴로워해야만 이 같은 일이 쓸데없는 시간 낭비였음을 깨닫게 된다. 어두운 자신의 과거와 상대의 무지를 용서하면서 우리의 의식은 진화하고 성장한다.

어머니가 성관계 때문에 재혼을 원했던 것은 아니지만 자신에게 관심을 주지 않았던 엄마에 대한 원망이 잠재의식 깊은 곳에 내재했던 K는 그 미움에 이유를 입혀 스스로를 합리화하였다. 그리고 어머니의 성적 욕구를 부인하고 억누르도록 강요했다고 믿은 K의 잠재의식은 자신의 욕구를 인정하거나 허락할 수 없게 되었고 스스로에게 성적 무능함이라는 형벌을 내리고 아름다운 사랑의 나눔을 차단하게 했다.

문제의 원인을 찾았지만 마음을 열고 싶지 않았던 K는 "설마... 말도 안 돼" 라며 그 사실을 받아들이지 못했다.

힐러: "숨을 들이 마시고 들이마시고 계속 들이 마시기만 해보세요. 어떤 가요? 불편하죠? 이번엔 숨을 내쉬고, 또 내쉬고 계속 숨을 내쉬세요. 어떤 가요? 힘들죠?

사랑은 숨 입니다. 주기만 할 수도 없고, 받기만 할 수도 없어요. 함께 공유하고 나누는 아름다운 사랑을 상징하는 숫자는 2입니다. 둘이 같이 하기 때문이겠죠. 숨을 억지로 멈출 수 없는 것처럼 사랑도 마찬가지입니다. 사랑이 사라지면 마음은 숨이 떠난 육체처럼 뻣뻣하게 굳어 죽게 돼요."

남자들이 마음의 상처가 있음을 인정하지 못하는 이유는 이를 약점이라 여기는 에고 때문이다. 강해야 하는 것은 숫사자의 이빨이지 기계와 컴퓨터를 사용하는 지성적 인간이 아니다.

문제가 있다고 믿는 것은 부정적 에너지라 멀리하고 긍정적 생각만 하겠다며 '나는 행복하다, 나는 자신감이 넘친다, 나는 똑똑하다, 나는 사랑이다...' 같은 자기암시 메세지 (확언)를 열심히 했던 적이 있다. 이런 메세지를 들을 때 공기가 빵빵하게 채워진 배구공을 물 속으로 구겨 넣어도 조금만 힘을 빼면 위로 솟아오르는 것처럼 마음속 에고가 '아니, 너 불행해. 아니, 너 엄청 소심해. 아니 너 진짜 못 났거든. 너 사실 멍청하고 생각없잖아...' 하면서 끈질기게 나타났다. 마음의 상처를 적극적으로 힐링하지 않으면서 열심히 확언만 반복하는 것은 잡초의 잎사귀만 조금씩 뜯어내는 일과 같다.

문제가 있는데 없다고 우기는 것은 부정(deny)이고 그것보다 더 큰 부정은 내 문제는 남들과 비교도 안 될 만큼 너무 커서 고칠 수 없다는 에고이다.

의식의 6단계

사람들은 '말 근육이다, 치타처럼 빠르다'라고 하면 칭찬으로 여기지만 눈에 보이지 않는 지능, 정신 연령, 본능적 욕구를 동물에 비교하며 "동물 수준이냐?"라고 비아냥 거리면 기분이 상하기 마련이다. 인간은 맡겨진 역할을 수행해야 하는 반 강압적 외부의 기대에 미치지 못하면 실패자로 낙인 찍혀 무리에서 왕따가 되는 것을 두려워하는 사회적 동물이지만 고도로 발달된 지능, 정신, 감각을 이용해 고차원의 일을 끊임없이 창조하고 싶은 욕망[88]에 의해 움직인다.

동물은 외부의 환경변화에 반응해 행동하지만-예를 들어 낯선 사람이 다가오면 짖으며 공격과 방어를 한다- 인간은 외부자극이 없어도 자발적으로 생각하고 또는 영감을 알아차려 그것을 행동으로 옮길 수

---

88 인간은 동물이지만 먹고 자고 배설하는 욕구가 창조의 원동력이나 에너지원이 되지 않는다.

있는 주도적 생각능력이 활성화될 때 고차원의 일을 할 수 있다. 고차원의 창조는 능동적으로 생각하는 능력, 다시 말해 생각하는 자신을 알고 그 생각을 알아차려야만 가능하다.

인생(人生)이란 인간이 살아서 하는 모든 활동의 총체이다. 살아있음은 느낄 수 있다는 것이고 느낄 수 있음은 느끼는 그것을 알기 때문이며 알 수 있는 것은 그것이 나와 분리되어 무엇인지 인식하기 때문이다.

의식이 살아서 알고 있는 것은 인간의 삶(Life)이 되고 따라서 의식은 곧 생명(Life)이다.

그러나 인생은 의식하고 있는 자신을 알지 못함에서 시작되고 대부분은 생각과 육체가 자신이라 믿는 수준을 벗어나지 못하고 죽어간다. 자신의 생각을 분리해서 인지하는 빅 스텝을 밟을 때 의식은 껑충 성장하고 이런 자신을 알아볼 때 탈인간화가 일어나는데 이렇게 새로운 인간으로 업그레이드 되는 경우는 극소수에 불과하다.

그 의식의 진화 과정은 아래의 수순을 밟는 것이 일반적이다.

> 1. Life happens to me. 1단계 의식수준에서 인생은 나에게 일어나는 일들의 연속이다.

한 때는 사랑에 빠져 행복한 나날을 보내다 바람피는 애인을 목격해 충격에 휩싸이기도 하고 승진해서 즐거운 마음으로 일을 하는데 회사가 부도나 버리기도 하고 어렵게 임신이 되어 기뻐했는데 조산으로 아이를 잃어 버리기도 하는 인생의 수많은 사건들... 한 치 앞도 알 수 없는 일련의 사건들이 무작위로 생겨나는 것이 인생이다.

이세상에 던져져 아침부터 저녁까지, 태어나서 죽을 때까지 일어나는 일들에 휘둘리며 살아가는 것이 인생이라 믿는 것이 1단계 의식수준이다. 이렇게 당하는 피해자 의식의 1단계에서 삶은 두려움으로 가득 차 있고 공황장애로 힘들어 하는 이들의 주파수 영역이기도 하다. 어떤 상황에 놓이게 되면 '왜 나한테 이런 일들이 생겼지? 왜 나한테 이러는 거지?' 또는 '우리 부모님이 나를 더 사랑했더라면... 내가 좀 더 괜찮은 환경에서 교육 받았더라면...' 처럼 지금 바꾸거나 고칠 수 없는 일들을 원인으로 지목한다.

옳고 그른 일, 좋고 나쁜 사람들이라는 기준은 모두 그 사건과 관련된 사람들을 바라보는 개인의 지각에 따라 달라진다. 교통사고를 당한 사람 입장에서는 나쁜 일이지만 그 일로 망가진 자동차를 고쳐 수입이 생긴 정비사나 환자를 치료하게 된 병원에서 일하는 사람들에게는 좋은 일이 될 수도 있고 나에게 정겨운 친구가 현명한 직장 상사이거나 마음 넓은 이모라는 것을 확신할 수 없다.

정말 괜찮은 후배를 처제에게 소개 시켜줬는데 그 후배 때문에 마음 고생을 했다는 처제를 이해할 수 없다는 지인(K)이 있었다. 그를 좋은 사람이라고 여기는 건 그가 K에게 잘하기 때문일 것이다. 그에게 K 같은 선배는 한 둘이 아니고 그 많은 선배들의 부탁이나 심부름을 흔쾌히 들어주려면 가정에 쏟아야 할 시간은 당연히 그쪽으로 분산될 것이다. 확률적으로 그 후배는 좋은 남편감이겠는가?

피해자 마인드로 가혹한 인생에 당하고 살다 보니 기진맥진 답답하고 사는 게 재미없다. 그러다 생각이 창조의 씨앗이 된다는 사실을 알게 되면서 2단계 의식수준으로 진화하기 시작한다. 2단계 의식은 원하는 경험을 스스로 설계할 수 있다고 믿으며 끌어당김의 법칙을 신봉한다. 주체적으로 인생을 만들어가고 원하는 경험을 끌어 올 수 있음이 틀린 것은 아니지만 세상을 내 뜻대로 쉽게 주무를 수 없는 것도 사실이다. 한 두 번은 의도한 대로 일이 진행되게 할 수 있지만 장기적으로 원하는 경험만을 골라서 창조할 수 없음을 알게 된다. 불을 켜야지 생각하고 스위치를 올리면 방이 밝아지는 것처럼 모든 일이 이렇게 단순하게 이루어지지 않는 것은 우리는 혼자 살지 않기 때문이다. 예를 들어 이런저런 조건을 가진 애인을 만나고 싶은데 잘 안되는 경우, 나의 이상형을 갖춘 사람들도 그들 나름의 희망사항이 있고 생각이 있을 것이다. 생각 뿐 아니라 그 행동의 주파수 영역대까지 완벽히 부합되어야 서로의 경험으로 발현될 수 있으므로 상대의 입장에서 내가 그들에게 어필 될 만한 주파수가 아니라면 아무리 열심히 심상화 명상을 해도 발현 확률은 낮을 수 밖에 없다.

나의 의지대로 세상을 만들며 살 수 있다는 희망에 매료되어 영혼의 깨어남을 선택했지만 긍정적 생각이라는 사슬에 스스로를 옭아맨 꼴이 되기도 한다. '또 부정적으로 생각 했어. 이러면 안 돼!' 하며 조금만 부정적인 생각이 들어도 그 일이 일어날까 걱정하고 생각한대로 일이 진행되지 않으면 크게 실망하기도 한다. 감정을 컨트롤 하지 못할 때면 자책하고 생각과 끌어당김의 법칙에 집착하는 삶을 살기도 하는데 이 단계에서 오래 지체하는 경우가 흔하다.

바닷가에서 물 장구를 치면 작은 출렁거림을 만들 수는 있지만 바다 전체에 작용하는 강력한 물의 움직임을 의도한 대로 만들어 낼 수 없는 것처럼 개인의 생각이 세상 일들을 모두 컨트롤 할 수는 없지 않은가.

생각으로 인생을 창조하겠다면 가장 먼저 내 기분을 지금 바로 행복하게 만드는데 성공해야 한다. 나를 마스터 한 후야 외부의 것을 만들어내고 세상을 바꿀 능력이 생기게 된다.

3. Life happens in me. 3단계 의식수준에서 인생은 내 안에서 일어나는 일이다.

당하는 입장으로 인생을 해석하는 1단계와 스스로 특정 경험을 만들어 갈 수 있다고 믿는 2단계의식은 외부환경을 대항하는 형태로 바짝 긴장하게 되어 삶이 매우 피곤하다. 마치 링 안에서 권투시합을 하는 것처럼 계속 두들겨 맞거나 상대를 때릴 수 밖에 없는 전투 같은 것이 인생이다.

3단계 의식레벨에서 인생은 외부에서 펼쳐지는 일련의 사건이 아니다. 모든 일들은 그냥 일어나는 것이고 사건, 사람들, 외부환경을 이렇게 저렇게 받아들이기로 한 나의 마음이 바로 인생이다.

3단계 의식수준에서 우리는 상대의 말이나 행동에 상처를 받거나 기분이 좋아지기 보다는 내가 왜 이런저런 생각을 하고 감정이 들었고, 또 그렇게 반응했는지 분석하게 되고 그 결과를 바탕으로 지난 상처를 이해하는 치유를 시작한다. 인생은 배움을 얻는 경험의 장이므로 벌어지는 사건에서 자신을 분리해 바라보는 지각을 발달시킨다.

이 의식수준에서 인간은 연기하는 배우처럼 인생을 살아야 한다는 선현의 가르침을 이해하게 되고 캐릭터(에고)와 진짜 나(참 자아)를 구분할 수 있다.

> 4. Life happens for me. 4단계 의식수준에서 인생은 나를 위해 일어나는 것이다.

1~3 단계의 의식레벨에서는 지구라는 물리세계에 인간이라는 육체를 가지고 인생이라는 시나리오에 던져진 내가 '왜, 무엇을, 어떻게' 해야 하는지를 끊임없이 탐구하게 된다. 이세상과 사람들 그리고 자신이 무엇이고 어떤 역할을 해야 하고 어떻게 돌아가는지 배워야 하고 알아야 하기 때문에 쉴 없이 생각하고 움직이는 것이 인생이라 믿는다. 그러나 4단계 의식레벨에서 인생이란 나를 위해 아주 정교하게 짜인 감사한 선물이다. 이 세상은 재미난 놀이터와 같아 일어나는 모든 사건에서 즐겁고 행복한 일을 찾을 수 있다. 부정적인 경험은 배움을 견고히 하기 위해 치러야 하는 시험처럼 느껴지고 표면적인 사건 그 이상을 볼 수 있으므로 자연스레 모든 일에 감사할 수 있다. 인생은 내가 만드

는 것도, 분석해야 히는 것도, 힘들게 노력해서 쟁취해야 하는 목표들로 채워진 것도 아니며 인생이라는 무대에 내던져진 것도 아니다. 우리는 있어야 할 곳에 나타나고 해야할 말을 하거나 듣고, 해야할 일을 정확한 그 타이밍에 최선을 다해 할 수 있는 만큼 하고 있다. 인생은 물처럼 흐르는 자연스러움이다.

4단계의 의식수준에서 우리는 다소 시니컬하고 무감정 상태인 자신을 발견하기도 한다.

5. Life happens through me. 5단계 의식수준에서 인생은 나를 통해서 일어난다.

신성의 창조 에너지가 나를 마치 문처럼 통과하면서 펼쳐지는 것이 인생이라는 강한 믿음이 생기는 의식단계이다. 인생은 내가 허락하지 않고는 나를 통과해 발현될 수 없는 것이고 일어나는 모든 일과 자신의 생각과 감정을 자연스럽게 알아차릴 수 있게 된다. 모든 생명이 놀랍도록 아름답게 느껴지며 매일 하루 어떤 경험을 하게 될 지 호기심이 가득하다. 인생은 나의 게임이 되고 길거리의 사람들, 아름다운 호수, 작은 벌레들.... 오감을 통해 전해지는 물리세계의 정보가 모두 그 자체의 고유한 에너지로 살아있음을 느낄 수 있다.

5단계 의식레벨에서 우리는 사랑하는 이의 갑작스러운 죽음 같은 사건을 접하게 될 때, 그 고통의 에너지를 다른 차원으로 전환시킬 수 있다. 1단계 의식수준에서는 그 죽음으로 자신이 잃어 버린 것(사랑)을 슬퍼하고 죽음의 당사자 입장보다 친절하지 못했던 자신을 먼저 떠올리며 과거 기억을 괴로워하고 세상을 원망하지만 슬픔과 고통의 에너지를 고차원으로 변환한 5단계 의식레벨에서 사랑하는 이의 죽음은 예술로 승화되고는 한다.

6. Life is me and myself. 6단계 의식레벨에서 삶은 그저 나 자체이다.

살아있는 모든 생명 그리고 무생물일지라도 나의 의식을 심어 그 물질을 살아있게 한다면[89] 그것도 내가 될 수 있다. 모든 것.... 돌, 사람, 연못, 동물, 하늘의 구름이나 물질의 원자 조차도 내가 의식하여 알아보고 나름의 의미를 부여하게 되면 그 또한 나의 한 단면을 투영하는 것이므로 나 자신이 된다. 우리는 모두 연결되어 있는 하나이기 때문이며 이를 알아보는 의식은 영(Spirit)이고 우주이다. 의식하기에 존재함을 아는 참 나는 의식이다.

따라서 나는 삶이고 우주이고 모든 것이다. 1단계에서 인생은 두려움으로 가득 차 있다. 내가 원하는 것(생각하는 것)과 행동(하는 일)이 상충되기 때문이다. 6번째 단계에서 나의 뜻이 곧 참 나(창조주,신)의 뜻임을 알기 때문에 두려움은 사라지고 평화만이 가득하다. 하나됨(Oneness)과 떨어진 삶은 분리이며 곧 허상이므로 그 세상은 의미 없고 허망할 수밖에 없다.

---

89 달리 말해 그 역할을 할 수 있게 한다면. 예를 들어 휴대폰은 내가 열어 사용해야 그 가치가 살아 있게 되므로 나는 휴대폰의 입장에서 보았을 때 신과 같은 존재이다.

피해자 마인드(피해 의식)

현대의 우리는 아침에 눈을 뜨면서부터 수천의 정보에 무방비로 노출된 삶을 살아가고 있다. 길거리에는 광고판, 안내판이 넘쳐나고 TV와 스마트폰은 나의 선택과 상관없이 지속적으로 무언가 들이밀어 보여주고 들려준다. 내가 선택한 시간에 읽다가 언제든 덮을 수 있는 책과 달리 유튜브 같은 미디어의 정보는 스스로 씹어 삼키는 자발적 소화가 거의 불가능하다. 우리는 이렇게 세상의 정보(모두 누군가의 생각이고 감정이다)에게 뺨따귀를 맞으며 살고 있으니 피해자 의식이 생기지 않는 것이 오히려 이상한 일이다. 우리 모두는 피해자 마인드 라는 팬데믹을 몇 천 년째 앓고 있는 중이다. 외부정보의 공격으로부터 해방되고 싶은 영혼이 자연을 찾고 불 멍, 물 멍은 그렇게 유행이 된 것이 아닐까?

좋은 일, 잘한 일은 내가 잘해서 또는 운이 좋아서 일어난 일이고 어려운 일, 힘들고 고통스러운 일은 재수가 없고 팔자가 사나워서 또는 이런저런 사건, 상황, 사람들 때문이라는 마음이 피해자 마인드 신드롬이다.

현재상황이 좋거나 나쁘거나 상관없이 그 원인이 외부환경이나 다른 사람들 때문이라고 느껴진다면, 주도적으로 인생을 이끌어 가기보다는 환경과 사람들에게 끌려 가고 나만 부족한 것처럼 느껴진다면, 다른 사람들은 대체로 잘 사는데 내 인생은 계속 벽에 부딪히는 것처럼 느껴진다면, 당신은 피해자 마인드 신드롬에 빠진 것이 분명하다.

정도의 차이는 있지만 우리는 누구나 피해자 의식(Victim mind)을 가지고 있다. 사람들이 나를 안쓰럽게 생각해 줬으면 하고 바라거나 그들의 말과 행동을 확대 해석해 방어태세를 보이는 것이 피해자 의식의 흔한 발현형태이다. 고치고 싶고 바꾸고 싶은데 의지가 약하니 누가 날 억지로라도 이끌어 주면 좋겠다는 마음, 악조건을 이겨내고 있는 나의 모습을 누군가 안타깝게 또는 대단하게 여기며 알아봐 주길 바라는 마음도 피해자 의식이다. 능동적으로 세상을 바라보지 못하면 여러 경험 (에너지)을 끌어 당기는 것이 아니라 세상에 끌려 다니게 된다. 피해자 의식에 빠진 사람들은 미용실에 가서 "아무렇게 해주세요." 라고 말하고 내가 원하는 헤어 스타일이 완벽하게 나오길 바라는 마음으로 세상을 살아간다. 내가 결과의 원인이 되었음에도 남 탓을 할 수 있는 핑계를 덫처럼 쳐놓은 악의적 무책임이다.

정당하지 못한 대우를 받아 큰 상처를 입었거나, 어린시절 아이가 견디기 버거운 힘든 일을 겪었던 이들은 상처가 된 트라우마에서 자신을 보호하는 대처방법을 개발해 놓기도 하는데 다른 사람들에게 잘못의 원인을 찾고 자신은 무고하다는 믿음이 그것이다. 당신이 무고하지 않다는 것이 아니다. 상대방에게도 그들 나름의 이유가 있다는 것을 알라는 의미이다. 그 이유가 내 기준에서는 터무니없이 이기적이라 말문이 콱 막힐지라도...

불편한 상황이 닥칠 때 마다 무의식에 저장된 트라우마를 되새김질하며 이 문제 또한 내 잘못이 아니라는 합리화, 정당화의 방어기제를 이용하면 불편한 상황을 모면할 수는 있지만 과거의 사건에 자신을 계속 붙들어 두어 발전도 개선도 없는 우울하고 답답한 챗바퀴 인생을 살아가게 된다. 과거의 사건이 현재의식에 영향을 주고 있는 것을 부정하고 괜찮은 척 해서는 안되지만 항아리 깨부순 사람 멱살 잡고 늘어지는 시간이 길수록 마실 물 없어 더욱 목 마르게 되는 사람은 자기자신이라는 것도 기억해야 한다.

앞뒤 잘린 무조건의 용서가 답이라 거나 부당한 처우를 묵과하고 넘어가라고 하는 것이 아니다. 진정으로 변화된 삶을 원한다면, 자신이 과거의 사건을 토대로 '합리화 정당화 방어기제'를 사용하는 피해자 의식이 있음을 인정하고, 최근까지도 문제가 된 그 사건의 뿌리는 잠재의식 속에 당했다는 믿음을 만든 최초의 그 기억이 발단임을 직시하여야 한다.

지금 당면하고 있는 문제가 무엇이든 결과적으로 상대방이 나를, 또는 내가 상대를 이해해주지 못하기 때문에 문제로 불거져 나온 것이다.

피해자 의식은 일종의 '관종병'이다. 다른 사람들에게 인정받기를 원하고, 내가 너를 인정하고 알아봐 주고 있음을 상대가 알기를 바라는-거기에 내가 조금이라도 더 많이 이해 받아야 한다는 조건이 추가로 붙는다-상호의존성이 높고 자존감은 낮은 이들에게 두드러지게 많이 나타난다.

과거의 사건을 수긍하거나 상처가 된 사람들을 용서하거나 원망하기 전에 내가 먼저 나를 들여다 보자. '누가 나를 괴롭힌다, 누가 나를 사랑하고 관심을 준다.' 라고 생각하기 보다는 자신이 주체가 되어 '내가 괴롭힘을 당한다고 느끼는구나, 내가 무시당한다고 느끼는구나, 내가 사랑받고 있다고 믿고 있구나, 내가 중요한 사람이라고 느끼는구나' 하고 마음을 바꾸어서 상황을 보라. 이런 감정과 생각은 재밌는 코미디처럼,

애달픈 순정영화처럼 곧 끝나는 단편적 일과일 뿐 영원불변의 진리는 될 수 없다.

　누구에게나 그렇듯 필자에게도 문제라는 것들이 종종 발생한다. 일어나는 사건, 생각, 감정을 알아차리려고 노력하면서부터 부정적으로 보이는 일이 생겨도 그 상황에 빠져 괴로워하는 일이 점차 없어졌고 기분이 나빠지더라도 금방 '그럴 수도 있지' 하고 털어 버리고 제자리로 돌아오는 자신을 발견하면서 이런 일들을 잘 헤쳐 나간다고 믿었다. 그럼에도 그다지 기분 좋지 않은 일이 반복되는 것을 이해할 수 없었는데 별일 아닌 것처럼 친구와 이런 사건을 얘기함으로 그 일에 에너지를 실어주고 실재화 시키고 있었음을 깨닫게 되었다. 그 상황을 잘 이겨냈다고 하더라도 이를 떠벌리는 것은 자신이 얼마나 불쌍한 피해자였는지 그리고 이런 사건을 현명하게 극복한 내가 얼마나 대단한 사람인지를 알아봐 주길 바라는 인정욕구 가득한 관종병 피해자 의식상태이기 때문이다. 불쌍해 보이고 싶고 동정 어린 관심을 받고 싶어하는 마음은 스스로를 불쌍하다고 여길 수 없는 우주 에너지에 접속하는데 큰 장애물이 된다.[90] 이를 알아챈 후 나의 문제에 대해 얘기하지 않았고 비슷하게 반복되던 부정적 사건은 사라지게 되었다. 상위자아의 시선에서 나를 아기처럼 사랑스럽게 바라보되 남들도 그들의 상위자아가 그들을 어여삐 여길 수 있도록 해야 한다. 다른 사람들도 나를 사랑해주고 안

90　비슷한 에너지(주파수)끼리 끌리고 공명하기 때문에 우주의 사랑 에너지에 연결되려면 나 자신도 모든 것을 가진 우주처럼 생각하고 느끼고 행동해야 한다.

타까워 하길 바라는 마음이 이기심이다. 사람들이 나를 미워하든 사랑하든 그런 감정은 지나가는 구름 같아 언제든지 변하는 것이다. 내가 하늘이라면 극히 작은 나의 일부분을 잠시 가리는 구름 따위는 그리 중요하지 않을 것이고 그렇게 믿는 것은 나 혼자 마음으로 충분히 할 수 있는 일이다. 맘대로 할 수 있는 것은 내 마음 뿐이다. 우리는 반드시 자신의 마음을 다스릴 수 있어야 한다.

아래는 피해자 의식을 치유하는 자기 암시 확언 메시지이다. 거부감이 드는 부분이 있다면 그것이 힐링해야 할 포인트이다.

나는 강한 정신력의 소유자입이다.

나는 침착한 사람입니다.

나는 판단능력이 월등히 좋습니다.

나는 인생의 여러 난관을 재미난 게임처럼 격파하면서 강한 성취감을 느낍니다.

나는 문제의 상황을 정확히 관찰하고 효율적인 방법으로 대처하는 능력이 뛰어납니다.

나는 모두에게 공정한 방향으로 인간관계를 이끌 수 있는 주도권이 있습니다.

나는 다른 사람들을 비난하는 마음을 내려 놓겠습니다.

나는 당면한 문제들의 해결책을 찾는 능력이 있습니다.

나는 나의 행동에 대한 모든 책임을 지기로 선택합니다.

나는 죄책감이 비효율적인 시간낭비라는 것을 잘 알고 있습니다.

나는 긍정적으로 상대를 이해하는 습관을 만들겠습니다.

나는 주도적으로 상황을 대처하는 능력이 탁월합니다.

나는 다른 사람들이 나를 이용한다는 자기방어기제를 알아차리고 방패를 내려 놓듯 이를 버리겠습니다.

내가 허락하지 않으면 그 누구도 나를 이용할 수 없습니다. 나는 내 인생의 주인 이므로 나는 상대방을 도울 수 있고 그것은 나의 선택입니다.

나는 힘든 인생을 살고 있다는 잘못된 믿음을 치유 하겠습니다.

나는 내 자신이 불쌍하다는 생각을 버리겠습니다.

나는 다른 사람들이 나의 행복에 영향을 주고 있다는 의존적 마음을 알아차리고 치유하겠습니다.

나는 나의 행복을 스스로 창조할 수 있습니다.

나는 나의 행운을 스스로 만들어 갈 수 있습니다.

나는 이제부터 긍정적이고 밝은 사람들을 내 주위에 끌어들이겠습니다. 왜냐면 내가 긍정적이고 밝은 사람이기 때문입니다.

나는 부정적인 사람들을 치유할 수 있는 빛과 사랑의 에너지입니다.

나는 내가 누리고 있는 많은 축복을 감사합니다.

나는 파워 넘치는 사람입니다.

나는 건설적이고 사랑이 담긴 반대 의견을 기쁘게 받아들일 수 있습니다.

나는 나의 약점을 있는 그대로 볼 수 있으며 스스로 약점을 강점으로 바꿀 수 있 습니다.

나는 나의 실수를 쿨하게 인정합니다.

누구나 실수를 하는 것이고 그런 실수는 인생을 재미나게 만들어 주기도 합니다.

나는 약점이 있는 사람들을 감싸 안을 수 있는 넓은 아량이 있습니다.

신문과 뉴스에서는 그 창시 이후로 나쁘고 힘들고 어려운 세상이라고 말하고 있 지만 나는 그들이 왜 부정적인 것 만을 강조하고 거짓을 얘기하는지 이해합니다. 이 세상은 보는 관점에 따라 아름답기도 하고 고통스러운 곳이 되기도 합니다.

나는 이곳을 아름답고 재미난 곳으로 보겠습니다.

나는 세상이 좋은 곳임을 알고 있습니다.

나에게는 좋은 일과 긍정적인 일이 많이 생깁니다.

나는 우주가 내게 준 축복에 감사합니다.

긍정적인 사람이 주위에 있는 것은 참 기분 좋은 일입니다.

그래서 나는 긍정적인 사람이 되어 많은 사람들을 행복하게 하겠습니다.

나는 상처와 고통을 내려놓기로 결정했습니다.

나는 매일 더 독립적이고 당당한 사람으로 성장합니다.

나의 의식은 매일 더욱 진화합니다.

나는 나 자신을 있는 그대로 사랑합니다.

나는 내 인생을 사랑합니다.

나는 나의 생명을 감사합니다.

셀프 러브(SELF-LOVE)

우리는 모두 자신의 인생을 스스로 만들어가는 크리에이터 이다. 하루동안 벌어지는 모든 일들은 내가 그리고 나와 이런저런 관계를 맺고 있는 사람들과 공동 창조한 사건들의 집합체이다. 살아있는 동안 매일 매일 우리는 이렇게 삶을 만들어 간다.

일하는 게 싫다고 수년간 불평해 왔으면서 회사에서 해고된 게 억울하다고 할 수 없는 이유는 스스로 그 사건을 조금씩 창조하여 왔는데 단지 그 결과물이 오늘 발현된 것 뿐이기 때문이다. 열심히 공부한 적 없으면서 어려운 문제가 나와서 시험을 못 봤다고 말할 수 없는 것도 마찬가지이다. 그런 말을 해 봤자, "나는 지금 당장 의식을 높여 신(인간의 관점에서 보았을 때)이 될 수도 있지만 세상에 던져진 그저 그런 피해자로 한평생 살다가 다음 생에 이보다 어려운 환경에 태어나 똑같은 인생시험(4밀도계 신으로 진급하는)을 또 치르며 살겠다."를 선언하는 꼴 밖에 되지 않는다.

3밀도계 의식을 졸업하고 4밀도계(5차원)으로 차원 상승하려면 좋은 일이든지 나쁜 일이든지 알았든지 인지하지 못했든지, 나에게 일어난 모든 일에 대해 내가 그 원인에 어떤 식으로든 관여했음을 인정해야 가능하다. 이를 의식적으로 하고 있다면 힐링 과정 중인 것이고 자연스럽게 가능하다면 힐링 막바지에 온 것이다.

"음... 그래~ 내가 만든 일이지. 얼마만큼 관여했는지 분석해볼까?" 한다면, 빛에너지 힐링 방법을 사용하는 것이고, "모든 것을 맡기겠습니다. 미안합니다. 용서합니다. 사랑합니다" 하면 사랑 에너지 힐링 방법을 쓰는 것이다.[91]

둘 중 하나의 방법을 택해 힐링 하다 보면 어느새 다음 레벨로 진입해 있을 것이다.

내가 스스로 자처해 만들고 있는 세상, 우주, 인생...
깨어나는 영혼들이 가장 처음 그리고 흔하게 듣는 얘기들이 이 끌림

---

91 빛과 사랑 에너지 힐링 방법은 3부에 소개된다.

(끌어당김)의 법칙에 관한 것이다. 하지만 대부분 정확히 이해하지 못하고 둥그스름하게 이용해서 도리어 에고를 키우고 더 강하게 하고 있다.

내가 원하는 대로 세상이 펼쳐진다.

우주는 풍요로움 그 자체이다.

보아라, 이 세상을...

자연은 봄의 푸르름과 가을의 풍성함을 멈춤 없이 지속하고 돈은 넘쳐난다. (누가 다 가지고 있는지 모르지만)

시장과 호텔 뷔페에는 먹을 것이 넘치게 쌓여 있고 좋은 자동차, 고급스러운 물건들, 안락한 집, 럭셔리한 명품도 허다하다. 다만 이 모든 것을 내가 지금 당장 이용할 수 없다는 것뿐이지...

우주(신)는 무한함이다. 나는 살아있다.

나는 지금 나의 존재함을 인식하고 있다.

나는 그 절대의식(신, 우주, 아버지, 창조주, 하나님과 하느님, 하나됨,oneness, 상위자아, 성령.... 이름이 뭐든지 상관없음)의 일부이다. 그 곳[92]에 연결되어 있는 하나임을 알아 보기만 한다면 이 모든 것은 곧 나의 것이다.

그런데 여기서 말하는 '나'는OOO라는 이름의 인간이 아니다. 영원히 변하지 않고 죽거나 소멸되지 않는 빛과 사랑 에너지인 The SELF(대문자 자신)가 바로 진짜 '나'를 의미한다.

---

92 거미줄 같은 의식의 연결이라 필드(field: 장)라고 부르며 데이비드 윌콕의 소스 필드도 같은 말이다.

참 나는 나 자신을 포함한 모든 것을 있는 그대로 받아들이고 사랑한다. 모든 것은 하나(신,우주, 창조주)이기 때문이다. 끌어당김의 법칙을 이용하여 상상한 것들(주차 공간, 자동차, 집, 직장, 사업, 시험합격, 연인....)이 물질 세계에 나타나는 발현의 핵심 포인트 역시 자신을 있는 그대로 사랑하는 셀프 러브이다.

있는 그대로 사랑하고 받아들이는 셀프 러브는 머리가 좋아서, 얼굴이 예쁘고, 몸매가 뛰어나서...etc 같은 외형에 치중된 빈 껍데기 집착이나 나르시시즘(Narcissism:자신에 대한 지나친 애착), 다른 사람들의 권리를 묵살하고 나의 이익을 우선시하는 비뚤어진 자기애(自己愛)가 아니다. 나의 진짜 모습(참 나, 상위자아 의식)을 받아들이고 에고의 인간자아를 이해하는 것이 진정한 자기 사랑(셀프 러브)이다.

창조주가 우리의 영혼을 자신의 일부로 이해하기 때문에 분리를 모르고, 있는 그대로 우리를 사랑하는 것처럼 내가 만든 에고를 이해하고 사랑하는 일은 아름다운 봄날의 꽃들처럼 화사할 것 같지만 사실 개똥을 얼굴에 처바르는 것보다 역겨운 일이다.

나는 내 속에서 일어나는 생각과 나의 마음을 알고 있지 않은가? 내가 했던 행동을 모두 기억하고 있지 않은가? 그 수치스럽고 파렴치하고 더러운 일을 저지른 나를 이해하고 사랑하는 일이다. 실수하는 나, 악에 받쳐 울부짖는 나, 증오하는 나, 비겁한 나, 욕심부리는 나, 모자라고 멍청한 나...를 밀어내지도 합리화하지도 말고 '아직은 잘 모를 수 있지' 하며 인자하고 사랑 넘치는 할머니가 아기를 품에 안듯 그냥 끌어 안고 보듬어 주는 것이 셀프 러브이다.

상위자아가, 하나(Oneness) 님이, 성령이, 이 우주가 나를 그렇게 대하고 있지 않은가?

말은 쉽지만 그 누구도 몇 달 아니 몇 년 안에도 자신을 진정으로 사랑할 수 없다. 좋은 것, 맞는 것, 옳은 것은 나(참 나)이고 틀린 것, 창피한 것, 실수한 것은 에고라 내가 아니라고? 아니다. 모든 것이 나이다. 이렇게 구분하는 그 마음만 내려 놓으면 된다. 자신에 대한 판단이나 생각을 바라보고 조용히 지나가게 두어야 한다. 어떤 이유인지 모를 수 있지만 과거 또는 전생에서부터 전해져 온 내 의식의 발현이고 이 또한 내가 창조한 나의 삶이다.

숨을 쉬고 혈액이 순환되는 신체작용에 일일이 참견하고 의미를 두지 않는 것처럼 나 까짓 것이 뭐라고 혼자 잘나서 인간 에고를 부끄러워하고, 방어하고, 또 애달파 하는가. 인생을 너무 심각하게 살 필요 없다. 어쩔 수 없었던 나를, 아직은 부족하고 모자란 나를 그만 괴롭히고 놓아주어야 한다.

나를 사랑한다는 것은 자신의 진정한 정체성 참 나[93]대로 사는 일이고 따라서 내가 이 모든 우주의 풍요로움을 받을 가치가 있음을 스스로에게 증명하는 것이다. 표현에 따라 참 나와 하나 됨, 상위자아를 받아들임이라고 하기도 하는데 참 나가 이 우주이기 때문이다.

---

93 모든 것 자체인 의식이며 인간 자아의식과 구별하여 상위자아 의식이라 하기도 한다.

참 나는 인간 육체를 숨쉬게 하고, 두뇌에 존재하는 100조개에 달하는 뉴런의 시냅스를 연결시키고 혈액을 순환시키는 그 힘과 같은 힘이며, 우주의 슈퍼 노바와 비를 만들고, 쓰나미와 태양의 빛을 일으키는 에너지와 같다.

셀프 러브(나를 있는 그대로 사랑하는 일: 참 나로 사는 일)는 이와 같은 모든 에너지의 근원이 내 안에 있음을 알아보는 일이고 따라서 물질세계에서 나의 계획이 발현되는 핵심이 되는 것이다. 나는 모든 것이므로 내가 나를 누리는 것은 당연한 일이기 때문이다. 그래서 참 나를 사랑할수록[94] 생각하고 있던 계획이 현실에서 발현되는 시간도 빨라진다.

자 이제 왜 그렇게 끌어당김의 법칙이 마음대로 되지 않는지 이유를 알 것 같지 않은가? 개똥을 얼굴에 처바르는 일보다 역겨운 '에고 사랑'을 해야 하기 때문이다. 에고가 에고를 사랑하려고 하니 더럽고 추악한 것이다. 에고는 '자신의 생각과 마음에 책임이 있다'고 모래 수렁 같은 죄책감을 이용해 우리 의식을 더 깊은 어둠으로 빠뜨리는 일에만 관심이 있다. 에고는 절대 그 무엇도 진정으로 사랑하지 못한다. 그것은 실재가 아닌 허상이기 때문이다. 이제 가짜와의 논쟁을 종식하고 상위자아로 의식을 차원 상승해야만 진짜 사랑을 알 수 있다.

〈기적수업〉에서 예수 그리스도가 "네가 바로 천국이다"고 말했듯 우리는 조금씩 더 나은 사람이 되고, 더 행복하고 밝은 사람이 되어 나 자신을 천국으로 만들기 위해 매일 노력해야 한다. 그렇게 하다 보면 어느

---

94   에고를 포함한 모든 것을 있는 그대로 수용하고 받아들이는 일

새 상위자아가 삶 속에 발현되어 지상이 천국이 된다는 말을 이해하게 될 것이다. 그리고 "네 이웃을 네 몸과 같이 사랑하라."는 예수 그리스도의 말이 우리는 하나이기 때문에 나를 사랑하는 일이 모두를 사랑하는 것이고, 모두를 사랑하는 일이 나를 사랑하는 것과 같음도 알게 된다.

아침에 일어나 거울을 보면서 고개 숙여 "사랑합니다. 감사합니다."라고 인사 해보자. "나는 이 세상의 모든 것을 받을 가치 있는 영혼이고 지금은 사람이기도 합니다. 나는 나를 있는 그대로 사랑합니다."

물론 눈에 보이는 이 육체가 나(THE SELF, 참 나)는 아니라 할지라도 육체를 통해 일어나는 생각과 감정[95]은 신(Oneness)과 나(영혼)의 소통수단이 된다.

상위자아로서의 내가 나를 사랑하려면 먼저 스스로에게 솔직해져야만 한다. 돈을 많이 벌고 싶은 이유가 가족을 행복하게 해주기 위해서라고 하지만, 사실 배우자에게 인정받고 싶고 자녀에게 존경받고 싶은 애정 결핍증 때문이지 않은가? 그들을 있는 그대로 무조건 사랑하므로 행복하게 해주고 싶다고? 만약 그렇다면, 배우자가 졸혼을 요구하고 자녀가 당신 뜻을 완강히 거역해도 그들의 욕구를 만족시켜 주길 원하는가? 사실 가족이 나한테 잘한다는 조건하에서 그들을 행복하게 해주겠다는 것이 속마음 아닌가? 그들이 '나의 가족'이라는 전제 자체가 조건이 붙은 것이므로 부모사랑, 자식사랑은 모두 조건부 사랑이다. 나

---

95 우리 생각과 감정의 마음은 성스러운 창조주의 영과 인간 에고가 동전의 양면처럼 같이 존재함을 다시 한번 강조한다.

와 가족이라는 계약관계에 있는 사람들로부터 인정 받고 싶은 욕구 때문에, 나를 알고 있는 사람들에게 대단하게 보이고 싶은 의존적 마인드 때문에 돈을 벌고 싶은 것 아닌가? 상대가 아니라 자신의 입장에서 욕망을 바라보아야 자신에게 솔직해질 수 있다.

'나는 다른 사람들의 시선이 중요한 사람이구나.' 하고 자신을 먼저 들여다 보고 치유해야 한다.

또한 마음에 들지 않는 나의 한 부분, 예를 들어 탈모, 비만, 낮은 학력 등이 나를 사랑할 수 없는 이유가 된다면 두가지 중 한 방법을 사용해 이를 극복할 수 있다.

첫째, 수정하려고 노력하는 것이다. 외부로 드러나는 나의 한 면이 싫어 나를 있는 그대로 받아들일 수 없다면 힐링이 필요하다는 증거이다. 다이어트에 성공한 사람들은 모두 하나같이 자존감이 높아졌다고 하는데 자존감은 남들이 뭐라하든 내가 나를 존중하고 사랑하는 마음이기 때문이다. 그러나 무엇이 싫다는 것은 거부이므로 바꾸고 고치겠다는 다짐을 하기전에 '참 나'를 창조한 창조주가 나를 있는 그대로 사랑하듯 내가 만든 나의 모습을 우선은 받아들이고 이해해야 한다. 그 후에 사랑과 관심을 쏟아 할 수 있는 일들을 하면서 조금씩 스스로를 치유할 수 있다.

기억하라.

수단이라고 생각하던 그 과정이 바로 인생의 목적이고, 당신이 성취하고 싶은 그 목적은 진정한 깨달음을 위한 치킨 같은 수단이다.

둘째, 참 나 만을 알아보는 것이다. 하지만 처음부터 이런 마음을 가질 수 있었다면 당신은 이 책을 포함한 그 어떤 외부의 지식도 필요 없었을 것이다. 있는 그대로의 나를 사랑한다는 것은 나 자신을 육체로 보며 그 육체의 결함을 싫어하고, 남들보다 우월한 면에 자부심을 느끼는 그 마음을 '옳다 그르다' 판단하지 말고 그냥 알아봐 주는 일이다. 그것이 어둠이라면 바라보는 빛에 의해 자연스레 사라질 것이고 그것이 빛이라면 응당 더 큰 빛이 될 테니까.

우울하고 불쾌한 과거의 사건 또는 나 자신을 포함한 어떤 사람에 대해 부정적 마음이 들 때, 이를 해결하려고 하거나 합리화 하려는 에고와 생각싸움에 빠지지 말고 숨을 크게 쉬어 보자. 기쁘고 좋은 일이 있을 때도 행복한 자신을 알아보며 숨을 쉬고, 어렵고 짜증날 때도 의식적으로 숨 쉬는 습관을 들이다 보면 풀려야 할 때 알아서 일이 풀리고 해야할 일을 꼭 때에 맞춰 하고 있는 자신을 발견하게 될 것이다.

우리에게는 모두 사랑하는 사람이 최소 한 명은 있다. 보통 내 아이, 부모, 형제, 연인, 배우자 또는 친구들을 사랑하고 누군가는 임영웅, BTS, 블랙핑크를 사랑하기도 할 것이다.

그들을 사랑하듯 나의 마음을 사랑해보자. 사랑하는 사람을 만나면 맛있는 음식을 함께 나누고 좋은 것을 대접하고 싶은 것처럼 그렇게 나의 마음을 대해보자. 나와 하는 셀프 데이트를 즐기며 마음이 하는 이야기를 들어보자. 셀프 디스 하는 생각을 발견하면 그 즉시 상위자아 (영혼, 신, 아버지, 우주, 성령...)의 입장에서 나를 바라보라.

"아니야. 난 멍청하지 않아. 아니야. 난 무시당하지 않았어. 그건 에고가 하는 말이다. 나라는 존재는 유일한 단 하나 뿐이야. 내 인생은 중요해. 나를 통해 절대의식의 무한 가능성이 발현되고 있잖아!"

감정이 일어나는 것을 알아차리고 즉각 그 감정의 원인 생각을 제거하려면 오랜 연습이 필요하다. 살다 보면 화가 날 때도 있고, 슬플 때도 있고, 억울하고 원망스러울 때도 있다. 내가 잘못해서 멍청해서 이런저런 일이 일어났다고 자신을 탓하기도 한다. 일어나는 모든 일에 책임을 지겠다는 다짐은 스스로 크리에이터가 되어 세상을 설계하고 만들어 가겠다는 의미이지만 그 책임감이 과하게 되면 자책이 될 수 있으니 이를 잘 구분해 중용에 설 줄도 알아야 한다.

'이랬었다면 더 좋았을 텐데...' 라는 후회와 셀프 디스는 잠들기 전에 고칠 수 있는 기회가 있는데 수면(Sleep)은 에고의 죽음을 상징하기 때문이다.

에고를 알아보고 무력화하는 방법은 간단하다. 그 상황을 되돌려 더 나은 버전으로 다시 말하고 느끼고 행동하는 자신을 상상하면 된다. 예를 들어 누군가와 대화를 하면서 짜증낸 것에 미안한 마음이 들었다면 그 사람과 대화했던 장면을 다시 상상하면서 눈을 바라보며 세상에서 제일 중요한 사람이라고 느낄 수 있도록 최선을 다해 귀 기울여 보라. 그리고 자신과 상대방 모두에게 "미안합니다. 용서하세요. 고맙습니다. 사랑합니다. 그리고 축복합니다." 라고 진심을 담아 말하면 된다.

자신을 사랑하는 깃은 별로 어렵지 않은데 사람들이 나에게 관심이 없고 싫어하는 것이 괴롭다면, 스스로에게 자문해보자. '나는 세상 사람 모두를 사랑하고 좋아하는가? 모든 정치인, 범죄자들, 같은 학교 친구들이나 직장동료를 다 좋아하는가?'

자신을 있는 그대로 사랑해야 다른 사람들을 사랑할 수 있고, 다른 사람들을 진심으로 보듬을 수 있을 때 자기자신을 이해할 수 있게 된다. 이런 삶이 셀프 러브이고 참 나이다. 참 나는 모든 것을 하나로 인지하기 때문이다.

누군가 나를 싫어한다면 그들의 마음을 돌리려 애쓰지 마라. 돌려지지 않을 뿐더러 그들이 나쁜 사람이라면 벼랑 끝에 매달린 당신을 이용할 테니까. 신은 말할 것도 없고 예수, 부처, 테레사 수녀에게도 안티가 있다고 하지 않던. 사람들이 나의 존재를 알아보고 다정히 대해주면 좋겠다는 그 마음으로 당신이 '관종병'에 걸려 있음을 확진할 수 있다. 받고 싶은 것이 있으면 그것을 먼저 주어야 한다.

과거에 사는 나

나이와 상관없이 사람들의 가장 큰 관심은 건강하고 아름다운 몸이라고 한다. 단순히 수명을 연장하기보다는 오래도록 젊고 건강하게 사는 것이 목표인 이들도 많다. 허나 현실은 40대쯤 되면 서서히 대사질환 하나씩은 가지고 있는 것이 정상이라고 한다. 아픈 사람을 보면 마음의 병도 갖고 있는 경우를 흔하게 볼 수 있다.

A는 몸이 점점 굳어가는 다발성 경화증을 앓고 있었고 침대에서 일어나는 것조차 힘들었기 때문에 힐러는 방문 치유를 하면서 A의 막힌 에너지 층을 풀어주는 힐링을 하였다.

근육이 조금씩 움직이고 표정도 밝아지기 시작한 A가 휠체어에 앉아 움직일 수 있게 되었을 때 힐러는 "이제 정상적인 생활이 가능할 수 있도록 조금 더 강하게 힐링해보는 건 어떨까요?"라고 물었다.

A는 가만히 생각해 보더니 "싫어요. 그렇게 되면 남편이 편해질 테니까요. 그렇게 되는 건 죽기 보다 싫어요." 라고 대답했다.

매우 아름다웠던 A는 아버지와 사업상 얽혀 있었던 남편의 반협박에 못 이겨 사랑하지 않았지만 어쩔 수 없이 결혼하게 되었고 결혼 생활 내내 남편을 저주하고 미워하면서 어떡해서든 복수하겠다고 마음먹었다. 그녀는 자신의 건강을 담보로 남편에게 복수하는 것에 성공한 셈이다.

탈모, 원인 모를 아토피 피부염, 우울증, 불면증, 갑상선 질환, 무릎 관절 질환, 위궤양 등등을 앓고 있는 40대의 B는 "부잣집 딸이라는 말은 옛말이다...."를 비롯해 소위 자신의 리즈 시절을 그리워하는 얘기를 자주 한다. 집안이 망해서, 아버지가 돈을 빌려주고 못 갚아서...신세가 이리 되었다고 믿지만 동생이 부모님을 원망하면, "부모님 때문에 그래도 어린시절을 부유하게 보냈지 않았느냐, 우리보다 더 나쁜 환경에서 고생하는 사람들도 얼마나 많은데..." 라면서 반박한다.

B는 스스로 자신의 여러 병증과 마음이 관련되어 있음을 알고 있다. 과거에 살고 있는 그녀의 마음은 몸이 살고 있는 현재 환경을 거부하기 때문에 뇌의식과 잠재의식이 충돌하면서 그 영향이 몸에 발현된 것이다. A와B처럼 자신의 마음을 표현하는 이들은 큰 문제를 가진 것처럼 보일 수 있지만 사실 그 생각과 마음을 의도적으로 감추고 있는 경우, 주변 사람들 뿐 아니라 스스로도 문제가 있음을 인지하지 못해 치유를 시작조차 하기 어려워 그 문제는 훨씬 더 심각하다.

과거에 살며 불행한 현재를 한탄하고 미래를 두려워 하더라도 말 하는 것은 자신을 알아보길 원하고 사랑과 치유가 필요하다는 표현이므로 우연치 않게 도움을 받아 한 여름 태양에 얼음조각이 녹아 사라지는 마음의 치유를 경험하기도 한다.

그러나 깊숙한 어둠속에서 그 어떤 깨침도 아니라고 부정하며 "너나 치유해." 라면서 마음을 굳게 닫아버리면 성령 할머니가 와도 빛을 비추어 줄 수 없다. 이런 사람들의 특징 중 하나가 심리치유, 인문학 책을 많이 읽는 것이다. 또한 사회복지 관련일을 하면서 사람의 마음을 잘 아는 것 같아 보이는데 정작 자신은 치유가 필요 없다고 믿으며 다른 사람들의 상처만 분석하고 거슬려 한다. 자신의 마음에도 같은 상처가 있기 때문에 거울처럼 투영되어 잘 보이는 것을 모르고 말이다.

치유의 기적을 원한다면 반드시 힐링이 필요하다는 작은 용의를 내야 한다. 지금까지 잘못 생각하고 있던 것은 아닌지, 아픈 마음을 숨기고 있지는 않는지 의구심이 들어야 하고 만약 그렇다면 내려 놓겠다는 다짐도 있어야 한다. 그렇게 OK를 해야만 어머니(성령, 성모, 우주 에너지...)는 치유를 도울 수 있다.

혹여 과거에 살면서 다른 사람들의 문제만 잘 보는 이가 주위에 있더라도 도움을 요청하기 전까지는 구하려 하지 말고 내버려두라. 우리는 모두 빛을 선택하거나 어둠속에 숨을 자유가 있다. 잠들어 있길 원하는 사람을 깨우려고도 하지 마라. 그들은 당신과 다른 태양을 가지고 있다. 이런 깨달음을 주고 있는 그들의 역할에 감사하며 이제 잘 알았으니 당신도 그 어둠에서 얼른 나오라고 마음으로 이야기 해주면 된다.

이 세상에서 나보다

'펜은 칼보다 강하다.' 한 번쯤 들어본 말이다. 무력보다 지식의 중요성을 강조한 말일 수도 있고 상대를 설득하려면 협박보다는 타당한 이유를 글로 설명하거나 마음을 담은 편지가 더 효과적이라고 이해할 수도 있을 것이다.

요리하는 용도 외에 고대부터 칼은 죽이고 상해를 입히는데 사용되어 왔으니 말이나 글이 칼보다 사람을 죽이는데 더욱 강력한 효과를 낸다는 의미도 될 수 있을 것이다. 무례한 댓글이 상처가 되어 자살하는 사건이 일어나고 뉴스에 보도되지 않더라도 사소한 말싸움이 얼마나 큰 파장을 일으킬 수 있는지 누구나 한 번쯤 말이 가진 위력을 경험한 적 있을 것이다. 어쩌면 우리는 학교에서, 직장에서, 집에서 말이라는 칼로 무참히 찍힘을 당하고 또 상대를 찍다가 밤이면 그 상처를 치유하기 위해 잠을 자야 하는지도 모르겠다.

아이는 다른 사람들 특히 부모가 환하게 웃을 때 자신의 존재가치를 강하게 느낀다. 단어를 말하고 배운 단어를 글로 매치하는 방법을 빨리 익힐수록 똑똑하다는 찬사를 받고 부모는 그런 아이를 보면서 손뼉 치며 행복해한다. 아이는 어른들을 행복하게 해주려고 자신의 생각과 감정을 전달하고 표현하는 법을 천천히 배울 여유를 스스로 포기하는 건 아닐까?

학교에 입학하면서부터 말과 생각을 주체적으로 하기보다 무엇을 생각할지 주입 받기 시작한다. 이번 시간엔 르네상스가 어떤 의미인지 책에 쓰여진 대로 생각하라, 김소월의 시에 대한 남의 생각을 너의 것이라 믿어라....

조금 귀찮더라도, 우리는 그렇게 배우지 않았더라도 아이가 자기 뜻대로 세상을 해석하고 이해할 수 있는 자유를 지켜주면 어떨까? 아이의 엉뚱한 상상력을 격려해주면 어떨까?

아프리카 마사이마라 국립공원에는 가이드 없이 직접 차를 운전해

자연에 살고 있는 동물들을 볼 수 있는 곳이 있다. 영국의 한 여행자가 새끼사자들을 발견하고 사진을 찍다가 앵글이 잘 나오지 않자 더 나은 사진을 찍기 위해 차에서 내려 새끼 세 마리를 일렬로 세워 놓다가 어미 사자에게 물려 죽은 사고가 있었다.

왜 이런 일이 생겼을까?

"진짜 생각 없네... 난 이 정도는 아니야." 라고 생각하는가?

그 사람도 자신의 생각을 알아차리지 못하고 그런 행동을 했을 것이다. 생각을 제대로 하지 못해 목숨이 위험해지는 상황에 처한적은 없다 하더라도 우리는 어떻게 생각을 하는 것인지 그 방법을 배우지 못했기 때문에 내 생각인지 남의 생각인지 구분하지 못하기도 한다. 그러다 생각을 알아차리지 못하고 입에서 나오는 대로 말하는 게 당연해지기 시작하면 어느새 어른이 되어 버린다. 그리고 사람들에게 "그런 말을 하려고 한 게 아닌데... 내가 왜 그렇게 말했는지 나도 모르겠어요." 라고 하거나 "왜 그렇게 생각이 없니? 생각 좀 해라."는 말을 듣기도 한다.

S는 명문대를 졸업하고 남들이 부러워하는 직업을 가진 친절하고 아름다운 여성이다. 모든 것을 다 가진 것 같은 그녀는 힐러에게 이렇게 털어 놓았다. "누군가를 만나 사귀는 게 힘들어요. 평범한 데이트를 하고 가슴 저미게 사랑하는 사람을 만나고 싶어요. 많은 남자들을 만났지만 사랑할 수 없었어요. 모두 완벽한 조건을 가진 남자들인데... 엄마와 아빠는 이혼했지만 두 분은 나를 무척 사랑해줬

어요. 어린시절 트라우마 같은 건 없어요. 난 정말 아무 문제가 없는데 이해할 수가 없어요."

S는 최면을 통해 가장 인상적인 어린시절 기억을 끄집어 내었다.

"세상에 나보다 너를 더 사랑하는 사람은 없단다. 너는 내게 전부야. 널 너무 사랑해서 너와 함께 시간을 보내는 걸 나보다 좋아할 사람은 없을 거야." 주말마다 만나게 되는 아빠가 매일 같이 있을 수 없음을 미안해 하며 S를 볼 때마다 하던 말이었다. S의 잠재의식에는 어떤 남자도 아빠만큼 나를 사랑해 줄 사람은 없다는 믿음이 새겨지게 되었고 다른 남자와 사랑하는 것은 아빠를 배신하는 것 같은 죄책감이 들었던 것이다.

좋은 영향을 줄 거라 확신하더라도 그 말을 하게 된 원인이 죄책감이라면 의도와 달리 상대에게 정반대의 효과를 줄 수도 있다.

출근길에 아이를 어린이집에 데려다 주며 떨어지기 싫어하는 자녀에게 엄마들이 아무렇지 않게 하는 말이 있다. 호주에서 유아교육을 공부하고 유치원에 근무한 적이 있는데 외국 엄마들도 별반 다르지 않았다.

"엄마가 돈 벌러 가야 우리OOO맛있는 것도 사주고, 장난감도 사주지, 엄마도 OOO이랑 같이 있는 게 좋지만 엄마는 일을 가야 해. 그래야 이번주 토요일에 네가 가고 싶었던 놀이동산에 갈수 있잖아."

아이는 이 말을 어떻게 받아들일까? '일은 지겹지만 살기위해 어쩔 수 없이 하는 거구나. 엄마는 나 때문에 하기 싫은 일을 억지로 참아가며 하는구나. 내가 놀이동산에 가고 싶다고 해서 엄마가 날 위해 희생하는구나.' 아이는 정확히 말로 풀이할 수는 없지만(이건 어른들도 잘 하지 못한다. 그래서 자신의 감정과 생각을 정확히 분석하기가 어렵다) 엄마와 나눈 대화 속에서 느낀 기분 나쁘고 부정적인 감정과 생각은 얽히고 설켜 기억으로 저장된다. 매일 이런 말을 들으며 자란 아이의 잠재의식에 일과 돈에 대해, 부모와 자식 관계에 대해 그리고 자신에 대해 어떤 믿음이 자리잡게 될까?

엄마의 말을 바탕으로 만들어진 이 믿음을 간직한 아이가 자라서 자신을 있는 그대로 온전히 사랑할 수 있을까? 그 아이가 자라 어른이 되면 자식을 낳고 싶을까? 자신의 존재 때문에 다른 사람들이 불행해지는 걸 원하는 사람은 없다. 아이가 느끼는 죄책감이 클수록 그 감정이 아프기 때문에 거부하고 싶고 밀어내기 위해 더 크게 울면서 자신이 느끼는 죄책감을 엄마에게 떠밀고 싶어한다. 엄마의 당혹스러운 표정을 보면서 불편한 죄책감이 혼자만의 것이 아님을 확인하고 안도감을 느낀다.

얼굴에 검댕이가 묻은 것을 모르고 있었는데 누군가 거울을 보여주면, 지금까지 더러운 얼굴로 다닌 것이 창피해 거울을 깨 버리고 거울을 들이민 사람에게 욕을 할 것인가? 아니면 '지금이라도 알게 되어 다행이다' 하고 깨끗이 씻고 아름다운 미소를 되찾는 게 나을까? 이런 말을 해왔다면 그건 당신 잘못이 아니다. 당신도 이 매트릭스에서 그렇게 프로그램 되어 왔기 때문에 배운 대로 한 것 뿐이다.

진실을 말해보자.

"사람에게는 각자 가야 할 길이라는 게 있단다. 해야 하고, 또 하고 싶은 역할도 있단다. 지금은 잠시 떨어져서 그 일을 하는 거야. 그리고 이따가 저녁에 함께 하자." 아이가 어려 잘 알아듣지 못하더라도 이 말은 진실이므로 차차 그 마음을 느낄 수 있을 것이다. 항상 아이의 수준에 맞추려고 할 필요 없다. 때로는 아이가 그 수준을 올려야 성장할 수 있지 않겠는가.

영혼이 원하는 것은
스스로에 대한 진정성

괴로움을 환영하는 사람은 없을 것이다. 그럼에도 데이비드 호킨스 박사는 그의 저서 〈Letting Go〉에서 괴로움을 반갑게 맞이하라고 하는데 마음의 괴로움이 의식진화와 영혼의 깨어남에 촉매역할을 하기 때문이다. 고통을 알아보고 힐링을 선택하는 순간 생존이 아닌 행복을 만들어 가는 능동적 삶이 시작된다.

노련한 정치인의 와이프였던 B를 만난 것은 집시들이 모여 사는 카라반 파크였다.

"풍족하고 교양 있는 인생처럼 보였겠지만 남편은 손찌검을 하기 일쑤였고 마음은 전혀 행복하지 않았어요. 용기를 내어 남편에게 이혼 얘기를 꺼냈더니 우울증에 정신분열이라며 정신병원에 가두었어요. 힘이 있는 남편이 그렇게 말하니 다른 사람들도 모두 나를 정신이상자라고 믿더군요. 영성을 통해 깨어남을 알게 되었고 현실을 있는 그대로 받아들이라고 해서 그렇게 하려고 노력했어요. 몇 달 동안 남편의 구박과 폭력이 있어도 '괜찮다, 경험이고 모두 지나가는 일들이다. 저 사람도 나와 같은 영혼이다. 아직 깨어나지 못한 것 뿐이다' 라며 용서하고 사랑하려고 노력했고 효과도 있었어요. 전보다 맘이 훨씬 편해지긴 했었죠. 어느 날 하나님(Oneness,창조주,절대의식...)이 우리에게 바라는 건 생명으로서 자신의 참된 가치를 아는 진정성(Authenticity)[96] 이라는 가르침을 듣게 되었어요. 거짓없는 진실은 영혼이 육체를 입고 태어나면서 잊어 버린 그 본연의 영으로 되살아나는 길이라는 얘기를 듣고 뒤통수를 맞은 것처럼 번쩍했어요. 타인의 눈에서 바라보는 모습이 아닌 내가 보는 나의 진정성과 진실됨이 참 자아예요.

'나 자신에게 나는 진실하고 솔직한가?' 에고를 벗는다는 건 이 질문에 'Yes!' 라고 대답하는 거예요. 현실을 거부하지 않겠지만 마음에 들지 않는 대도 '행복하고 기쁘다' 세뇌하며 무조건 모든 것을 받아들여야 되는 건 아니에요. 그렇게 받아들일 때가 있고 무언가를 해봐야 할 때가 있다는 걸 알았어요. 그래서 방이 14개인 저택, 호사스러운 생활, 부모님의 기대, 굽실대며 나를 칭송하고 아양을 떨

---

96 진짜를 의미하는 여러 단어 중 Authenticity는 명품의 진위여부를 가릴 때 쓰는 단어이다. 남들에게 보여주는 가품 같은 것이 아니라 나에게 중요한 나의 진짜 모습이기 때문이 아닐까

던 가짜 친구들을 뒤로 하고 새 삶을 향해 거기서 도망쳐 나왔어요.
그리고 이제서야 '나는 진실하다'고 스스로에게 말할 수 있어요.

많은 사람들이 사회적 이목과 몸이 편한 삶을 원하기 때문에 마음의
불편함을 감수하고 이혼하지 않아요. 마음은 에고를 향할 수도 있고
상위자아를 향할 수도 있어요. 그런데 마음이 슬프다면 그건 에고를
택했기 때문이고 그건 참 자아에게 등을 돌리는 일입니다. 행복은
나 자신을 미소로 대면할 만큼 당당해야 느낄 수 있어요. 눈을 감고
깊은 심호흡을 내뱉을 때 아무것도 필요한 것 없는 그 느낌 아냐요?
언제든 그 행복을 느낄 수 있어요. 내가 적극적으로 선택한 나의 것
이라 그 누구도 이 평화를 방해할 수 없어요. 세상 사람들의 말과 행
동을 받아들이고 말고는 내가 선택하는 거니까요."

상위자아는 영어로 Higher-Self이다. 의식레벨이 인간자아보다 훨
씬 높은 고차원의 자아(Self)이므로 상위자아와 하나된다는 것은 다시
말하면 인간의 의식수준이 높아짐을 의미한다. 인간의 마음안에 있는
신의 의식이 상위자아(참 나)이다. 비교하자면, 이제 두 살 난 아기(인간
자아)가 휴대폰에서 보고 싶은 것이 안 나온다고 악을 쓰며 우는 이유가
사실은 졸리고 피곤해서 라는 것을 이해하는, 아이 다섯을 키운 60대
아주머니의 마음이 상위자아 의식이다. 내가 볼 수 없는 것, 있는 지도
모르는 그것까지 이미 알고 있는 마음이다. 상위자아의 의식은 상대(인

간자아 포힘)의 입장을 이해하므로 용서하고[97] '안타깝고 안 됐다'는 순수한 사랑과 연민의 마음이 온전히 발현된 것이다. 상위자아 의식으로의 차원상승은 연기하는 에고(진실이 아닌 삶)를 걷어내고 영혼을 깨워야만 가능하다.

바리새인들이 예수께 신의 왕국(Kingdom of God:여호와가 아니라 신이다) 이 언제 옵니까? 하고 물었다. 예수가 대답하길, 신의 왕국은 오고 있다.(사람들이 점점 더 많이 깨어나 상위자아 의식으로 진화하고 있음을 의미함) 하지만 당신의 두 눈으로 볼 수 있는 그런 방법으로 오는 것이 아니므로 사람들이 "여기다! 저기 있다!"고 할 수 없다. (경복궁 같은 공간적 장소가 아니므로 눈으로 볼 수 없다) 왜냐면 신의 왕국은 이미 당신 안에 있기 때문이다.[98]

천국(신의 왕국)은 우리 모두의 마음안에 있는 상위자아 의식을 의미한다. 삶 속에서 감추거나 속이는 것 없이 진실할 때만 내 안에 있는 참 나는 드러나게 된다.

---

97 그러나 사실 상위자아는 처음부터 용서할 것이 없음을 알고 있다. 용서는 죄가 있다고 단정한 후에나 필요하기 때문이다. 창조주는 한 번도 우리를 정죄한 적이 없다. 왜냐면 신과 우리는 분리되지 않은 하나이기 때문이다. 우리가 죄인이라면 하나님(신, 창조주) 또한 죄가 있다는 것이다. 창조주가 우리를 무결하다고 하는데 감히 인간이 인간에게 죄인이라 할 수 있을까

98 내 안에 있는 진짜 나. 신약성경 요한복음17:20~21

그녀는 말을 이어갔다. "살아 있다는 건 무엇이라도 해야 하는 거예요. 지구에 시간이 존재하는 이유는 영혼을 거적처럼 감싸고 있는 에고를 벗기기 위해서 입니다. 그래서 에고를 씻는 치유를 위해 이것저것 시도해보고 바꾸려고 도전해야 해요. 그리고 더이상 할 수 있는 것이 없게 되었을 때 '나의 할 일은 여기가 끝인 것 같아요. 혹시 다른 게 더 있다면 알려주세요 아니면 이제 맡기겠습니다.' 하는 것이 진정한 깨어남 입니다.

할 수 있는 것에 집중하세요. 불가능한 이유를 찾아 핑계로 삼고 피해자가 되어 동정 어린 위안을 받으며 익숙함에 안주하는 건 아직 깨어나지 못한 사람들이 살아가는 방법이에요. 진실된 삶은 나에게 주는 최고의 선물이랍니다. 남을 속이고 자신에게 거짓말을 하다 보면 진짜 내가 누구인지 점점 잊어 버리게 되고 말거든요."

마음을 계속 부숴야만 한다. 스스로 그 마음이 열릴 때까지.
You have to keep breaking your heart until it opens.[99]

---

99   By Rumi. Break heart는 마음에 상처를 받는다는 뜻이다. 그 아픔을 견딜 수 없을 때 끝까지 가보자는 심정으로 마음을 활짝 열어 젖힐 용기가 생기게 되고 이렇게 내면의 진정한 나도 어둠에서 깨어나게 된다. 어쩌면 심장을 둘러싸고 있는 시멘트 같은 벽을 깨부수라는 의미일 수도 있겠다.

3부

I am 힐링

라이온 킹

　왕의 아들로 태어난 심바는 스카의 거짓말에 속아 자신이 저지른 실수 때문에 아버지가 죽었다고 믿는다. 슬픔에 잠겨 쫓겨나듯 왕국을 떠나고 죽을 고비에서 구해준 이들과 친구가 되어 낙원 같은 세상에서 살게 된다.

　아버지를 죽게 했다는 견딜 수 없는 죄책감에 힘들어 하는 심바에게 친구들은 복잡한 일들은 잊으라고 조언한다. 그는 낙원에서 하루하루를 즐겁게 보내는 듯 하지만 사자라는 자신의 진짜 정체성을 잊은 채 벌레를 잡아 먹으며 적당히 만족하며 살아간다. 하늘을 바라보면 문득 아버지와 나누던 대화가 떠올라 슬퍼지지만 애써 그 마음을 억누르고 못 본체 무시한다.

　영화〈라이온 킹〉의 심바는 우리 모두의 자화상이다. 수증기처럼 형태가 없는 영이 아닌 육신은 남들과 구분되는 고유한 '나'가 될 수 있다. 개별적이고 특별한 이 육신을 얻음으로 우리는 분리되었다고 믿게 되었다. 분리된 육체로서 '모두는 하나(Oneness[100])'임을 머리로 이해하는 것은 불가능하기 때문에 답 없는 문제 같은 '정체성 알아차리기'를 붙들고 진 빠지는 씨름을 하느니 송두리째 잊기로 한다. 예수를 3번 부

100　Oneness는 유대 신비주의 가르침 카발라에서는　1번 케터(Crown:왕관)를 의미하고 엘로힘이라 불리기도 한다.　그 위의 아인, 아인 소프, 아인 소프 오우 세 겹을 Allness(모든 것)이라고 표현한다. 〈신의 그림책,타로 1편〉 참고.

인한 베드로처럼 우리는 하나(Oneness) 님을 부인否認한 것이고 이는 신이 없다고 한 것이므로 죽인 것과 마찬가지이다. 심바가 아버지를 죽였다고 믿은 것처럼...

영으로서 하나인 것에 만족하지 못하고 각각 다른 형태를 갖겠다는 바램에 대한 죄책은 아버지를 죽인 죄인으로 변질되었다. 그러나 우리는 애초에 분리된 적이 없다. 분리되었다고 믿을 수는 있지만 말 그대로 하나(Oneness) 님 안에서 분리는 존재할 수 없지 않은가? 우리가 그렇게 믿고 있다고 해서 그것이 영구 불변의 보편 진리로 판결나는 것은 아니다. 믿고 싶은 것을 믿을 자유는 있지만 믿고 있는 것이 절대 진리는 아닐 수도 있음을 알아야 한다.

육체를 입고 물리세계에 태어난 우리는 놀이터에 혼자 놀러 나온 아이에 비교할 수 있다. 조금 놀다 보니 피곤하고 실증이 나는데 돌아가려고 하니 말도 없이 나온 것에 죄책감이 든다. 너무 오래 놀았다고 혼이 날 것 같기도 하다. 차라리 엄마, 아빠가 나를 버렸다고 생각해버리자. 화를 내고 울면서 원망하자. 아이는 점점 자신이 만든 시나리오에 빠져 부모가 있다는 것도, 돌아가면 그만이라는 사실도 잊어버린다. 엄마가 아파트 CCTV로 이를 본다면 아이가 소꿉장난을 하듯 캐릭터를 만들어 역할놀이를 하고 있다고 여길 것이다. 한참이 지나도 계속 울고 있다면 그제서야 집에서 공부하는 예수와 석가모니 형을 내보내 "너의 집은 바로 여기야. 놀다가 먼지 다 털고 집에 들어와." 하고 알려줄 것이다. 부모가 아이에게 바라는 것은 단 한가지이다. 행복하고 재미나게 실컷 놀다 돌아오는 것. 신이 우리에게 바라는 것도 이와 같다.

우리가 육체를 가지는 것을 영혼의 아버지, 어머니가 싫어하고 반대했다면 처음부터 그런 일은 일어나지도 않았을 것이다.

심바가 자신의 정체성을 기억하는 '영혼의 어두운 밤' 과정 중 물 속에 비친 자신의 모습에서 아버지를 보게 되는데 우리 영혼의 아버지와 어머니도 우리 안에 언제나 함께 하고 있다.

분리라는 죄

구름에서 빗방울 하나가 만들어졌다. 빗방울이 점점 많이 생기더니 우수수 땅에 떨어졌고 곧 얼음이 되었다. 얼음은 이제 구름안에서 수증기로서 분리되지 않았던 서로를 알아보지 못하게 되었다.

상대가 세심하지 못해서 또는 악의를 품고 나를 괴롭히기 때문에 화가 난다. 이런 이유 있는 미움은 우리를 논리적이고 합리적인 사람이라는 착각에 빠지게 한다. 만약 내가 다른 이들과 분리된 육체가 아니라 구름안의 수증기라면 서로에게 잘못을 한다는 것은 애초에 일어날 수도 없는 일이고 따라서 용서할 것도 없다. 잘잘못이란, 우리가 모두 육체로 분리되었기 때문에 그렇게 믿는 것이 가능해진 것이다. 그런데 육체는 병들고 죽기 마련이니 '참 자아'일 수 없고 그 육신이 살고 있는 세상 또한 변하고 죽어가므로 창조주가 만든 영원불변의 실재일 수 없다. 절대

불변의 창조주는 그와 똑같은 본질의 영원한 생명만을 창조할 수 있기 때문이다. 형태를 만들 수 있는 것은 형태가 있는 육신들인 것이다.

변하지 않는 영혼의 참 나 입장에서 세상을 바라보자. 새로운 도로가 생기고 건물이 들어서고, 늙어가고 또 보톡스를 맞고 잠시 젊어지고...이렇게 늘 바뀌고 변화하는 인간 세계의 일들은 절대 불변한 영혼의 본질에 영향을 줄 수 없다. 다만 잠시 스칠 수는 있는데 마치 악몽을 꿀 때 땀이 나고 심장이 쿵쾅쿵쾅 뛰지만 깨고 나면 아무것도 아니어서 몇 시간이면 잊혀지는 것처럼 우리는 애초에 일어난 적도, 일어날 수도 없는 일들을 일어났다고 믿는 척하며 살고 있는 것이다.

같은 말을 들어도 기분이 좋고 건강할 때는 아무렇지도 않은데, 스트레스가 쌓이고 피곤한 상태에서는 감당할 수 없는 분노가 솟구쳐 오르는 경험이 있을 것이다. 나의 의도와 전혀 상관없이 상처를 주게 되는 반대의 경우도 있다. 이것은 누구의 잘못인가? 오늘은 20%가 나의 잘못이고 60%는 날씨 탓, 나머지는 상대의 무식함 탓이고, 그 사건의 잘못은 40%는 누구에게 있고.... 이렇게 책임공방을 무 자르듯 명확히 따질 수 있는가? 그리고 그 기준은 언제나, 누구에게나 적용 가능한 절대 진리인가?

우리는 이미 잘 알고 있다. 말로는 네가 잘못해서 또는 나의 실수라고 하지만 그 원인을 타고 올라가 분석해 보면, 몇 십년 전 아버지의 술주정이 트리거가 되었거나 짧은 가방 끈의 자격지심, 뚱뚱한 몸.... 등등 콕 집어 그 누구의 잘못이라고 할 수 없는 잠재의식이 갈비탕에 후추 마냥 인생에 툭툭 뿌려지고 있음을...

[101] 불안, 죄책, 공포, 슬픔... 에 압도당할 때, 이것이 나로부터 나온 것임을 알지만 나의 생각과 감정이 원인이라고 하기에는 그 이유도 모를 뿐더러 이를 안고 살아가는 것은 너무나 끔찍한 일이므로 감정적 불편함의 모든 원인과 책임을 밖에서 찾고 있는 것이다.

고가의 명품백을 36개월 할부로 산 아내에게 화가 난 것이 아니라, 있어 보이고 싶은 아내의 인정욕구를 남편인 내가 사랑으로 채워주지 못한 것 같아 자신에게 화가 나는 것이다. 보복운전을 일삼고 1분에 한 번씩 차선을 바꾸는 남편에게 화가 나는 것이 아니라, 그런 사람을 남편으로 선택한 자신의 안목에 화가 나는 것이다.

우리는 모두 자기자신에게 화가 나 있다. '특별한 나'라는 육신을 얻으려고 이 분리의 세상을 선택해서 스스로 괴로움을 감수하고 있는 자신이 한심하고 답답한 것이다.

분리됨으로 만들어진 에고는 이 책임을 떠안을 수 없다. 분리되었기 때문이라고 인정해버리면 에고는 사라져야 하니까... 에고는 자신의 무고를 주장하기 위해 그 책임을 신에게 돌린다. 우리는 그렇게 하나님(Oneness, The God, 창조주, 절대의식)에게 분노하기 시작했다.

너무 큰 빛을 보게 되면 순간 눈을 감을 수 밖에 없는 것처럼 우리는

---

101 그의 몸을 감싸는 에고라는 갑옷에는 나사처럼 생긴 여러 버튼이 달려 있다. 누군가 누르기만 하면 핵폭탄이 발사되는 것처럼 폭발할 준비를 하고 있는 것이다. 〈Osho Zen tarot〉의 Fighting 카드를 참고함.

진실을 외면하는 쉬운 길을 택하게 된 것이다. 그 누가 하나님에게 화를 낼 수 있단 말인가? 하나님(Oneness)을 떠나고 믿지 않음으로 그 존재를 부인한 우리는 oneness를 죽인 근본의 죄책을 분노로 바꾸고는, 육신의 눈에 보이는 아무에게나 이 분노를 투사하고 있다. 그 누구도 창조주를 떠나고 죽이고 화를 낼 수 있다고 상상조차 할 수 없기 때문이다. 각자에게 '나'라는 특별함을 부여해주는 육체를 얻기 위해 분리되어야 하고 이로 인해 하나님을 떠났다는 죄책감이 사은품처럼 딸려와 만든 결과이다.

나와 다르기 때문에 그 대상을 알아차릴 수 있으며, 좋고 나쁘다는 마음도 나와 분리되어 있으므로 그렇게 구별할 수 있다. 이렇듯 지각(안다는 것)은 분리를 기반할 때만 가능해지므로 Oneness는 지각, 분리 자체가 불가능하다. 창조주의 입장에서 우리는 단 한 번도 떠난 적이 없고 미워하거나 분노하거나 죽인 적도 없다. 우리는 스스로 분리를 선택하였음에도 신이 우리를 유기하였다고 믿으며 미워하게 되었지만 하나(Oneness)는 모든 것이며 동시에 그 어떤 한 가지 것으로 규정될 수 없으므로 분리되지 못한다.

분리는 태아가 세상에 태어나는 일에 비교할 수 있다. 엄마 뱃속의 태아는 우주와 하나인 상태와 같다. 엄마와 함께 숨쉬고, 먹고, 그 안에서 안전에 대한 염려없이 편히 자고, 배설에 대한 책임을 질 필요도 없다. 하지만 탯줄을 자르는 순간 산소공급은 일시 정지되어 죽을 것 같은 고통으로 울음이 터지면서 스스로 숨을 쉬어야만 한다. 이때 우리는 무엇을 잘못했기 때문에 갑자기 이런 사태가 벌어진 것이 분명하다고 믿게 되고 죄의식에 빠지게 된다. '내가 무엇을 잘못했길래 모든 것이 알아서 해결되지 않고 스스로 먹을 것을 찾아야 하고 나의 행동에 책임을 져야 하는가?' 하는 의문이 든다. 영문을 알 수 없어 억울함이 생기고 신에 대한 미움, 원망 그리고 이런 감정이 드는 것에 또 다시 죄책감이 얹혀지는 악순환을 반복하게 된다.

우리는 모두 특별함을 원하기 때문에 분리를 선택하였다. 남들과 구별되는 '나'라는 육체의 모습, 성격, 능력, 감각, 단점, 질병까지도 모두 남들과 구분되는 나만의 특별함이다. 그러나 상대가 없다면 나의 옷, 신발, 가방, 말투, 행동, 아토피, 위궤양.... 등은 전혀 구별되거나 비교될 수 없기 때문에 특별함은 사라지고 만다.

추석에 50대 자녀들이 모여 어떤 성인병이 있냐며 서로의 안부?를 물었다. 둘째 딸이 "나는 고혈압, 고지혈증, 당뇨, 비염, 관절염 약 먹고 있어." 라고 하자, 80대 어머니가 커다란 주먹밥을 쥔 것처럼 손을 흔들어 대며 "니들은 아무것도 아니야. 나는 매일 이만큼 씩 약을 먹는다." 라고 했다.

병 마저도 내가 더 심각해야 특별하다고 믿는 것이 에고이다.

하나님을 증오한다는 것은 갓난 아기가 부모를 버려 스스로 생존을 포기하는 일과 비슷하지만 우리의 본질을 저버리는 것은 이와는 비교할 수 없을 만큼 훨씬 더 공포스러운 일이다.

우리는 방송 미디어를 통해 세상에서 일어나는 일들을 모두 잘 알고 있다고 믿지만 사실은 방송이 보여주는 것 만을 볼 수 있을 뿐이다. 검열에 걸려 업로드 된 영상이 삭제되면 볼 수 없는 것처럼 인간의식의 에고는 선택한 것 만을 알 수 있다. 에고가 볼 수도 알 수도 없는 일을 지금까지 보아온 세상 것으로 지표삼아 지레짐작하는 에고에 의지해왔던 자기자신을 구원해야 한다.

책의 앞에서 잘 살려면 나를 알아야 한다고 하였다. 생각과 감정은 늘 변화하는 ing 중임으로 '진정한 자아'가 될 수 없으며 이런 관점에서 생각과 감정을 알아보는 의식을 '참 나'라고 하였다. 그러나 내가 누구인지를 인식하려고 해도 밥을 조금만 늦게 먹어도 배가 고프고, 오래 걸으면 힘들고.... 침대에서 몸을 일으키고 움직이는 아침부터 몸이 '나'라고 하는 내 육신때문에 진짜 나를 알 수가 없다.

내 안에 잠재한 원인불명 죄책을 해결하면 그때 가짜는 사라지고 진짜가 드러나 참 나를 알 수 있게 된다. 지금까지 불행의 책임을 밖에서 보고 있었음을 깨달아야 한다. 내가 분리를 선택하였기 때문에 남들과 구별되는 특별함을 얻었지만 불안과 고통도 얻게 되었음을 받아들여야 한다. 이는 죄가 아니고 따라서 책임도 없다. 세상에 태어난 것은 잘못도 아니고 죄도 아니다. 실컷 놀다가 때가 되었을 때 '잘 놀다 간다' 하고 다시 집으로 돌아가면 그 뿐이다.[102]

---

102 아이가 재미난 장난감과 함께 놀 친구가 많으면 집에 가기 싫어하는 것처럼 아름다운 육체를 가지고 돈, 명성, 인기도 많다면 당신은 이곳을 떠나 無의 빛으로 돌아가고 싶겠는가? 진정 가슴을 치며 아파본 적 없는 사람의 영혼은 절대 깨어날 수 없다. 당신의 상위자아가 고난과 역경을 안겨줄 수 밖에 없는 이유를 이제 이해할 수 있지 않은가?

기도

    기도는 눈을 감고 무릎 꿇고 신에게 간곡히 사정하는 일, 지금 처한 상황을 구구절절 설명하는 일, 잘못을 사죄하는 일이 아니다. 매일매일 나의 감정과 느낌이 바로 기도이다. 우주 에너지(하나님, 창조주, 성령, 신...)는 분리를 모르기 때문에 한국어, 영어 등 인간의 언어를 알아듣지 못하고 오직 감정과 느낌으로 만들어지는 에너지(기분, 분위기)만을 이해할 수 있다. 그러므로 우리는 늘 창조주(신, 하나님, oneness)에게 기도하고 있는 중이라고 해도 과언이 아니다.

    그러나 우리는 간절히 소망을 청하는 형태로 기도를 사용하고는 한다. 지금 상황이 마음에 들지 않으니 사라지길 원하고 특정 경험이 나타나길 애원하는 기도는 바라는 그것과 반대되는 현재극성을 더 강하게 하여 효과를 내지 못하고는 한다. 예를 들어, 기우제를 지낼 때는 가뭄의 고통과 건조함에 입이 쩍쩍 갈라짐을 느낄 수 밖에 없고, 아픈 아이를 낫게 해달라는 기도 중에는 병상에 누워 있는 나약한 아이가 아른거려 눈물만 나오게 되고, 팔레스타인 지역의 평화를 염원할 때는 뉴스에서 보았던 처참한 전쟁터를 떠올리며 이 같은 악행을 물리쳐 달라고 간청하게 된다. 이때 나의 기분(감정)은 어떠하겠는가? 밝고 기쁘겠는가 아니면 할 수 있는 것이 없음에 초라하고 참담하겠는가?

    그러므로 기도를 하면 할수록 침울해지고 주파수는 떨어지게 되어 도움은 커녕 엎친데 덮친 격으로 꼬이는 일들만 더 생기는 것 같아 신은 없거나 또는 신이 나를 버린 것이라 믿게 된다.

비가 오길 원한다면 촉촉히 젖은 대지의 푸르름과 시원하게 흘러가는 맑은 강물을 상상해야 되고, 물질적 풍요를 원한다면 '여유롭고 자비로운 마음을 갖겠다' 다짐하고 그렇게 행동해야 하고 모든 인류에게 사랑과 축복의 에너지를 전하는 명상을 하면 그것이 기도가 된다. 어떻게 하는지 모르겠다면, 눈을 감고 숨을 깊게 코로 들이마시고 내쉬며 고요함 속에 머물면 사람들의 모습이 떠오를 것이다. 그들과 연관된 이야기에 빠지지 말고 한 사람 한 사람에게 진심을 담아 "당신은 아름다운 사랑입니다. 당신은 밝게 빛나는 영롱한 빛입니다. 감사합니다. 우리 모두를 축복 하소서." 라고 말하면 된다.[103]

사랑하는 마음, 잘 되기를 염원하는 마음, 미워하고 시기하는 마음, 다름을 용납하지 못하는 마음도 결국 자신을 바라보는 셀프 지각이 외부로 투사된 것이다. 따라서 모든 기도(감정과 느낌)는 곧 자신을 향한 것이기도 하다.

기도를 시작하기 전 자신의 신성한 본성을 기억하고 아버지(어머니, 우주 에너지)에게 기도하겠다고 결정한 스스로에게 감사하라.

치유의 기도

기분과 감정으로 항상 기도하는 중에 있다지만, 숨을 깊이 들이 마시

---

103 우리는 이미 사랑과 축복을 가지고 있고 모두와 나눌 만큼 충분하다. 다만 가끔 리마인드가 필요한데 그 일이 축복의 기도이다.

고 내쉬는 고요한 시간을 보내며 에너지장을 맑게 하고 싶을 때가 있다. 내 영혼의 아버지(어머니)에게 마음을 전할 기도문이 읊고 싶어 질 때 아래의 기도문을 읽으며 평온함의 폭신한 방석위에 앉아보자. 평화는 신이 우리에게 물려주신 유산이다.

> (가슴에서 뜨거움이 올라옴을 느끼며 진심을 담아) 사랑합니다. 감사합니다.
>
> 나는 보이지 않는 광대한 치유의 힘에게 요청합니다.
>
> 나의 몸과 마음의 장애물이 제거되고 있음을 나와 함께 지켜봐 주소서.
>
> 육체와 정신, 마음과 영혼이 온전히 회복되고 있는 나를 보아주소서.
>
> 나는 내게 주어진 역할을 지금처럼 잘 하겠습니다.
>
> 나는 육체의 눈으로 볼 수 없는 신성의 무한한 사랑을 느낄 수 있습니다. (잠시 멈춰 숨을 쉬며 느껴보자)
>
> 고통 속에서 도움을 요청하는 모든 이에게 찬란한 빛과 숭고한 사랑이 전해지게 하소서.
>
> 나는 이 모든 일이 이루어지고 있음을 알고 있습니다.
>
> 당신의 무조건의 사랑이 우리를 감싸 안으며 그 사랑의 기적이 괴로움에서 벗어나길 원하는 모두를 정결히 치유합니다.

효과적인 힐링을 위해

영(Spirit)이 진정한 나의 본성이 아닐까? 하고 의문을 품게 된 데는 나름 타당한 이유가 있다. 인간육체를 매우 중요하게 여기는 에고(인간)가 모여 만들어 놓은 세상의 것들 예를 들어 법률, 교육, 문화, 산업, 무역,

경제 등등은 육체가 죽으면 지각되지 않을 테니까. 게다가 계속 변화하고 사라지고 새로운 것이 생기게 되니 이런 물질세계 일들은 진정한 단 하나의 본질은 아닐 것이다는 전제에 수긍하게 되었기 때문이다.

그렇게 '참 나'를 기억하고, 느끼고 때로는 거울속에서, 길거리에서 만나게 되면서 우리는 치유, 힐링이라는 단어를 접하게 된다. 영성에 대해 잘 몰라도 "힐링이 필요하다." 가 유행어처럼 도는 걸 보면 인류 전체가 상처를 씻고 적당한 케어를 해야 할 타이밍에 도달한 듯 하다.

힐링(Healing)은 치유로 번역되는데 의사가 육체의 병을 진단하고 그 증상을 완화시키고 제거하는 치료와 달리 치유(힐링)는 본연의 온전함을 기억하고 회복시키는 일이다.

하지만 이 온전함은 인간의 기준에 부합하는 완벽함이 아니다. 영혼이 인간자아 안에서 깨어나 동반자로서 그 삶을 고스란히 함께 영위하는 것이 온전함(Wholeness)이다.

우리는 모두 하나이므로 여러 방법을 수용하는 열린 마음이 진정한 의미의 힐링을 가능하게 하며 여기에 예외는 있을 수 없다. 따라서 대중적인 의료 시스템을 거부하고 대체의학에서 모든 방법을 찾는 것을 영적이라고 믿는 것은 잘못된 판단이다. 에드거 캐이시의 건강 리딩 중에도 수술을 받으라는 내용이 자주 나오는데 지금 맞닥뜨리고 있는 결과가 단 한 명 또는 단 하나의 사건이 원인이 아닌 것처럼 해결책도 단 하나가 될 수 없다. '계란을 한 바구니에 담지 말라'는 격언은 치유에도 적용된다.

신은 모든 것이 될 수 있고 따라서 한 가지로 규정되지 않는 에너지에 비유할 수 있다. 그것은 끊임없이 움직이며 순환하는 살아있는 흐름이다. 의학계에서는 에너지 힐링을 치료라고 생각하지 않을 수 있지만 치과의사이든, 한의사이든, 할머니의 약손이든, 아내의 잔소리 섞인 술국이든, 영의 힐링 에너지(사랑)를 담아 필요한 사람, 동물, 식물...에게 전달할 수 있다면 그는 신성한 힐러이다.

또한 만성 질환은 마음이 병을 붙들고 있기 때문에 치유되지 않는 경우가 있으니 고통스러운 기억일지라도 잠재의식을 의식의 표면으로 떠올리게 하는 마음치유가 선행되어야 육체의 병도 치유될 수 있다.

빛과 사랑의 힐링 방법

특정 감정이 반복적으로 일어나는 것은 그 감정을 일으키는 잠재의식과 에고의 잘못된 생각을 힐링 하라는 상위자아의 '옆구리 쿡쿡' 이다. 어린시절부터 비슷한 감정이 지속되어 왔다면 이번 생 전체에 주어진 미션이고 단발적 사건이라면 그 때에 해야 할 비교적 간단한 힐링이다.

갑자기 밀려오는 감정을 걷잡을 수 없는 경우 그 감정은 나의 것이 아닐 수도 있다. 스스로 인류 공동 에고(고통체)를 짊어지고 힐링 대타 역할을 하는 영혼에게 자주 일어나는 감정의 쓰나미는 사람들을 만나고 난 후 느끼는 분노, 슬픔, 억울함... 등의 부정적 감정과 가슴 답답함이 주요 특징이다. 인류의 고통체를 필터링하고 있는 것인데 고통체의 분담은 깨어났다면 모두가 조금씩은 하고 있지만 어떤 영혼은 더 큰 부담을 자처하기도 한다.

재미난 건 그 고통을 자발적으로 떠안은 사실을 어떤 경로를[104] 통해 알게 되면 영혼을 원망하고 그런 결정을 후회하기도 한다.

인생이 괴로운 사람은 의도하였든 그렇지 않았든 뭔가 새로운 방법으로 사는 법을 찾다가 '뉴 에이지 영성'을 알게 되고 영혼의 깨어남, 의식 진화, 차원 상승이라는 용어를 접하게 된다. 신비로운 영성 개념은 신선하고 매력적이며 논리에 맞는 이론이라 마음을 빼앗기고 점점 밀교, 오컬트, 헤르메스학, 유대교 신비주의, 영지주의 같은 고대 영성의 세계로 빠져든다. 하지만 본질의 질문에 대해 한 번이라도 진심으로 대답하지 못했다면, 쿤달리니 에너지를 몸으로 직접 느낀 적이 없다면, 영성지식은 그저 수박 겉면만 열심히 핥고 농약만 먹은 꼴과 같아 힐링에서 되려 멀어지게 할 뿐이다.

그 질문은 바로,
'세상이 이상하지 않은가?' 이다.

'나는 무엇이고, 누구이며 여기서 왜 '인간 놀음'을 해야 하는가? 왜 괴로움을 겪고 즐겁게 웃고 있는가? 그 누구도 내가 무엇을 해야 하는지 알려준 기억이 없고, 길 잃은 나그네 마냥 불안한데 이게 정상인가?

주위를 돌아보니 사람들이 이렇게 저렇게 살다 죽고 금방 기억에서 잊혀 간다. 중대한 업적을 남긴 사람들도 다 죽고 이곳에 존재하지 않

---

104 최면, 꿈을 통해 알게 되거나 영성 멘토에게 듣기도 하고 글을 읽으며 자신의 얘기라는 강한 공명을 느끼기도 한다.

는다. 그런데 사람들은 무엇인가를 계속 하고 뜻대로 되지 않으면 심히 괴로워한다. 아이러니하게 자기 맘대로 세상이 움직이면 무료하고 사는 게 재미없다고 한다. 도대체 삶이란 무엇이고, 나는 그 삶을 어떻게 해야 하는 것인가? 아니면 삶이 나를 어떻게 해주는 것인가? 나는 왜 아무것도 모르고 있는가?

일어나는 모든 현상과 인간의 언어로 만들어진 개념들에 대해 이상하다는 의문을 가진 적이 없었다면 깨어남은 본 게임을 시작조차 하지 않은 것이다. 급히 먹은 밥은 체하기 마련이라고 한다. 어쩌면 우리는 자신의 본질을 안다고, 세상이 무엇인지 안다고 해야할 것 같으니까 그렇게 에고를 이해시키고 다음 단계로 넘어가려고 하는 건 아닐까?

'나는 내가 누구인지 무엇인지 정말 확실히 알고 있다. 우리는 모두 하나인 것도 알고, 나는 신의 일부로 그 절대의식을 표현하는 개체의 영혼인 것도 알고 있다. 영(Spirit)이 바다 라면 나는 그 바다의 한 방울의 물 같은 영혼(Soul)이다. 따라서 나는 바다 자체와 같은 것이다. 우주는 신성(절대의식, 하나님, 창조주, 근원 소스 etc 이름이 무엇이든)의 물리적 발현체 이고 나는 그 안에서 신의 무한 가능성을 경험하고 있다.' 라고 뻔드르르하게 이론을 줄줄 외우기는 하는데 한편으로 '근데 나는 아직 괴로워.... 늙어서 집 한 칸 없을까 봐 두려워. 사는 게 우선이잖아. 번듯하게 살아야 깨어난 영혼답지 않아? 영성을 알아서 뭐 할 거야, 써먹을 수도 없으면....상식적으로 생각해 봐. 내가 하나님의 자녀이면 잘 살아야 되는 거 아니야? 남들 보기에도 그렇지... 잘 살아야지 깨어나고 싶지, 지지리

궁상떠는 사람들이 영성이 어쩌고 저쩌고 해봐, 그게 사이비처럼 들리지…' 라고 속삭이는 자신(에고)이 합리적으로 느껴질 수도 있다.

부모와 세상에게 가졌던 '~를 해주면, ~라는 조건이 되면 그때 하겠다'는 마음을 버리는 순간 우리는 철이 들고 삶의 주인이 되는 것처럼 영의 세계에서도 같은 규칙이 적용된다. 게임이 게임인 줄 모르고 게임 캐릭터가 아이템을 잃었다고 좌절하는 것을 제3자가 본다면 이 상황을 어떻게 이해할까?

인간은 지구에서 게임을 하고 있는 것이다. 괴로움과 두려움은 3밀도계 인간이 다음 레벨로 차원 상승하기 위해 반드시 극복해야 하는 에고 엑기스이다. 이 두 감정은 모두 현존을 거부하는 것이 원인인데 이를 치유하지 않으면 하위 세 개 차크라 와 심장 차크라가 열리지 않아 상위 차크라로 올라가는 채널이 막히기 때문에 영성을 직접 느낄 수 있는 제3의 눈이 떠지기 어렵다.

상위자아, 영의 가이드, 성령(신성의 마음)과 원활히 소통하게 되면 영적 성장은 물론 물질세계를 살아가는 것도 훨씬 쉬워진다. 그렇게 되면 원하는 경험이 나의 에너지장에 자연스럽게 일어나고 힘든 일이 오더라도 '하하하 테스트가 한 번씩 오는구나' 하면서 즐길 수도 있게 되고 괴로움이나 두려움이 오더라도 순간에 머물지 않았음을 깨닫고 숨을 고르고 있는 그대로를 수용하면서 '후~' 하고 불어 버릴 수 있다.

외부 환경을 고치려 하거나 인간이 애써 어떤 일을 일어나게 하려고 안간힘을 쓰면-예를 들어 취업, 승진, 애인을 만드는 일 등등.- 그 일은 잠시 일어나는 듯 보일 수 있지만 이내 사라지거나 더 고통스러운 방향으로 일이 진행되기도 한다. 그러므로 지금 당장 중요해 보이지 않더라도 힐링하는 것이 궁극에는 이루고자 하는 목적에 다다르는 지름길이 된다.

무언가를 제대로 소유하고 지키려면 그에 맞는 자격을 갖추어야 원하는 만큼 오래도록 그 에너지를 사용할 수 있다. 노숙자로 거리를 오래 전전하면 펜트 하우스에 살라고 해도 하루 이틀은 신나게 있을지 모르지만 자격이 없음에 언제 쫓겨 나갈까 불안해져 스스로 다시 거리를 택하고 만다. 마음, 정신, 영혼을 힐링하지 않고는 물질을 제대로 즐길 수 없는 것이다.

힐링 방법은 크게 두가지가 있다.

빛에너지 힐링은 5밀도계 의식의 영역이다. 무지(알지 못함)를 밝게 비추는 지혜의 에너지를 사용하는 방법으로 감정을 일으킨 생각을 쪼개어 분석해서 어리석고 야비한 에고의 속임수를 알아차리는 일이다.

예를 들어 마음공부도 중요하지만 일단 사회에 나가서 버티는 게 우선이라는 생각을 분석해 볼 수 있다. '나는 왜 물질세계에서의 성공을 중요하다고 생각하는 걸까? 자리를 잡지 못하면 겪게 되는 특정 경험(경제적 빈곤)을 두려워하고 거부하고 있구나! 나는 영성을 세상에서 잘 사는 방법으로 이용하고 싶은 거구나, 그런데 '잘 산다'의 기준은 누가 정하는 것인가? 물질세계가 실재가 아니라 영혼의 경험이라고 하면서 에고가 이를 좋고 나쁜 것으로 구분하고 원하지 않는 경험은 거부하고 싶은 것이 아닐까? 어떻게 하면 이 두려움을 없앨 수 있을까?'

무언가를 원하는 이유가 두려움이나 걱정이라면-예를 들어 경제적 부유함을 원하는 이유가 돈이 없으면 무시당할 것 같아서, 혼자 늙는 것이 두려워 결혼하고 싶고, 아플 때 병원 갈 돈이 없는 것이 무서워 악착같이 아낌- 원하는 목표에 닿는 과정은 에고의 믿음대로 고통과 걱정속에서 매우 힘들게 진행될 수 밖에 없고, 그 소망이 이루어지고 난 후에도 잃을까 하는 두려움, 통제하고 소유하려는 집착때문에 전전긍긍하게 되어 결과적으로 그 기쁨은 옹색하기 짝이 없게 된다.

열망하는 그 일이 나의 에너지장에 수월하게 펼쳐지게 하려면 그 마음을 일으킨 기초 주파수는 '행복하고 즐겁기 위해서'여야만 한다. 정신세계의 에너지는 그대로 땅의 물리세계에 발현되는데 정신은 가벼운 주파수이므로 바뀌기 쉽고, 생각을 바꾸면 그 후에 무거운 물질세계 주파수도 덩달아 바뀌게 되기 때문이다. 두려움, 걱정, 원한이 그 원인 주파수가 되어 이를 피하려는 선택을 하다 보면 돌고 돌아 더 큰 두려움을 직면하게 된다. 무언가를 피하기 위한 선택이나 해야할 것 같은 의무가 아닌 열정을 찾으라. 만약 열정이 없다면 평온함이 느껴지는 선택을 하고 목표를 정하는 것이 좋다.

두 번째 **사랑 에너지**를 이용한 힐링 방법은 빛에너지 보다 파워풀한 힐링이지만 자주 일어나는 일은 아니고 스스로 선택하는 것도 어렵다. 감정이 복받쳐서 며칠간 계속 눈물만 흐르기도 하는 사랑 에너지 힐링은 주로 깨어남 초기의 스타시드에게 일어나고는 한다. 스타시드는 고차원 의식이지만 자신의 참 정체성을 잊게 만드는 베일이 걸쳐진 3밀도계에 다시 태어난 의식(영혼)이다. 이들은 음(사랑)에너지 또는 양(빛)에너지 중 모자라는 부분을 힐링으로 채우기 위해 촉매가 빈번히 펼쳐지는 환경을 선택해 태어나는 일이 흔하다. 예를 들어, 사랑 에너지가 부족한 스타시드는 불후한 가정환경이나 고아로 태어나거나 신체적 결함을 선택해 힘겹게 자신을 사랑해야 하는 과정을 밟아야 하고 이때 사랑 에너지 힐링이 일어난다.

어느 날 식당 아주머니의 친절한 미소에 자신의 가치를 알아보게 되어 멈출 수 없이 울음이 흐르기도 하고, 강아지가 반갑게 꼬리치는 모습에 "저런 강아지도 나를 있는 그대로 사랑하는데...." 하면서 자신을 끌어안기도 한다. 파워풀한 사랑 에너지 힐링은 의도적으로 만들어지지 않고 예측할 수 없지만 몇 가지 연습을 통해 성령을 불러 일으킬 수는 있다.

첫째 의식적으로 스스로에게 관심을 주는 것이다.

'내가 목마르구나' 하며 물을 마시고 '마음이 아프구나' 하고 잠시 눈을 감고 숨을 쉬게 하는 일이다. 나 자신에게 필요한 것을 알아보고 그 요구를 들어주는 것은 엄마가 아기를 안아주고 젖을 물리고 기저귀를 갈아주는 무조건의 사랑과 같은 것이다. 배고픔을 느낀 동시에 냉장고를 열고 아무거나 눈에 보이는 대로 입에 넣지 말아야 한다. 마치 나를 지켜보는 영적 존재에게 이 사실을 알려 함께 인간자아에게 관심을 주자는 신호를 보내는 것처럼 '내가 배가 고프네. 어떤 음식을 먹을까? 지금 먹는 게 나을까?' 하면서 자신의 욕구를 알아보는 시간을 잠시라도 갖는 일이다.

둘째 필요한 것을 주는 관심을 넘어 사랑을 표현하는 것이다. 좋은 음식을 먹는 것, 맑은 공기를 마시며 자연에서 산책하는 일도 나의 몸과 마음에 사랑을 주는 일이다. 이때에도 이런 행동을 하고 있음을 혼잣말하듯 상위자아에게 알려보는 것도 좋다. '지금 나를 사랑하는 방법으로 맑은 공기를 마시며 산책하고 있습니다.' 하며 한 번씩 숨을 깊게 들이마시고 내쉬는 일을 해보자.

셋째 감사이다.

가족을 위해 음식을 하고 집안일을 한 나의 사랑과 노고를 내가 제일 먼저 알아보고 스스로에게 감사하는 일이다. 시험을 잘 보았을 때, 회사에서 잘한 일이 있을 때 칭찬받기를 바라지 마라. 내가 나의 잘함과 재능을 알아보고 스스로에게 감사하는 것이 가장 중요하다. 자신을 끌어 안고 팔을 쓰담으며 '잘했어! 아주 잘했어. 고마워!' 하고 말해보자. 이렇게 태어나 밝게 웃을 수 있는 나에게, 슬퍼 울기도 하고, 분노하기도 하는 내 영혼의 용기에 감사하라.

실수하는 모습에 심각하게 고민하는 에고를 비웃을 줄 알아야 한다. 잘못한 일에 오래 매이지 마라. '인생에는 N.G가 없다'는 참 나를 모르는 이가 한 말이다. N.G장면만을 모아 만든 영화가 바로 진짜 인생이다. 실수를 많이 한다는 것은 그것이 실수임을 안다는 뜻이다. 도시생활을 벗어나 느리고 조용한 농촌으로 귀농하는 사람들일지라도 머리가 나빠지고 더 옹졸해지고 건강이 악화되면 좋겠다고 바라는 사람은 없다. 우리의 참 자아 의식은 매일 더 진보하고 향상되길 원하기 때문이다. 그리고 스스로를 용서해야만 그 실수를 극복할 수 있고 비로소 더 나은 나로 진화할 수 있게 된다.

빛과 사랑의 힐링 방법은 다른 사람들을 도울 때에도 쓰일 수 있다. 예를 들어 노숙자에게 도움을 주려고 약간의 돈을 주는 것은 큰 문제를 일으키지 않는 작은 사랑 에너지이다. 노숙자를 집으로 데려 오겠다는 넘치는 사랑 에너지를 쓸 때는 반드시 빛에너지의 지혜를 함께 사용해야 한다. '집에 데려와도 가족에게 불편을 주지 않을 심성인지 내가 어떻게 판단할 수 있지?' 하고 잠시 고민해 보는 것은 무고한 사람을 매도하는 것이 아니라 어둠을 밝히는 지혜의 빛에너지를 사용하는 판단력이다.

아리스토텔레스가 말한 비겁함과 만용 사이에 용기, 인색과 낭비 사이에 너그러움, 비열함과 자만 사이에 겸손, 적대심과 아첨사이에 우정이 있음을 알아보는 중용(Golden Middle way)은 지혜의 빛에너지이다.

사랑 에너지는 왈칵하고 쏟아지는 폭포수처럼 막을 수 없는 극단적 기질이 있지만 폭포아래 웅덩이처럼 내면을 깊고 고요하게 하고, 빛에너지는 떠오르는 태양처럼 느리고 잔잔하게 시작하지만 한낮의 태양 아래에 거짓부렁 에고는 숨을 곳이 없다.

힐링을 돕는 정신과 의사, 힐러, 상담사의 자살율이 높은 것도 타인의 아픔을 내 것으로 인지하는 사랑 에너지가 지나치기 때문일 수 있다. 사랑 에너지가 울컥 올라올 때 수장되지 않으려면 잠시 멈춰 의식적으로 숨을 들이마시고 내쉬며 빛에너지를 천천히 들여와 균형을 맞추어야 한다.

전문 힐러가 아니더라도 누군가 나에게 도움을 요청할 때, 그가 진심으로 변화하고 싶은데 잘 안되는 것인지, 단지 관심 받는 것이 좋고 나의 에너지에 기생하기 위해 문제가 있다고 하소연하는 것인지 구분하고 후자의 경우라면 빛에너지를 사용해 무시할 줄도 알아야 한다.

에고는 가만히 있는 것을 싫어하므로 늘 반응하려 든다. 친구나 가족의 이야기를 들으면서 '그렇구나~ 힘들겠다...' 하면서 상대가 알아서 정리할 수 있도록 배려해주면 되는데 그렇지 못하고 해결책을 내고 조언을 하려 든다. 상대가 내 말을 듣지 않고 스스로 극복하려는 중 일이 잘 안되어 고통스러워 하면 '쌤 통이다!' 라는 에고의 환희를 느끼기도 한다. 혹시 그랬던 경험이 있더라도 스스로를 용서하고 더 높은 의식으로 성장하도록 노력하면 된다. 자존심이 상하기 때문에 실수를 아니라고 우기면 발전도 없고 좋은 사람들도 떠나게 되지만 이를 받아들이면 더 높은 의식으로 진화하는 발판이 된다. 이 네가지 연습방법은 자신에게 뿐 아니라 상대에게도 적용할 수 있다.

가장 빈번한 사랑 에너지 힐링은 연인(부부)관계에서 다툼과 헤어짐을 겪을 때 나타난다. 상대의 잘못을 긁어내며 탓하기를 중단하고, 내가 이해와 사랑을 요구했으며 상대도 나에게 같은 것을 바라고 있었음을 알아차리고 이를 받아들여보자. 이를 깨닫고 힐링하기로 결정하면 에고에 휘둘리던 자신과 상대방을 사랑으로 포용하고 싶어진다. 에고에서 시작된 사랑이지만 둘이 하나가 되는 영혼의 사랑으로 변모하게 되고 함께 탄트라(섹스 에너지 전환)를 이용해 재미난 우주 에너지 창출을 시도할 수도 있게 된다.

매일의 힐링은 평상복을 입듯 빛에너지를 사용하여 생각을 분석하면서 참 자아를 되새김하고, 가끔 화려한 외출복을 차려 입듯 복받치는 사랑을 다른 사람들, 자연, 동물에게서 받고 또 나누며 온전한 힐링을 완성해 나갈 수 있다.

아래는 자신을 바라보고 분석하는 빛에너지 힐링 방법이다.

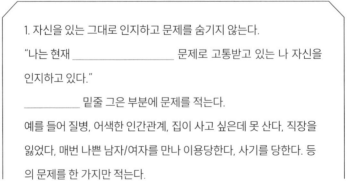

1. 자신을 있는 그대로 인지하고 문제를 숨기지 않는다.
"나는 현재 _____ 문제로 고통받고 있는 나 자신을 인지하고 있다."
_____ 밑줄 그은 부분에 문제를 적는다.
예를 들어 질병, 어색한 인간관계, 집이 사고 싶은데 못 산다, 직장을 잃었다, 매번 나쁜 남자/여자를 만나 이용당한다, 사기를 당한다. 등의 문제를 한 가지만 적는다.

2. 문제를 받아들인다.

"나는 이 문제 뒤에 치유되지 못한 과거의 상처와 배워야 할 교훈이 숨겨져 있다는 것을 받아들인다. 어떤 교훈인지 상처인지 아는 것도 있지만 모르는 것도 있음을 모두 나의 문제로 받아들인다."

A. _____
과거의 기억 중 이 문제와 비슷한 상황이 있었다면 적는다.
이것은 문제의 중심이 무엇인지 스스로 깨우치게 도와주어 재발생하는 것을 막기 때문에 중요하다.

B. _____
이런 상황과 사건을 겪으며 느꼈던 감정을 적는다. (슬픔, 화, 두려움, 죄책감, 창피함, 수치심 등)
물론 어떤 상황에 처하든, 어떤 감정이나 생각이 생기든, 내가 받아들이지 않으면 내 것이 아니다. 그러나 아직 그 수준의 의식단계에 이르지 못했기 때문에 또는 이미 들어온 부정적 에너지를 내보내기 위해 힐링 과정을 밟는 것이다.

3. 완전히 맡기기
"나는 이 문제, _____와 치유되지 못한 나의 상처를 신, 하나님, 엘로힘, 부처님, 우주 에너지, 상위자아, 영혼, 수호천사... (이름은 부르고 싶은 대로 불러도 상관없고 밝은 빛이 이마와 가슴으로 스며드는 것을 상상한다)에게 모두 맡깁니다."
"나는 내가 이 문제를 고칠 수 없음을 인정하고 나의 참 모습인 내 영혼을 창조한 절대의식(하나님,신,성령...)에게 모든 것을 맡깁니다."
이렇게 말한 후 눈을 감고 부정적 생각과 감정을 심상화 해본다. 몸,

마음, 영혼의 모든 에너지장에서 검고 어두운 에너지가 뽑혀져 나가는 것을 상상한다. 그 어두운 에너지를 숨을 내쉴 때 마다 밖으로 뱉어 낸다. 눈물이 나거나 속이 시원하거나 신체 특정 부위가 간지럽다 하는 느낌이 들 수 있다.

4. 리필, 에너지 충전 받기
"나는 이제 모든 부정적인 감정과 생각의 에너지를 뽑아낸 자리에 신성의 사랑, 평화, 기쁨, 행복 그리고 풍요로움의 에너지를 채웁니다."
고민과 걱정을 야기시키는 인생의 문제는 에너지 흐름을 막는 원인으로 에너지체에 뻥 뚫린 구멍과 같다. 이러한 부정적 에너지를 청소한 자리에는 반드시 밝고 새로운 긍정적 에너지를 채워 넣어야 한다. 예를 들어 물리적으로 공격 당한 경험이 있다면 안전함을 추가로 채워야 하고, 혼돈스러운 마음으로 갈팡질팡 한다면 가야 할 길의 투명성을 볼 수 있는 능력을 채울 수 있다.
차크라가 치유되어 열린 상태에서 에너지 충전을 받지 않으면 그 전에 있었던 부정적 에너지가 다시 채워질 수도 있으니 긍정적이고 밝은 평화와 사랑의 에너지를 채우는 명상을 한다. 그리고 힐링이 완성되었음을 감사하자.

5. 감사하기
"나는 이 모든 프로세스가 완벽하게 끝났음을 감사합니다.
나는 치유의 기적이 내게 전해짐을 감사합니다. 나는 빛과 사랑의 영혼이며 하나님(우주, 엘로힘, 성령, 상위자아, 부처…)과 하나임을 감사합니다."
"현재의 모든 문제와 아픈 과거의 기억은 사라지고, 근원에너지(신

[105])가 내 안에 함께 합니다. 그 축복과 사랑을 받아들이며 감사함을 전합니다. 또한, 나의 주파수가 긍정적 에너지로 전환됨으로써 나에게 향해 오고 있는 사랑, 기쁨, 평화, 안정, 행복과 물질, 정신, 영적 풍요로움의 에너지를 감사합니다.

감사합니다. 감사합니다. 그리고 축복합니다."

촉매 일기

'하나의 법(The Law of One)'의 Ra 그룹은 감정적 불편함을 의식 성장과 힐링을 가속화 시키는 촉매라고 하였다. 이 촉매는 그냥 내버려 둔다고 하여 저절로 힐링이 일어나지 않으며 육체의 에너지 센터로 흡수되어 결국 신체에 병을 일으킨다.[106]

Ra 그룹은 채널링 세션 74.11에서 송과선 차크라[107]의 활성화(크리스털 화) 질문에

Know yourself, (자신을 알고)

Accept yourself, (자신을 받아들이고)

Become a Creator (크리에이터/창조주가 돼라)

---

105 신,절대의식,하나님, 부처님,엘로힘,우주 에너지 등 가장 거부감 없고 친근한 이름을 사용하면 된다.

106 The Law of One session 66.34 1981년 8월 12일

107 제3의 눈으로 알려진 6번째 에너지 센터이고 Ra 그룹은 에너지 센터를 색으로 표현하여 Indigo Ray라고 부름.

라는 답변을 하였다.

에고가 일으키는 감정은 크게 세 가지가 있는데, 그 감정들의 원인생각인 에고의 믿음(잠재의식에 묻은 때)을 수정하는 힐링 방법으로 촉매일기를 쓸 수 있다.

에고가 만드는 첫번째 생각은 **집착**이다. 붙들고 내려 놓지 못하는 마음은 우주(다른 영혼들, 창조주, 신, 상위자아)와 분리되어 있다는 잘못된 믿음이 원인이고 부정적 감정 중 **분노**를 일으킨다.

예를 들어 배우자가 돈을 쓰는 것에 화가 나는 것은 돈에 집착하기 때문일 수 있다.

두번째 에고의 생각은 **부족하다는 믿음**이다. 우리는 분리된 육체이므로 나의 부족함을 외부로부터 계속 채워야 한다는 간절함을 만든다. "부럽다~"는 말을 자주하고 모자람, 부족의 믿음은 **슬픔**의 감정을 일으킨다.

사랑하는 사람이 죽어서 슬픈 것은 내게 남겨진 그/그녀의 빈자리 다시 말해 망자에게서 얻을 수 있었던 만족감, 행복, 사랑, 관심, 기쁨이 부족해졌기 때문이다. 나와 비슷한 처지의 사람이 죽었을 때 슬픈 이유는 자신이 겪은 일들을 망자의 입장에 투사하기 때문이다.

세번째 에고의 생각은 모든 것을 **통제**하고 컨트롤해야 한다는 믿음이다. 통제 안에서 벗어나는 일이 생기면 **두려움**의 감정이 생긴다. 예를 들어 언제까지 얼마큼의 돈을 모으겠다는 계획이 틀어지면 미래에 대해 불안해지고 이는 두려움의 한 종류이다.

에고의 착각(잘못된 믿음)이 일으키는 힐링해야 할 감정은 여러 가지(Branch)로 분파될 수 있지만 그 뿌리는 분노, 슬픔, 두려움의 세 감정이 전부이다. 예를 들어 짜증은 분노의 일종이고, 애타는 마음은 잘못되지 않을까 하는 두려움이며 외로움은 슬픔에 기인한 감정이다. 일상생활에서 겪는 여러 사건들 중에 감정적 불편함을 느낄 때, 왜 그런 감정이 들었는지 분석하여 자신을 알고 그러한 자신을 있는 그대로 받아들여(용서하고 사랑하고) 크리에이터가 되는 수련을 할 수 있다.

촉매 일기 쓰는 법

1. 불편한 감정을 일으킨 촉매 사건을 간단히 적는다.
2. 사건에서 느꼈던 감정을 쓴다.
3. 감정 옆에 에고의 착각(잘못된 믿음), 원인 생각을 쓴다.
4. 3번이 일어나게 된 배경이나 자세한 설명과 분석을 적는다.
5. 스스로에게 질문한다. 이 경험,사건을 통해 발견할 수 있는 상처, 트라우마, 고정관념, 편견은 무엇인가?
6. 침묵하고 명상하면서 내면의 고요함에 귀 기울인다.
7. 평온함이 느껴졌다면 있는 그대로 받아들이고 자신을 용서한 것이다.

감정과 원인 생각을 다시 한번 정리하면 다음과 같다.

감정	원인 생각
분노	집착(내려 놓지 못하고 내맡기지 못하는 마음)
슬픔	부족함(모자란 것을 채워야 한다는 마음)
두려움(걱정, 불안감)	통제와 컨트롤

예를 들어, 배우자가 상의 없이 최고급 사향의 스마트 TV를 구입한 일로 크게 다투었던 사건이 있을 때 이 사건으로 처음에는 화가 났다. 그 다음에 돈이 줄어드는 것이 걱정되었다.

2번에 분노와 두려움(걱정)을 적는다. 화가 났는데 정확히 그 원인은 아직 모르지만 분노의 감정은 집착에서 오는 것이니 분노 옆에 집착을 적고, 두려움 옆에 통제 또는 컨트롤이라고 적는다.

이제 무엇에 관한 집착이고 무엇을 컨트롤 하려고 했는지 분석할 차례이다. 금전에 관한 문제는 당연히 상의하고 결정해야 하는 사안인데 배우자가 나를 무시했다는 분석이 나왔다면 이것은 집착적으로 존중받고 싶은 마음, 즉 인정 욕구 집착이 있을 수 있다.[108]

큰 돈이 지출된 것 자체에 화가 났다면 간단히 돈에 대한 집착이다.

돈이 부족해지면 미래가 불안정해질 것이라는 두려움은 내(에고)가 세상을 살아가는 주인으로서 모든 금전적 부분을 책임지고 해결해 나가야 한다는 믿음이 있는 것이고 이는 육체의 인간자아를 보호하겠다는 에고의 판단이다. 내가 상위자아와 하나이고 신성의 일부라면 일어

---

108 분노, 집착의 감정은 버려진 혼자라는 약함을 감추기 위한 방어기제를 만들고 무시당했다며 화를 내는 일로 표출된다.

나는 모든 일을 다 알아서 해야 한다는 지나친 책임을 떠안을 필요 없다. 이는 분리된 삶을 살고 있다고 인정하는 것이다. 내가 알아서 할 수 있는 것은 내 마음 뿐이지 않는가.

5번은 개인의 어린 시절이나 전생에 따라 크게 달라질 수 있다. 예를 들어 어릴 때 방치된 경험이 있거나 믿었던 지인에게 사기를 당했을 수도 있을 것이다.

그 다음에는 잠시 마음을 가라앉히고 상위자아의 메시지를 기다려 본다.

마지막으로 자신의 에고를 용서하라. 거금을 쓴 배우자가 아니라... 분노의 감정이 너무 강렬할 때에는 힐링을 생각할 수 조차 없을 테니 마음이 가라앉고 난 후 사건을 들여다 보고 스스로를 치유한 용감하고 현명한 자신을 칭찬하라. 그리고 언젠가는 마음을 치유할 기회를 준 배우자에게 감사할 수 있게 될 것이다.

EFT 힐링

EFT(Emotional Freedom Technique)은 억압된 감정을 자유롭게 풀어주는 힐링 테크닉이다. 부정적 감정은 신체에 악영향을 주고, 반대로 신체의 특정 부위가 아프면 그에 해당하는 슬픔, 비통함, 굴욕감, 원망, 억울함, 불안감, 공포, 두려움을 느끼게 된다. 예를 들어, 분노는 간을 상하게 하고 슬픔은 폐를 다치게 하고 걱정은 위장을 아프게 하고 스트레스는 심장을 해치며 마지막으로 두려움은 신장을 망가뜨린다.

우리는 매일 무언가를 배우거나 깨닫는다. 그것이 미역국 끓이는 법이 되었든, 사랑이나 분노의 감정이 올라옴을 알아차렸든, 알프레드 아들러의 심리 분석학 이론이 되었든 말이다. 학생이 각 학년에서 익혀야 할 것을 마스터 해야 다음 공부가 잘되는 것처럼, 우리의 의식도 수업을 잘 받아야 다음 단계로 진화할 수 있는데(차원 상승) 이때 감정은 우리가 놓쳤던 부분을 되돌아볼 수 있게 해준다.

슬픔은 잃어버린 것이 남기고 간 사랑을 발견하라는 힌트가 되고, 두려움은 전진하거나 후퇴할지 언정 망설이지 말라는 교훈이며 분노는 선을 그어 상대방의 일은 그 사람의 다르마가 되도록 내버려 두어야 한다는 의미이다. 사실 누군가에게 화가 날 때 그 원인을 차근차근 분석해 보면 그런 상황을 피할 기회가 있었음을 알고 있었지만 간과한 자신에 대한 분노이거나 또는 이미 기분이 나쁜 상태였는데 그때 마침 폭발한 경우가 대부분이다.

혐오감은 우리에게 이로운 일(사람)이 아님을 알게 하는 감정인데 지금은 그것(그 사람)을 감당할 수 없으니 다시 돌아와 대면할지라도 당장은 피해야 한다는 뜻이다. 반대로, 행복은 이와 비슷한 일들을 많이 하라는 격려의 메시지이다.

EFT는 에너지체 안에서 감정과 신체가 서로 연결되어 있음을 이용한 힐링 테크닉이다. 인체의 혈 점, 지압점은 인도에서는 나디[109]라고 부르는 에너지 포인트이다. 에너지 포인트를 자극하여 뭉친 에너지를 풀어 주어 소통을 원활하게 함으로 신체의 고통을 완화하고 몸과 마음의 병을 치유하는 것이 EFT 태핑(Tapping: 손 끝으로 혈 점을 두들기는 기법)의 목적이다.

EFT는 감정 에너지와 신체가 연결되어 있음을 이용하여 신체를 자극해 감정적으로 응축된 에너지를 풀어주는 것이 주된 목적이지만 일의 능률, 공부의 효율성, 체력향상 효과도 얻을 수 있다. 개인의 에너지장을 우주 에너지장에 접속하고 막힘 없이 순환시키기 위해 이용하기도 한다.

EFT 창시자 개리 크레이그(Gary Craig)는 빵을 맛있게 구우려면, 후추 대신 설탕을 넣어야 하고 오븐에 반죽을 넣기 전에 모든 과정이 끝나야 하는 것처럼 EFT 도 그 레시피를 올바로 밟아야 힐링의 효과가 잘 발휘된다고 하였다.

단순 어깨 결림에서 큰 생채기를 남긴 트라우마까지 모두 적용 가능하겠지만 심각하다고 생각(결정)한 문제는 치유하는데 더 오랜 시간과 노력이 필요할 것이고 자유의지 존중 법칙(Law of Free will)에 의해 '이게 뭐 효과가 있겠어? 안 될 것 같은데....' 하는 의심을 가지고 하면 인간자아의 이 같은 믿음이 존중되어 효과는 나타나지 않는다. "제발 에고의 자유 의지를 존중하지 말아 주세요." 하며 사정하고 싶은 건 필자

---

109 Nadis: 힌두 베딕(Vedic) 영성 지식으로 차크라(에너지)가 소통되는 포인트이며 쿤달리니가 움직이는 길.

혼자 만인가? 이미 일어난 생각이고 의지로 생각을 컨트롤 할 수 있는 것도 아니니 의심이 들었다고 낙심하지 말자. 그러한 자신을 받아들이고 "에고를 용서하고 그 마음을 이해합니다. 치유를 원하는 작은 마음을 온전히 드리니 치유를 도우소서. 감사합니다." 하고 진심을 다해 내려놓으면 된다.

EFT 힐링 테크닉

> 1. 문제를 인지하고 그 문제를 가지고 있는 자신을 있는 그대로 받아들인다. 우리는 남의 문제를 해결할 수 없으므로 문제를 해결하고 싶다면, 그것이 나의 것임을 받아들여야 한다. 누구(어떤 사건) 때문에 라고 탓을 하면, 기분은 조금 나아질 수 있을지 모르지만 그 문제에서 빠져나올 수는 없다.

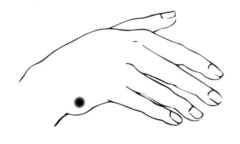

손 날 부위를 손가락 3~4 개의 손끝으로 톡톡톡 태핑하면서 이렇게 말한다.

나는 ＿＿＿＿＿＿라는 문제가 있지만, 그럼에도 나는 나 자신을 있는 그대로 완전히 받아들인다.

예를 들어 '나는 어깨가 아프지만, 나는 거미가 무섭지만, 나는 팔이

276

부러졌지만, 나는 8살 때 놀림을 당하고 지금까지 그때의 수치심을 느끼지만, (그 사건을 떠올린다) 나는 5년 전 여자친구에게 배신을 당하고 분노에 차 있지만, 나는 사업을 망해 먹은 나 자신이 한심하게 느껴지지만...'

그럼에도 나는 나 자신을 거부하거나 미워하지 않고 있는 그대로 받아들인다.

이때 다른 사람이 문제의 주체가 되어서는 안 된다. 예를 들어 '남편이 바람을 피웠지만, 실장이 일을 많이 시켜서, 이모가 돈을 빌려 가서 갚지 않지만, 아버지가 돌아가셔서...' 등등이라고 하면 안 된다. 다른 사람들이 나의 부정적 감정의 원인이라고 믿는다면 이렇게 대체할 수 있다. '나는 남편의 무책임한 행동으로 배신감, 허탈함, 원망, 미움이 들끓어 오르지만, 나는 이모에게 빌려준 돈을 못 받아 애 타고 화가 나지만, 나는 실장님이 나의 능력을 과대평가한 것이 부담스럽고 억울하지만, 아버지가 보고 싶어 슬프지만...' 그럼에도 불구하고 나는 나 자신을 있는 그대로 받아들인다.

2. 문제의 강도를 스스로 체크해 본다.

가만히 멈추어 1분 정도 지금 말한 그 문제의 강도를 0~9로 점수를 매겨 본다. 문제가 전혀 없다면 0이고 심각할수록 그 숫자는 커질 것이다.

다음 그림에 나오는 부분을 차례로 두들기면서 문제를 간단하게 말한다.

처음처럼 길게 문장으로 말할 필요 없이 요점만 말한다. 예를 들어 아픈 머리, 배신감, 수치심, 두려움, 슬픔, 분노, 답답함, 불안함, 실망감, 자궁에 생긴 물 혹, 아픈 팔 etc.

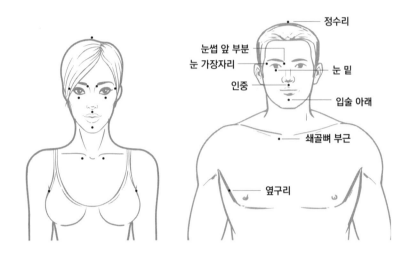

두번째는 머리 위 정수리부분이다. 부위가 넓으니 모든 부분을 다 커버하기 위해 다섯 손가락 끝으로 머리 위를 톡톡톡 때린다. 10번 정도면 적당하다.

다음 에너지 포인트는 눈썹이 시작되는 부분이고 양쪽을 동시에 두들길 필요는 없다. 엄지와 중지를 약간 벌리면 양쪽 포인트를 커버할 수는 있지만 문제를 말하며 한 쪽만 10번 정도 톡톡톡 두드려도 된다.

네 번째 포인트는 양쪽 눈 옆에 뼈 부분이고 마찬가지로 문제를 말하며 손가락 검지와 중지로 톡톡톡 두드린다. 한 쪽만 해도 충분하다. 다음은 눈 아래이다. 같은 방법으로 두드리며 문제를 말한다. 다음은 인

중 그리고 다음은 아랫입술과 턱 사이이다. 그 다음 포인트는 쇄골 뼈 튀어나온 부분 아래에서 약간 옆 부분이다. 정확한 위치를 찾기 힘드니 정수리를 두드릴 때처럼 다섯 손가락 끝을 이용하여 쇄골 뼈 주위 전체를 톡톡톡 태핑 하는 것이 좋다. 마지막은 옆구리 위쪽인데 여자는 겨드랑이 중간에서 아래로 내려오다 브라 스트랩이 지나가는 부분과 만나는 곳에서 찾을 수 있다.

EFT는 문제를 말하는 것으로 끝이지만 아래처럼 좀 더 심화된 버전으로 해볼 수 있다.

> 1. 태핑 포인트를 두들기며 문제를 말하고 이를 받아들인다.

예를 들어 "나는 아픈 팔을 있는 그대로 받아들인다." 고 말한다.

> 2. 두번째 두들길 때 문제가 있다고 믿는 에고를 사랑할 수 있다고 말한다. 예를 들어 "나는 팔이 아프다고 믿는, 승진에 떨어진 실패한 인생이라고 믿는, 누구도 나를 사랑하지 않는다고 믿는, 에고를 사랑할 수 있다."

> 3. "이제 나는 나를 있는 그대로 사랑한다. 자유롭다." 라고 말하면서 태핑한다.

1단계에서 문제를 인식하고 내 것으로 받아들이고 2단계에서 문제를 진짜라고 믿는 에고를 사랑할 수 있으며 3단계에서 통합적으로 있는 그대로 모든 것을 사랑한다고 선언하는 것이다.

마지막으로 숨을 코로 들이마시고 천천히 입으로 내쉬는 것을 세 번 정도 반복한다. 부정적 감정이나 신체의 고통이 완화되었는지 체크해 보고 조금이라도 효과가 있다면 운전 중 신호대기 할 때처럼 막간에 언제든 할 수 있다.

위에 잠깐 언급한 대로 힐링 효과 뿐 아니라 일의 능률, 능력 향상 또는 일반적인 웰빙(다이어트, 건강, 행복 지수)을 위해 사용할 수 있다. 예를 들어, 신진대사 활성화, 피로 회복, 달리기나 발표 능력 향상, 조리 있게 말하기, 마음 편히 돈 쓰기 등을 말하면서 태핑하면 된다.

영혼의 계약서

영혼은 태어나기 전에 미리 부모를 정하는 것은 물론이고, 다른 영혼들과 합의를 통해 이번 지구경험 중 배워야 것들을 잘 익히기 위해 이런저런 역할을 정하여 서로의 의식성장을 도와 주기도 하고 인간으로서는 생각할 수 없는 영혼이기에 가능한 일방적 희생을 약속하기도 한다. 이렇게 해서 생겨난 동의서를 영혼의 계약서(Soul Contract) 라고 한다.

오버소울(Oversoul: 5~6밀도계 의식의 상위자아)은 전생에 해결하지 못한 일들을 힐링하고 해결하는 것을 목적으로 영혼의 계약서를 작성하게 된다.

계약서에 의해 배워야 할 교훈을 얻을 때까지 계속 비슷한 패턴의 부정적인 사건이 일어나기도 하고, 스스로 치유하여 자유로워질 때까지 고달픈 인간관계를 경험하기도 하는데 상위자아는 감정과 느낌으로 '힐링하세요~ 힐링하세요' 라고 신호를 보낸다.

하지만 인간자아 입장에서는 이런 영혼의 계약서에 서명한 기억이 없기 때문에 이를 알게 되는 순간 부당한 처우를 받았다는 기분을 떨칠 수가 없다. 일어나는 많은 일들이 이미 모두 결정되어 있는 것 같아 맥이 풀리고 작성한 적도 없는 계약서의 이행사항을 지키지 않으면 마치 해결을 거부하는 무책임처럼 느껴지지만 아무리 생각해도 피해자는 나 같다.

육체가 죽으면 모두 천국이나 지옥에 간다는 것이 논리에 맞지 않고 환생의 원리가 이치에 맞다는 판단이 섰더라도 지금 살고 있는 생을 여러 번 경험하고 있다는 것은 당최 믿기 힘들다. 이것은 보이지 않는 판위에 몇 천, 몇 만명의 내가(정확히 말하면 의식)세워져 있음을 상상하는 것으로 설명할 수 있는데 인간자아가 매 순간 어떤 선택을 하고 감정을 느끼면서 미묘하게 변하는 에너지가 수많은 나와 또 다른 나들(selves) 사이에서 이리로 저리로 옮겨가며 새로운 에너지체를 형성하게 되고 이를 양자도약(Quantum Leaping) 이라고 하기도 한다. 나의 고유 의식은 가끔 다른 육체에 잠깐 들어가기도 하고 다른 의식이 내 육신에 들어왔다 나가기도 하지만 대부분의 우리는 이를 알아차리지 못한다. 드물게 유체이탈이나 자각몽을 시도하다 양자도약이 일어나기도 한다.

양자도약 하는 새로운 에너지는 다른 말로 의식이고 우리는 뇌를 통해 이 의식이 머무르는 곳의 환경을 지각하게 된다. 데자뷔가 일어나는 것도 영혼의 조각(또는 의식의 한 부분이라 이해할 수 있다)이 떨어지고 합쳐지는 것을 알아보며 생기는 현상이다. 셀 수 없이 많은 또 다른 나(me)에 의해 만들어지는 일들을 모두 알 수 없기 때문에 지금 이 의식이 아닌 또 다른 나의 의식에 의해 영혼의 계약서가 맺어졌는지도 모를 일이다. 지금으로서는 공평성을 따지는 것보다 해결할 방법을 찾는 것이 현명해 보인다.

> **첫번째 해결 방법은 모든 것을 받아들이고 책임지는 것이다.**

도움은 커녕 나를 힘들게만 하는 인간관계가 지속된다면 '내 주변에는 왜 나쁜 인간들만 꼬이는지 이해가 안 된다'고 하기 전에 곰곰이 나의 어떤 에너지가 이런 관계를 끌어 당기는가를 찾아보아야 한다.

또한, 내가 적극적이고 능동적으로 가담하지 않은 일에 대해서도 잘못을 인정해야 한다. 예를 들어, 부부/연인 관계 그리고 직장에서 감정을 다치는 일이 자주 생긴다면, 그러한 관계를 끊지 못하고(그 어떤 이유일지라도) 지속하고 있기 때문에 나에게 50%의 책임이 있음을 우선은 받아들이고 그 후에 해결책을 생각해 볼 수 있어야 한다.

팔이 부러졌는데 아니라고 우기면 나만 계속 아프고 나아지는 것은 없는 것처럼 내 것이 아니고는 그 어떤 것도 고치거나 해결할 수 없다. '남의 잘못이야, 나는 잘하는데 저 사람이 날 사랑하지 않아, 이 환경 탓이야.' 라고 결정해 버리면 내 문제가 아니므로 내가 어떻게 할 수 있는 방법이 없다. '~때문에' 라는 피해자 의식을 고수하는 이유는 스스로 고치는 것은 귀찮고 힘들어서 싫고 인생의 주도권을 누군가에게 맡기고 끌려 다니면서 자기 잘못이 아니라고 평생 넋두리만 하겠다는 심보이다. 좋은 것은 내가 하고 어려운 건 남에게 미루면서 인생의 주인이 되겠다는 뻔뻔한 종자는 되지 말자.

두 번째는 용서이다.

'전생에 네가 날 아프게 했던 게 분명해. 이번엔 내 차례다.' 또는 '내가 무슨 죄를 지어서 이런 꼴을 당하나....' 하는 식의 보복성 인간관계는 삶을 더 왜곡할 수 밖에 없다. 카르마는 벌을 주고 받는 것이 아니며, 의식이 스스로 문제를 해결하겠다고 결정한 자유의지임을 이해할 때 업장은 스스로 녹아내려 기회가 되어 돌아온다. 또한 타인 뿐 아니라 에고가 말하는 멍청한 결정, 수치스러운 사건도 어렵겠지만 조금씩 받아들이고 용서해야 치유가 완성된다.

〈하나의 법〉에서 Ra는 예수 그리스도가 십자가에 못 박혀 죽임을 당했을 때 "저들은 자신들이 하는 일이 무엇인지 모릅니다. 저들을 용서 하십시오" 라고 말함으로 지구 환생 카르마의 굴레에서 벗어났다고 하였다.[110]

---

110 〈The Law of One〉 1981년 2월 3일 채널링 세션 17.20

그러나 인간의 입장에서 책임을 지는 것과 용서로 영혼의 계약서 내용을 이행함은 고개를 끄덕일만한 해결책이지만 영혼의 계약서는 살아 있는 동안 끊임없이 갱신되기 때문에 -살면서 무심코 던지는 밥 한번 먹자 하는 빈 말도 다른 영혼과의 계약이 된다- 모든 카르마를 완벽하게 책임지고 모두를 다 용서할 수 있다는 생각은 에고의 자만이다. 정신장애가 있는 사람의 서명은 법적 효력이 없는 것처럼 서명한 기억이 없으니 계약서를 무효화 하겠다고 선포하는 것이 가장 효율적인 방법이다. 황당무계한 소리처럼 들릴 수 있지만 이는 물리세계를 절대의식(상위자아 의식, 신, 하나님, 우주...)의 발현 장(필드 field), 또는 게임 장 같은 것임을 '아! 하!' 하고 알아보는 일이다.

〈기적 수업〉을 인용하면, '꿈에서 저지른 이런저런 일들을 잠에서 깨어나 그 대가를 받겠다고 하는 것이 말이 되지 않으니 꿈에서 일어난 일은 꿈으로 두겠다'고 선언하는 것이다. 예수 그리스도가 '육체는 육체에서 나온 것이고 영으로부터 태어난 것은 영이니(요한복음 3:6)'라고 한 말도 같은 의미이다. 세상의 일들과 영혼을 어떡해서든 붙들어 결부시키려는 에고를 알아보고 무시할 줄 알아야 한다.

만약 처음부터 이것이 시험문제였다면 어떨까? 심각하게 시험을 보고 있는데, 그 시험이 그냥 놀이라는 것을 아는 것이 시험의 정답이라면?

상위자아(신, 영혼, 절대의식, 엘로힘, 우주 에너지)가 인생을 경험하는 나에게 원하는 것이 무엇일까?

의학적으로 심장이 멈추었다 되살아 난 임사체험자들은 (Near Death

Experience: NDE)하나같이 지나온 인생을 영화처럼 돌이켜 볼 기회가 있었다고 증언한다. 수호천사 같은 영체와 함께 지구에서의 삶을 지켜보았는데 이들은 그 어떤 상황에서도 '왜 더 잘하지 못했느냐'고 비난하지 않았지만 스스로 '다른 선택을 할 수도 있었겠다' 는 생각이 들었다고 한다. 도전과 변화가 두려워 지겨운 일을 평생 반복하고, 사랑하지 않지만 타인의 이목이 두려워50년을 참으면서 불행한 삶을 살았다고 하면 죽어서 신이 잘 했다고 칭찬할까? 지금 내가 행복[111]한 것이 가장 중요함을 아는 것이 인생이라는 시험을 치르는 목적이다.

인간자아가 영혼의 계약서를 주체적으로 만들 수 있는 의식 레벨로 상승하는 것이 상위자아 의식을 지구 땅에 발현하는 일이다. 태어나기도 전에 상위자아에 의해 이미 영혼의 계약서가 만들어졌다 하더라도 상위자아와 하나 되는 것이 차원 상승이므로 내가 전보다 성숙한 의식이라면 지금의 나는 상위자아 의식이 된 것이다. 따라서 내가 영혼의 계약서를 새로 갱신해도 되는 것이다.

명상을 꾸준히 하다 보면 말로 표현하기 힘든 '촉'과 비슷한 직관이 발달하게 되는데, 이 난관과 인간관계는 궁극적으로 나의 의식 진화를 위해 계약사항으로 넣은 것이고 어떤 일은 전생에서부터 따라온 에고가 힘을 써서 또는 다른 영혼들과 할 수 없이 맺어진 조항이라는 것을

---

111 모든 것이 그러하지만 행복에도 레벨(차원)이 있다. 용기, 정직(특히 자기자신에게), 그리고 모두가 하나이기에 기꺼이 기쁨으로 할 수 있는 자기희생이 밑바탕이 된 평온함은 인간자아가 이룰 수 있는 가장 고차원의 행복이다.

구분할 수 있게 된다. 모든 계약조항을 지킬 필요 없고 스스로 계약을 파기하고 다른 조항을 삽입할 수도 있지만 이 모든 일을 할 때 그 주체는 항상 내가 되어야 한다. '~ 때문에' 라고 외부에서 계약서 파기(또는 수정) 이유를 찾고 있다면 그것은 영적 지식을 육체의 안위에 이용하려는 에고이다.

영혼의 계약서로 묶인 어려운 상황에 처했을 때 어떻게 해야 할지 모르겠다면 지구에서 살아온 상승 마스터들 중에 영적으로 공명하는 이를 영성 멘토로 삼아 '그 영혼은 이런 때에 어떻게 했을까?' 고민해보면 답을 찾을 수 있다. 그래도 모르겠다면 '모른다'고 하면 된다. 인생이 무엇인지, 내가 여기서 뭘 하는 건지 아무것도 모르겠다고 상위자아에게 어떻게 살아야 하는지 길을 보여달라고 요청하라. 그러나 답이 눈 앞에 있는데 그 과정의 힘듦이 싫어서 거부하고 있는 건 아닌지 스스로에게 솔직해야 할 것이다. 혹시 자존심 상하지 않고 쉬운 길을 찾아 눈을 돌리며 하기 싫은 것은 분명 에고이기 때문이라고 우기고 있는가? 그렇다면 아이스크림과 소주는 상위자아 이고 땀 흘리는 운동은 에고인가?

인간관계에서 맺어진 계약조항 외에 영혼의 목적에 관한 내용도 영혼의 계약서에서 찾아야 하는데 무엇을 해야 할지 모르겠는 혼란스러움에 괴로울 때가 바로 그 타이밍이다. 지금 환경에 맞춰 볼 때 가능한 일이 아니라 '내가 모든 환경과 조건을 다 갖추고 있다면' 이라고 가정한 후 원하는 활동을 상상할 때 찾을 수 있지만 경제적으로 돌보아야 할 가족이 없을 때에만 해당된다.

사회적으로 결혼을 하지 않고 아이를 낳지 않는 것이 문제라고 하지만 대체로 영혼은 혼자일 때 쉽게 깨어날 수 있기 때문에 영적 차원에서 3밀도계와 4밀도계의 차원상승 과도기에 극성을 선택하고 알갱이와 쭉정이로 구분되고 있는 지금, 이 같은 현상은 당연한 일이다. 바꿔 말하면, 이미 결혼해서 아이를 분신처럼 여기는 부모가 되어 있는 상태라면 자신의 극성을 선택하고 차원 상승하는 깨어남은 매우 어려울 것이다.

일이든 사랑이든 운동이든 사람을 만나는 일이든… 머리와 손발을 움직여 활동하는 이유는 꿈의 실현과 성공이라는 수단을 이용해 더 많은 경험을 만들고 그러한 과정 중에 다채로운 감정을 느끼면서 드러나는 잠재의식을 치유할 수 있기 때문이지 타인에게 나의 가치를 증명하기 위함이 아니다.

영혼의 목적은 돈을 벌기 위해 억지로 한다고 착각하는 직업을 통해 이루어지는 것이 일반적이다. 한 사람의 어려움을 이해하고 문제를 해결해주는 콜센터 직원이라는 일을 통해 영혼은 고귀한 사랑을 표현하며 충만한 평화를 느끼고 있는 것을 그 인간자아는 알고 있을까? 우리는 모두 사랑을 표현하거나 사랑이 필요하다고 요구하는 중이라고 〈기적수업〉의 그리스도는 말한다. 대다수는 자신이 얼마나 큰 사랑을 전달하고 있는지 모르고 돈 때문에 하는 일이라고 오해하고 있겠지만 모든 일의 본질은 사랑을 표현하고 나누어 주는 활동이다. 누군가는 고기를 맛있게 구워 주며 사랑을 표현하고, 노트북이 필요한 이에게 가장 잘 맞는 사향을 추천해주며 사랑을 전하고, 버스 기사님은 목적지까지 사람들을 데려다 주며 사랑을 주고 있는 것이다. 예술가는 결과물 자체가 영혼의 창조성을 표현하므로 영혼의 목적을 가장 잘 실행한다고 할 수 있지만 혼자 간직하는 경우가 아니라면, 그만큼 사랑을 달라고 요청하는 중에 있다고 볼 수 있다.

그림이나 음악 같은 예술이 아니더라도 새롭게 만들거나 기존의 것을 긍정적인 방향으로 변화시키는 창의성 가득한 일은 영혼이 그 사랑을 표현하는 방법에 가장 가깝다. 영혼의 목적을 찾기 위해 점성학, 사주, 수비학, 타로의 도움을 받을 수 있고 상위자아가 보내는 공시성을 통해 발견할 수도 있으며 영성 멘토와 대화를 통해 자신의 숨겨진 재능을 찾을 수도 있다. 나만의 고유한 특징을 기억하기 위해 가족이나 친구들에게 어린시절 어땠는지 물어보는 것도 도움이 되는데 어린아이의 생활에 영혼의 목적이 그대로 표출되기 때문이다. 한국사회의 특성상 금전적으로 안정적인 직업이나 부모 자신이 하고 싶었던 일을 자녀의 미래로 정해 놓는 경우가 있어 아이들의 고유성이 묻혀 버리기도 한다. 물론 부모는 자신이 만들어 놓은 행복 기준을 자녀에게도 적용할 수 있다고 믿겠지만...

지금 하고 있는 일에 보람, 열정, 기쁨이 없다면 그것은 아마 당신이 해야 할 일이 아니거나 아직 그 일을 통해 배워야 할 것을 깨닫지 못하고 있기 때문일 것이다.

혈족의 힐링

육체, 마음(생각), 영은 삼위일체 하나이다. 이 셋은 서로 연결되어 영향을 주고 받고 있기 때문에 대체로 마음과 영혼이 강건하면 몸이 건강하고 영혼이 특별한 고통체를 짊어지기로 한 경우를 제외하고는 반대의 경우도 마찬가지 효과가 전해진다.

마음을 치유하고 영적으로 깨어나려 온갖 노력을 해도 어느 때에 다다르면, 말로 설명할 수 없는 한계에 부딪히는 경험을 하게 된다. 싹 사라졌던 병이 재발하고 순조롭던 인간관계에서 답답함을 느끼기도 한다. 보이지 않는 힘이 나를 붙들어 놓는 기분이 드는 것은 육체를 가짐으로 그 혈연관계(Blood Line) 안에서 형성된 고통체도 함께 가지고 태어난 것이 그 원인일 수 있다. 혈족의 고통체는 DNA에 인코딩되어 있으며 질병 뿐 아니라 선대에서부터 내려오는 가풍, 업보, 전통, 가업 등의 특수 인자도 DNA에 복제되어 전해지는데 때로 그것은 우리의 영적 성장을 방해하는 사슬이 되기도 한다.

심상화 명상으로 혈연관계에서 전해져 내려오는 카르마와 계약관계를 끊어낼 수 있다. 혈족의 고통체가 클수록 어려울 수 있으나 포기하지 않으면 가위눌림에서 해방되는 것 같은 자유를 경험하게 될 것이다.

네빌 고다드(Neville Goddard)는 당신의 그 놀라운 상상력이 바로 신[112]이라고 하였다. 상상력을 이용하는 심상화 명상 힐링은 내가 주체가 되어 스스로를 치유하는 긍정적 의식진화 방법이다. 나는 가만히 있는데 어떤 강력한 영적 존재가 나를 이렇게 저렇게 뒤집고 엎고 빛을 레이저처럼 쏴 주고, 이런저런 초능력을 던져 주고, 힐링 시켜주는 것보다 몇천 배 더 효과적이고 영구적인 치유방법이다. 누군가에게 받은 것이 아닌 내가 접속한 힐링이고 능력이므로 그 누구도 빼앗아 갈 수 없는 강력한 나의 파워가 되기 때문이다. 우리는 모두 스스로 힐링하고 능동적으로 의식을 진화하는 독립된 마스터가 되어야 한다.

심상화 명상 힐링

눈을 감고 숨을 천천히 들이 마시고 내쉰다. 내면에서 작은 공 같은 빛을 찾아내 숨을 쉴 때마다 더 커지는 빛을 상상하면서 주변을 밝게 한다. 어둡고 끈적하고 기분 나쁜 기운이 느껴지면 숨을 내쉴 때 저 멀리 우주 밖으로 '후~' 하고 불어 버린다. 자신의 페이스 대로 필요한 만큼 시간을 할애한다. 원한다면 앞 뒤, 오른쪽 왼쪽에 천사들을 세워 나의 에너지장을 보호해 달라고 부탁할 수 있다.

---

112   It's your own wonderful Human Imagination That is GOD.

동쪽에 의식을 집중하며 '쉐다이 엘 하이~ 라파엘~' 하고 부르고 공기 원소를 상상하거나 에메랄드 빛의 카두시우스를 떠올려도 좋다.

남쪽에 의식을 집중하며 '요드헤이바우헤이~ 미카엘~'을 부르고 불 원소를 떠올린다. 불을 뿜어 내는 미카엘의 화검(Fire Sword)은 에고를 끊어 내는 일을 돕는다.

서쪽에는 가브리엘 천사가 물로써 힐링하는데 컵의 에이스 타로 카드를 상상해도 좋다. '엘로힘 차바오트~ 가브리엘~' 하고 부른다.

북쪽은 유리엘 천사가 쉴딩하며 당신을 보호한다. 흙 원소이고 붉은 색 펜타클은 유리엘의 상징이다. 돈과 관련 있으니 물질적 풍요로움을 원한다면 유리엘 대천사에게 뿌리 차크라 힐링을 요청할 수 있다. '아도나이 하아레츠~

유리엘~' 하고 부른다.

들어오고 나가는 숨을 느끼면서 마음이 편안해지면 지구에서 나를 낳아준 어머니를 부른다. 그리고 어머니의 상위자아(오버소울)도 함께 소환한다. 상상하면 그 분이 앞에 나타날 것이다.

웃고 있는가? 인상을 쓰거나 슬퍼하고 있는가? 무표정한 얼굴인가? 어쩌면 어머니의 어릴 적 또는 많이 늙은 모습이 보일 수도 있다.

어머니의 그 어머니 그리고 그 어머니.... 의 모든 고통체, 질병, 가업, 전통이 저장된 DNA를 찾아보자. 의식을 몸 구석구석에 집중하면 반짝반짝 빛나지 못하고 침침하게 꺼져 가는 불빛이 있을 것이다. 숨을 크게 들이마시고 상위자아에게 이를 정화시키겠다고 선언하라.

"나는 육신을 가짐으로 물려 받게 된 혈족의 카르마, 고통체, 무의식이 서명한 계약, 가업, 고정관념 등을 비롯한 모든 부정적 에너지와의 관계를 말소합니다."

이제 어머니와 나 사이에 연결된 코드 같은 것을 찾아야 한다. 개인에 따라 하나 또는 여러 개의 줄이 연결되어 있을 수도 있다. 이제 주변에 은빛과 바이올렛으로 불타는 모닥불을 피워 보자. 우리에게는 마법의 지팡이가 있으니 불을 만드는 일 정도는 쉽게 할 수 있다. 그 모닥불은 지구 넘어 광활한 우주의 한 별과 연결되어 있는데 그 별은 육체를 얻음으로 신성과 분리되었다고 믿게 된 영혼에 묻은 더러운 때 같은 잘못된 믿음(인류의 고통체)을 깨끗이 씻어 내는 성스러운 장소이다. 어머니와 연결된 모든 줄을 끊고 그 불 속에 모두 던져 버리자. 그 줄들은 불 타서 아름다운 별을 만드는 거름으로 쓰일 것이다. 어머니와 나 사이에 있던 모든 부정적 감정도 모닥불에 던져 불 태우자.

자신의 에너지장에 저장되어 있는 혈통의 카르마 에너지는 어떤 상징물로 보이기도 한다. 해골, 검은 십자가, 검은 장미, 마녀나 무당의 모습이 몸에 붙어있는 것을 발견할 수도 있다. 이들의 모습이 떠오르면 겁내지 말고 조용히 은빛으로 타오르는 치유의 모닥불로 인도하자.

어머니가 사사건건 간섭하고 나이가 적지 않음에도 부모님과 같이 사는 모솔이라면 부모와 환생 전, 계약을 했을 가능성이 높다. 어머니는 전생에 빨리 죽은 연인이나 배우자였을 수도 있는데 이번 생에 사랑하는 관계로 태어남에 동의하였을 것이다. 영혼은 아빠와 결혼하겠다는 어린 딸 같아 부모 자식의 사랑과 연인의 사랑을 인간처럼 구분하지 못하는데 이렇게 비합리적으로 맺어진 계약서는 무효화 되어야 한다. 어머니의 상위자아에게 만약 그러한 영혼의 계약서가 존재한다면 그 계약서를 말소하고 불태워 줄 것을 요청할 수 있다.

마지막으로 어머니에게 하고 싶은 말을 하고 가만히 눈을 뜬다. 만약 눈물이 흐르면서 시원한 마음보다 죄책감이 든다면 몇 번 더 시도해 볼 수 있다.

얼마의 시간 간격을 두고 아버지의 영혼과 상위자아를 소환해 같은 방법으로 DNA를 힐링하고 영혼의 계약서를 무효화 시킨다.

선대로부터 내려오는 특별한 능력이 있다면 해당 DNA를 활성화 하는 과정을 추가할 수 있다. 이 때는 어떤 상징물을 선물로 받을 수 있는데 이를 심장에 보관하듯 전해지게 한다.

'감사합니다. 사랑합니다.' 하고 힐링 명상을 마무리하면 된다.

소울 패밀리(도반: 道伴) 에게 힐링 가이드를 부탁해 서로의 명상 힐링을 이끌어 줄 수도 있다.

리얼 어센션

어센션(ascension)은 한국 영성 사회에서 '차원상승'으로 번역되는 단어이다. 초기 기독교 사상인 영지주의(靈知, Gnosis)에서 신성한 지식(참 나를 알게 됨)을 알게 되면 어센딩(ascending: 올라가게 됨)하게 된다고 믿는데 이를 주요 골자로 받아들인 개념이 차원상승이다. 어센딩은 인간자아의 의식이 참 나(상위자아)의 의식만큼 그 차원이 상승한다는 의미이지만 개신교에서는 이를 종말론으로 변질시켜 예수가 땅으로 내려오는 재림때에 재판을 받고 통과된 자들만 하늘로 승천한다는 설교를 하기도 한다.

어센션은 심장 차크라가 활성화 되어야 하고[113] 이는 하위 세 개 차크라에 해당하는 에고가 충분히 힐링 되었을 때 일어나는 일이다. 진정한 용서는 사랑과 이해의 심장 차크라 에너지가 활성화 되었을 때 일어나

---

113 심장 차크라는 하위 세 개 차크라가 힐링 되면서 활성화되고 심장 차크라의 힐링으로 상위 세 개 차크라로 향하는 길이 열리게 된다. 이로써 의식은 6번째 송과선 차크라(제3의 눈, 성령, 우주 에너지)에 닿게 된다.

기 때문에 모든 것을 받아들이는 용서의 마음은 힐링의 완성, 다른 말로 어센션(차원상승) 될 타이밍에 왔음을 의미한다.

진짜 용서가 되었는지 어떻게 알 수 있을까? 예를 들어 어려서 케어받지 못해 부모에 대한 원망, 두려움, 분노, 억울함 등이 쌓여 있거나 부모의 욕심 때문에 휘둘림을 당하며 자랐거나 또는 배우자에 대한 분노를 자녀에게 화풀이한 부모 때문에 불안과 공포에 시달리다 잠재의식을 치유하는 과정에서 "부모님을 사랑하게 되었다, 이해하게 되었다..." 라고 하는 경우가 종종 있다. 그러나 진정으로 용서가 완성되면 지난 과거 상처가 되었던 사건이 몇 년 전 감명 깊게 본 영화처럼 느껴진다. 세상의 일들을 해결할 필요가 없고 상처를 받고 안 받고는 나의 선택일 수 있음을 알게 된다.

지금 우리가 살고 있는 물리세계는 하나님(창조주,oneness, 절대의식...)이 창조한 것이 아니라 영혼의 한 부분인 의식들이 모여 만들고 있는 매트릭스이다. 영원불변한 그 절대자는 죽어가고 늙어가고 변하는 것을 창조할 수 없다. Oneness(하나)만이 실재이고 진짜이고 인간 육체의 모든 경험은 잠을 자며 꾸는 꿈처럼 실재가 아니다. 그렇다면 인간 육체에게 일어났던 사건은 영혼에게는 일어난 적이 없던 일이니 처음부터 용서하고 용서받을 일도 일어난 적이 없는 것이다. 따라서 "나는 어머니를 용서했어요." 라고 할 필요도 실은 없는 것이다.

부모님과 더 가깝게 지내고, 그들을 사랑하고 포용하는 것을 목표로 치유하기도 하지만 치유가 완성되면 부모에게 유별난 감정이 생기지 않는다. 출가한 스님이 부모 형제에 연연하지 않고 한 생명을 긍휼히 여기듯 가족을 대하는 것처럼, 예수 그리스도가 "누가 나의 어머니이고 형제인가? 누구든 하늘 아버지의 뜻대로 행하는 자들이 내 형제이고 어머니이다."[114] 라고 말한 것처럼, 가족에 대한 특별한 감정은 점차 사라지는데 이런 자신을 알아봄으로 힐링되고 용서되었음을 알 수 있다.

아버지나 어머니가 사랑을 표현하면 눈물이 나고, 늙고 병들어 힘 없는 모습을 볼 때 안쓰럽고 무언가 도움이 되고 싶은 친밀감이 회복되는 것은 치유의 과정 중 일어날 수 있지만 우리가 목표로 하는 영혼(잠재의식)의 힐링이 완성된 것은 아니다.

부모는 나의 육체를 낳아준 것이고 가족은 이번생에 여러가지 이유 또는 별 까닭 없이 맺어진 인간관계이니 그들에게 너무 많은 역할을 부여하면서 인간적 특별함을 유지하고 싶은 건 아닌지 알아보아야 한다.

치유의 과정 중 부모, 형제, 사촌... 등이 어린 나에게 상처를 준 것에 타당한 이유를 입히고 고개를 끄덕이며 이해하게 되고 그들을 불쌍히 여기며 사랑하게 되는 마음이 일어나기도 하지만 이보다는 잠재의식에서 그 사건이 사라져 희미한 잔상만 남아 별 감정이 생기지 않게 되는 자신을 발견함으로써 치유되었음을 알 수 있다. 어릴 때 넘어져 무릎이 심하게 까졌는데 그 흉터는 보이지만 상흔이 생기게 된 사건 전말은 잘

---

114 마태복음 12장 48~50. 하늘은 머리를 상징한다. 뇌의 송과체는 성령이 통하는 제3의 눈 차크라이다. 아버지는 상위자아를 부르는 단어이며 그(그녀)의 뜻이 이루어질 때 송과체 에너지 센터는 활성화 된다.

기억나지 않는 것과 유사하다. "내가 전에는 분명히 어떤 감정이 올라오면 눈물이 나고 두렵고 분노가 치밀어 오르고 그랬는데... 그게 뭐였지? 그런 게 있었던 거 같은데 기억이 안 난다." 이 상태가 되면 당신은 새로운 의식으로 환생한 것으로 보아도 무방하다. 몸은 그대로 인데 의식은 한 차원 높이 상승해 환생한 것과 같다. 이렇게 의식은 조금씩 더 진화하게 되는 것이 리얼 어센션(real ascension)이다.

상대에게 용서를 알리지 말라. "나 어렸을 때 당신이 이렇게 저렇게 해서 이런저런 상처를 받았는데, 열심히 노력해서 이제 당신을 용서했다, 사랑한다..."고 알릴 필요 없다. 이 같은 대화의 베스트 시나리오는 상대방이 사과하는 것이겠지만, 워스트(The Worst)이자 실현 가능성 매우 높은 시나리오는 비난의 화살을 막을 커다란 쇠방패를 든 가해자에게 쇠방패로 흠씬 두들겨 맞는 것이다. 아마 당신은 여전히 부모에게 인정받고 싶은 마음에, 또는 가해자에게 '나는 너보다 나은 의식'임을 알려주기 위해 이런 일을 구구절절 말하고 싶을 테지만 그게 에고라는 것을 알아보아야 한다.

진정 용서한다면, 치유되고 싶다면 상대의 입장에서 생각해보자. 지금 당장의 잘못도 아니고 몇 십년 전 일을 끄집어 내어 펼쳐 놓으면 그들에게 그 그림자를 마주할 용기가 있을까? 그들이 그 만큼의 의식 수준인가? 그들에게도 그 사건은 상처일 수 있지 않을까? 혹시 사과 받아야 용서할 수 있는 거 아니냐며 에고의 잣대로 판단하고 있는 건 아닌가? 또는 내가 힐링 했음을 그들이 알아야 한다고 믿기 때문에 말 하려고 하는 건 아닐까? 그렇다면 그것은 에고에게 내 의식을 쥐고 흔들리고 던져 준 것이다. 말하지 말라. 그들의 영혼이 깨어났다면 이미 당신에게 먼저 사과하고 용서를 빌었을 것이다. 우리는 자신의 현재 의식 수준 이상의 일을 하거나 이해할 수 없다. 그들도 괴롭고 불안하고 힘들어 당신에게 화풀이를 했을 수도 있다. 그 일을 두둔하는 것은 아니지만 그것은 그들이 치유해야 할 몫이지 당신이 강요하거나 가르칠 수 있는 일이 아니다. 누군가 지금 내 발을 밟고 그 사실을 모르고 있다면, 바로 알려서 발을 구해야 하겠지만 상대방이 저지른 과거의 잘못은 말함과 동시에 다시 현재가 된다. 참 쓸데 없는 일이지만 그래도 꼭 하고 싶다면 마음속으로 얘기하는 것은 괜찮다.

자신이 하는 말, 생각, 행동에 빠지지 말고 "내가 이렇게 저렇게 했었구나, 생각했네!" 하며 영혼(상위자아)의 관점에서 인간자아를 바라보는 연습을 해보면 굳이 말할 필요가 없음을 알아차릴 수 있다. 손톱으로 팔을 긁어 보기도 하고 음식을 먹을 때 온 마음을 다해 맛을 느끼고 분석하기도 하면서 육체에서 느껴지는 감각을 의식해 보면 육체를 나 라고 믿는 자신과 상위자아 의식을 구분하는데 도움이 된다.

부모에게 커다란 쇠고랑을 채워 당신 옆에 붙들어 놓지 말라. 이 세상 그 누구에게도 인정받을 필요 없다. 나는 내가 인정해주면 되는 것이고 오직 그것 만이 가치 있는 진짜 인정이다. 우리 모두에게는 힐링해야할 할당량은 있지만 죽을 때까지 완수할 수 없다는 전제조건이 붙어있다. 매일 쓸고 닦아야 하는 청소처럼 밥을 먹으면 설거지를 해야 하는 것처럼 할 수 있는 만큼, 주어진 만큼만 하면 된다. 매일 깨끗해지고 다시 조금 더러워지고.... 지구에서 태어나는 조건으로 우리 모두가 승인한 치유 특약이다.

마치며

높은 지위에 올라야 하고 더 세련되고 발달된 물건들을 집안 곳곳에, 육체덩이 위에 켜켜이 쌓아 놓아야 소금물을 퍼 마시고 있는 것 같은 이 불치의 갈증에서 해방될 수 있을까?

내어준 사랑보다 더 받지 못한 것이 억울하지 않은 삶을 살 수 있을까? 받는 사랑보다 더 내어 주고 있음을 셈하지 않기 때문에 아이는 그토록 해맑게 웃을 수 있는 것이 아닐까?

첫 사랑이 순수한 이유는 비교할 것 없는 처음이기 때문일 것이다. 사랑이 무엇인지 정의되지 않았지만 상처 받은 적이 없어 무조건 좋아만 할 수 있는 것 말이다.

신은 당신을 좋아한다.
당신의 빛이 신을 닮았기에 당신이 사랑스럽기만 하다.
당신은 신의 첫사랑이다.
우리의 집단의식이 함께 만든 이 세상을 사랑하라.

당신이 만든 그 육신을, 그 마음을 사랑하라.

신이 당신을 마냥 사랑하는 것처럼...

생각의 피해자이자 수혜자인 나를 이해하는 영혼의 아버지 성령과 어머니 우주 그리고 영혼의 뮤즈 이재우님에게 무궁한 빛과 정결한 사랑을 돌려 드립니다.

'라이온 킹'과 '분리라는 죄'는 〈기적수업〉 세미나 중 구정희 선생님께서 들려주신 이야기를 바탕으로 쓰였습니다. 감사의 말씀 전합니다.

참고 자료

Bruce Lipton〈The Biology of Belief: Unleashing the Power of Consciousness, Matter, & Miracles〉Hay House Inc, 2008.

Neil Douglas-Klotz〈Prayers of the Cosmos: Meditations on the Aramaic Words of Jesus〉HarperOne, 2009.

Gregg Braden 〈Secrets of the Lost Mode of Prayer: The Hidden Power of Beauty, Blessing, Wisdom, and Hurt〉 Hay House Inc 2016.

〈기적수업 합본〉헬렌 슈크만 저자(글). 구정희, 김지화 번역.

Marilyn Monroe 〈My Story〉Cooper Square Press, 2000

Marisa Peer 〈You Can Be Thin: The Ultimate Programme to End Dieting...Forever〉, Sphere 2008.

Marisa Peer 〈I Am Enough: Mark Your Mirror and Change Your Life〉, Marisa Peer,2018

EFT 힐링 -https://www.emofree.com/

Alexandramander, CC BY-SA 4.0 〈https://creativecommons.org/licenses/by-sa/4.0〉, via Wikimedia Commons

Random user 39849958, CC0, via Wikimedia Commons

우주 사용 설명서

1판 1쇄 발행 2024년 04월 30일

저자 수잔디

편집 윤혜린   **마케팅·지원** 김혜지

펴낸곳 (주)하움출판사   **펴낸이** 문현광

이메일 haum1000@naver.com   **홈페이지** haum.kr
블로그 blog.naver.com/haum1000   **인스타그램** @haum1007

ISBN 979-11-6440-499-5 (03180)

좋은 책을 만들겠습니다.
하움출판사는 독자 여러분의 의견에 항상 귀 기울이고 있습니다.
파본은 구입처에서 교환해 드립니다.

이 책은 서작권법에 따라 보호받는 저작물이므로 무단전재와 무단복제를 금지하며,
이 책 내용의 전부 또는 일부를 이용하려면 반드시 저작권자의 서면동의를 받아야 합니다.